PEP GUARDIOLA
SVILUPPI OFFENSIVI

Analisi tattica e sessioni di allenamento: il 4-3-3 del Manchester City

SCRITTO DA
ATHANASIOS TERZIS

PUBBLICATO DA

PEP GUARDIOLA
SVILUPPI OFFENSIVI

Analisi tattica e sessioni di allenamento: il 4-3-3 del Manchester City

Pubblicato in lingua inglese da SoccerTutor.com: Maggio 2019
Prima edizione in lingua italiana: luglio 2020
info@soccertutor.com | www.SoccerTutor.com

UK: 0208 1234 007 | **US:** (305) 767 4443 | **ROTW:** +44 208 1234 007
ISBN: 978-1-910491-41-6

Copyright: SoccerTutor.com Limited © 2020. Tutti i diritti riservati.

Tutti i diritti riservati. Nessuna parte di questa pubblicazione può essere riprodotta, memorizzata in un sistema esterno, o trasmessa in qualsiasi forma e con qualsiasi mezzo, elettronico, meccanico, in fotocopia, registrazione o altro, senza previa autorizzazione scritta del titolare del copyright. Né può essere fatta circolare in qualsiasi forma di rilegatura o copertina diversa da quella in cui è pubblicato e senza alcuna condizione simile.

Autore
Athanasios Terzis © 2020

Traduzione a cura di:
Luca Bertolini - allenatore UEFA B
Creatore del sito lucamistercalcio.com / email: lucamistercalcio@gmail.com

Edizione a cura di:
Alex Fitzgerald - SoccerTutor.com

Copertina realizzata da:
Alex Macrides, Think Out Of The Box Ltd.
Email: design@thinkootb.com Tel: +44 (0) 208 144 3550

Immagini:
Immagini create da SoccerTutor.com. Tutte le immagini di questo libro sono state create con SoccerTutor.com Tactics Manager Software disponibile su www.SoccerTutor.com

NOTA: sebbene sia stato fatto ogni sforzo per assicurare l'accuratezza tecnica del contenuto di questo libro, né l'autore, né gli editori possono accettare alcuna responsabilità per eventuali danni o perdite subite a seguito dell'utilizzo di questo materiale.

SOMMARIO

Informazioni sull'autore: Athanasios Terzis 7
Pep Guardiola: Palmares 8
Trofei e record con il Manchester City (2017-2019) 9
L'1-4-3-3 di Pep Guardiola al Manchester City 10
Lo scaglionamento offensivo 2-3-2-3 di Pep Guardiola 11
I giocatori del Manchester City 12
Introduzione 14
Organizzazione delle esercitazioni e delle analisi 15
Informazioni utili 15

FASE OFFENSIVA CONTRO L'1-4-4-2 O L'1-4-2-3-1 16

SITUAZIONE TATTICA 1: superare la pressione degli attaccanti avversari 19
Superare la pressione degli attaccanti avversari 20

SESSIONE 1: superare la pressione degli attaccanti avversari 25
Es.1: flusso tattico di gioco per superare la pressione degli attaccanti avversari 26
Es.2: partita a tema, in 2 zone, per superare la pressione degli attaccanti e cambiare gioco ... 28

SITUAZIONE TATTICA 2: posizionamento e rotazioni dei laterali bassi invertiti .. 29
Posizionamento e rotazioni dei laterali bassi invertiti 30
I vantaggi dei laterali bassi invertiti e il loro posizionamento al centro 31
Rotazioni tra laterale basso invertito, centrocampista offensivo ed esterno alto per mantenere
l'equilibrio 34

SESSIONE 2: posizionamento e rotazioni dei laterali bassi invertiti 35
Es.1: esercitazione tecnica per allenare le rotazioni dei laterali bassi invertiti 36
Es.2: 2 partite a tema, in contemporanea, per allenare le rotazioni dei laterali bassi invertiti ... 37

SITUAZIONE TATTICA 3: creare e sfruttare la superiorità numerica in
ampiezza 38
Creare e sfruttare la superiorità numerica in ampiezza 39
Sfruttare la superiorità numerica in ampiezza per ricevere tra le linee e girarsi 40
Sfruttare la superiorità numerica per ricevere, girarsi e condurre palla verso il centro 43
Muovere palla per smarcare l'esterno alto quando sotto pressione, ricevendo tra le linee 45
Sfruttare gli spazi tra i difensori 47

SESSIONE 3: creare e sfruttare la superiorità numerica in ampiezza 48
Es.1: sfruttare la superiorità numerica in ampiezza, ricevendo e conducendo verso l'esterno
(flusso di gioco) 49
Es.2: sfruttare la superiorità numerica in ampiezza, ricevendo e girandosi verso l'interno
(flusso di gioco) 50

Es.3: sfruttare la superiorità numerica in ampiezza, muovendo palla per smarcare l'esterno alto 52
Es.4: leggere i movimenti dell'avversario per sfruttare al meglio la superiorità numerica in ampiezza 53
Es.5: small sided game per sfruttare la superiorità numerica 2 c 1 in ampiezza 55
Es.6: partita a tema per sfruttare la superiorità numerica 2 c 1 in ampiezza 56

SITUAZIONE TATTICA 4: opzioni offensive in caso di contrasto della superiorità numerica in ampiezza 57
Opzioni offensive in caso di contrasto della superiorità numerica in ampiezza 58

SESSIONE 4: opzioni offensive in caso di contrasto della superiorità numerica in ampiezza 60
Es.1: esercitazione funzionale alle opzioni offensive in caso di contrasto della superiorità numerica in ampiezza (contro 4 giocatori) 61
Es.2: esercitazione funzionale alla fase offensiva in caso di contrasto della superiorità numerica in ampiezza (contro 6 giocatori) 63
Es.3: partita a tema per opzioni offensive in caso di contrasto della superiorità numerica in ampiezza (1) 66
Es.4: partita a tema per opzioni offensive in caso di contrasto della superiorità numerica in ampiezza (2) 67

SITUAZIONE TATTICA 5: muovere palla in ampiezza e ricevere alle spalle del laterale basso (oppure creare spazio per un passaggio all'interno) 68
Muovere palla in ampiezza e ricevere alle spalle del laterale basso 69
Sfruttare lo spazio alle spalle del laterale basso dopo aver giocato palla in ampiezza 70
Inserirsi alle spalle del laterale basso, creando spazio per un passaggio interno verso l'attaccante 71

SESSIONE 5: muovere palla in ampiezza e ricevere alle spalle del laterale basso (oppure creare spazio per un passaggio all'interno) 72
Es.1: esercitazione funzionale per la ricezione alle spalle del laterale basso, oppure alla creazione di spazio per un passaggio verso l'interno 73
Es.2: small sided game per ricevere alle spalle del laterale basso, oppure creare spazio per un passaggio all'interno 75
Es.3: partita a tema per ricevere alle spalle del laterale basso, oppure creare spazio per un passaggio all'interno 76

SITUAZIONE TATTICA 6: combinazione di gioco in ampiezza in caso di contrasto della superiorità numerica 77
Muovere palla in ampiezza in caso di contrasto della superiorità numerica 78
Combinazione 1-2 in ampiezza in caso di contrasto della superiorità numerica 80
Combinazione "dai e vai" in caso di contrasto della superiorità numerica 81

SESSIONE 6: combinazione di gioco in ampiezza in caso di contrasto della superiorità numerica 83
Es.1: esercitazione tecnica per combinazioni di gioco in ampiezza 84
Es.2: esercitazione funzionale alle combinazioni di gioco in ampiezza 86
Es.3: small sided game, con zona di meta, per combinazioni di gioco in ampiezza 88

Es.4: partita a tema per combinazioni di gioco in ampiezza 90

SITUAZIONE TATTICA 7: allargare la difesa avversaria e cambiare gioco......... 91
Allargare la difesa avversaria e cambiare gioco 92
Giocare palla lunga, nello spazio disponibile, verso il lato debole 94

SESSIONE 7: allargare la difesa avversaria e cambiare gioco 96
Es.1: esercitazione tecnica per allargare la difesa avversaria e cambiare gioco 97
Es.2: esercitazione tecnico-tattica per allargare la difesa avversaria e cambiare gioco 99
Es.3: esercitazione funzionale ad allargare la difesa avversaria e alla lettura delle opzioni offensive . 101
Es.4: esercitazione a zone per allargare la difesa avversaria e leggere le situazioni in fase offensiva . 103
Es.5: partita a tema per allargare la difesa avversaria e leggere le situazioni in fase offensiva 105

SITUAZIONE TATTICA 8: opzioni di finalizzazione quando il centrocampista offensivo riceve tra le linee... 106
I centrocampisti offensivi si muovono verso le linee di passaggio disponibili per ricevere 107
Ricevere palla aprendo il controllo (corpo posizionato a mezzo giro) 108
Opzioni offensive dopo la ricezione tra le linee (leggere il movimento del laterale basso) 109

SESSIONE DI ALLENAMENTO 8: opzioni di finalizzazione quando il centrocampista offensivo riceve tra le linee 110
Es.1: esercitazione tecnica per opzioni offensive quando il centrocampista avanzato
riceve tra le linee 111
Es.2: esercitazione funzionale alle opzioni offensive quando il centrocampista avanzato riceve
tra le linee 115
Es.3: partita a tema per opzioni offensive quando il centrocampista avanzato riceve tra le linee.... 117

SITUAZIONE TATTICA 9: sfruttare lo spazio creato dal difensore centrale avversario quando rompe la linea per portare pressione in zona palla 118
Sfruttare lo spazio creato dal difensore centrale avversario, quando rompe la linea, per portare
pressione in zona palla 119

SESSIONE 9: sfruttare lo spazio creato dal difensore centrale avversario, quando rompe la linea per portare pressione in zona palla 121
Es.1: sfruttare lo spazio creato dal difensore centrale avversario, quando rompe la linea, per
portare pressione in zona palla (esercitazione analitica) 122
Es.2: sfruttare lo spazio creato dal difensore centrale avversario, quando rompe la linea, per
portare pressione in zona palla (esercitazione con avversari).....................................
Es.3: esercitazione funzionale allo sfruttamento dello spazio creato dal difensore centrale
avversario, quando rompe la linea, per portare pressione in zona palla........................... 126
Es.4: partita a tema per sfruttare lo spazio creato dal difensore centrale avversario, quando
rompe la linea, per portare pressione in zona palla 128

SITUAZIONE TATTICA 10: fase offensiva attraverso spazi centrali in cui l'attaccante si muove incontro per ricevere 129
Attaccare attraverso il centro con l'attaccante che si muove incontro per ricevere 130

SESSIONE 10: fase offensiva attraverso spazi centrali in cui l'attaccante si muove incontro per ricevere..132
Es.1: esercitazione funzionale alla fase offensiva attraverso spazi centrali, in cui l'attaccante si muove incontro per ricevere 133
partita a tema funzionale alla fase offensiva attraverso spazi centrali, con il movimento incontro dell'attaccante 135

FASE OFFENSIVA CONTRO L'1-4-3-3 136

SITUAZIONE TATTICA 11: cambiare gioco verso il lato debole in caso di contrasto della superiorità numerica contro l'1-4-3-3..........................138
Spazi disponibili per muovere palla in caso di contrasto della superiorità numerica contro l'1-4-3-3...139
Muovere palla verso il centrocampista offensivo, lungo il lato debole 140
Cambiare gioco verso l'esterno alto lungo il lato debole (in ampiezza) 141
Centrocampista offensivo a sostegno dell'esterno alto, dopo il cambio di gioco in ampiezza......142
Laterale basso a sostegno dell'esterno alto dopo il cambio di gioco in ampiezza.....143
Cambiare gioco verso l'esterno alto che si accentra (stringendo la posizione)..........146
Centrocampista offensivo a supporto dell'esterno alto, che si accentra, dopo il cambio di gioco....147
Laterale basso a supporto dell'esterno alto, che si accentra, dopo il cambio di gioco...............148

SESSIONE 11: cambiare gioco verso il lato debole in caso di contrasto della superiorità numerica contro l'1-4-3-3..150
Es.1: esercitazione funzionale al cambio di gioco verso l'esterno alto, contro un laterale basso, lungo il lato debole 151
Es.2: esercitazione funzionale al cambio di gioco verso l'esterno alto (contro la difesa a 4), lungo il lato debole..155
Es.3: partita a tema per cambiare gioco verso l'esterno alto lungo il lato debole 157

FASE OFFENSIVA CONTRO UNA DIFESA AVVERSARIA A 5 GIOCATORI 158

SITUAZIONE TATTICA 12: fase offensiva contro una difesa avversaria a 5 giocatori..159
Problematiche della fase offensiva contro una difesa avversaria a 5 giocatori........160
Ricevere alle spalle del 5° esterno avversario 163
Cambiare gioco verso il lato debole e isolare il 5° esterno avversario in un duello 1 c 1...........166
Cambiare gioco verso il lato debole, creare superiorità numerica 2 c 1 e crossare rapidamente.....167
Scaglionamento offensivo 2-2-5-1: creare situazioni 2 c 1 in ampiezza......................168
Scaglionamento offensivo 2-2-5-1: attaccare attraverso il centro...............................169

SESSIONE 12: fase offensiva contro una difesa avversaria a 5 giocatori.........171
Es.1: esercitazione funzionale alla fase offensiva in ampiezza, oppure attraverso il centro, contro una difesa a 5 giocatori..172
Es.2: partita a tema per opzioni offensive contro una difesa a 5 giocatori 175
Es.3: partita 11 c 11 per la fase offensiva contro una difesa a 5 giocatori 176

INFORMAZIONI SULL'AUTORE:
ATHANASIOS TERZIS

- **Allenatore UEFA 'A'**
- **Laurea Magistrale in Scienze Motorie**
- **Istruttore per la Federazione Greca (HFF)**
- **Allenatore di squadre professionistiche in Grecia**
- **Allenatore di squadre semi-professionistiche in Grecia**
- **Direttore tecnico alla DOXA Dramas Academy** (2a divisione Greca)
- **Ex giocatore professionista**

Athanasios Terzis è allenatore e tattico di grande livello, regolarmente invitato come relatore a seminari e workshops in tutto il Mondo.

Athanasios ha scritto libri di grande successo per **SoccerTutor.com**, opere che hanno venduto migliaia di copie in tutto il Mondo e che sono state tradotte in svariate lingue (Inglese, Spagnolo, Tedesco, Italiano, Greco, Giapponese, Koreani e Cinese):

- **Creative Attacking Play - From the Tactics of Conte, Allegri, Simeone, Mourinho, Wenger & Klopp** (2017 - Edizione italiana non pubblicata)
- **Marcelo Bielsa - Allenare la costruzione della manovra contro la pressione alta avversaria** (Edizione italiana 2018)
- **Coaching the Juventus 3-5-2 - Tactical Analysis and Sessions: Attacking and Defending** (2016 - Edizione italiana non pubblicata)
- **Jürgen Klopp's Attacking and Defending Tactics: Tactical Analysis and Sessions from Borussia Dortmund's 4-2-3-1** (2015 - Edizione italiana non pubblicata)
- **Gli allenamenti del Barcellona Fc: 160 esercitazioni da 34 situazioni tattiche** (Edizione italiana 2017)
  * Vincitore del premio Figc "Miglior libro per l'allenamento" 2014
- **Jose Mourinho's Real Madrid - A Tactical Analysis: Attacking and Defending in the 4-2-3-1** (2012 - Edizione italiana non pubblicata)
- **FC Barcelona - A Tactical Analysis: Attacking and Defending** (2012 - Edizione italiana non pubblicata)

PEP GUARDIOLA: PALMARES

CARRIERA

- **Manchester City** (2016 - ?)
- **Bayern Monaco** (2013 - 2016)
- **Barcellona** (2008 - 2012)
- **Barcellona B** (2007 - 2008)

SUCCESSI (in Europa e nel Mondo)

- 2 UEFA Champions League (2009, 2011)
- 3 Coppe del Mondo FIFA per Club (2009, 2011, 2013)
- 3 Supercoppe UEFA (2009, 2011, 2013)

SUCCESSI (Campionati Nazionali)

- 2 Premier Leagues - Inghilterra (2018, 2019)
- 3 Bundesliga - Germania (2014, 2015, 2016)
- 3 La Liga - Spagna (2009, 2010, 2011)
- 1 Tercera - 2a divisione spagnola (2008)

SUCCESSI (Coppe Nazionali)

- 1 FA Cup - Inghilterra (2019)
- 2 DFB-Pokal - Germania (2014, 2016)
- 2 Copa del Rey - Spagna (2009, 2012)
- 2 English EFL Cup - Inghilterra (2018, 2019)
- 3 Supercopa de España - Spagna (2009, 2010, 2011)

PREMI INDIVIDUALI

- Allenatore dell'anno FIFA (2011)
- Allenatore europeo dell'anno - Associazione dei Giornalisti (2011)
- Allenatore europeo dell'anno - Alf Ramsey Award (2009)
- Allenatore dell'anno in Premier League - Inghilterra (2018)
- 4 volte allenatore dell'anno nella La Liga - Spagna (2009, 2010, 2011, 2012)

TROFEI E RECORD CON IL MANCHESTER CITY (2017-2019)

2017-2018

Premier League + Coppa di Lega

Nella stagione 2017-2018, il Manchester City di Pep Guardiola ha vinto la Premier League e la Coppa di Lega. Contemporaneamente, sono stati superati 8 **record all time, in Premier League (*)**:

- **Maggior numero di punti (100)***
- **Maggior numero di vittore (32)***
- **Maggior numero di goal segnati (106)***
- **Maggior numero di vittorie fuori casa (16)***
- **Miglior differenza reti (+79)***
- **Margine più ampio sul secondo posto (19 p.ti)***
- **Maggior numero di vittorie consecutive (18)***
- **Minor numero di minuti in svantaggio (153')***

2018-2019

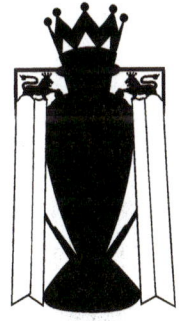

Premier League +

FA Cup

Coppa di Lega

Nella stagione 2018-2019, il Manchester City di Pep Guardiola ha mantenuto il titolo di Campione d'Inghilterra, con i più alti standard a livello di performance, dimostrati da: **maggior numero di vittorie (32)***, 98 p.ti, 95 goal segnati, **14 vittorie esterne e dal +72 come differenza reti**. Sono state inoltre vinte sia la Coppa di Lega, sia la Fa Cup, conquistando il Treble Nazionale e sono stati superati i seguenti record:

- **Prima squadra inglese a vincere tutti i trofei nazionali (Community Shield, Coppa di Lega, FA Cup e Premier League) in una sola stagione.**
- **Maggior numero di reti segnate per una squadra inglese, in tutte le competizioni (163).**
- **Eguagliato il record del maggior margine per una vittoria in finale di Fa Cup (6-0 contro il Watford).** Precedentemente stabilito dal Bury (6-0 contro il Derby) in 1903.

*Le immagini dei trofei sono prese da PIXSECTOR.com

L'1-4-3-3 DI PEP GUARDIOLA AL MANCHESTER CITY

Lo schieramento 1-4-3-3

L'1-4-3-3 è lo schieramento maggiormente utilizzato da Pep Guardiola con il Manchester City.

Sebbene l'allenatore catalano abbia schierato la propria squadra anche con altri schieramenti (1-4-2-3-1, oppure 1-3-5-2), questo libro è focalizzato sull'analisi e sugli sviluppi dell'1-4-3-3.

Giocatori coinvolti nell'1-4-3-3 del Manchester City

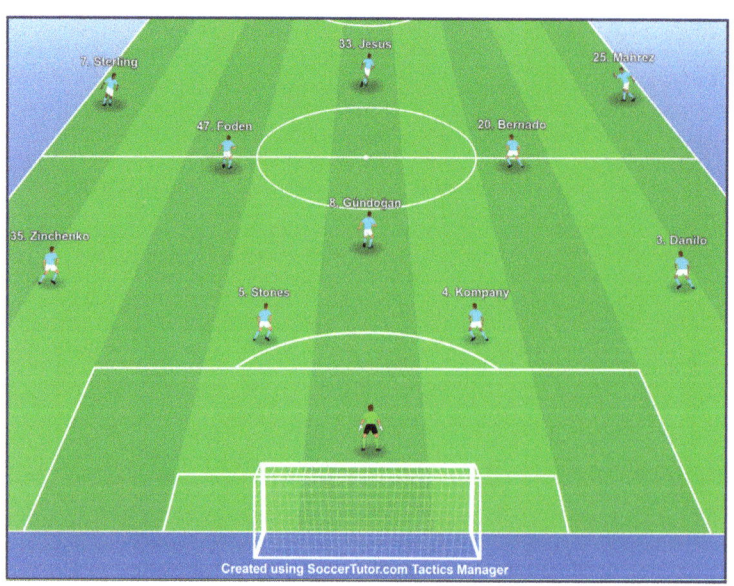

Questa figura mostra gli altri giocatori inclusi nelle formazioni del Manchester City, nel corso del tempo, durante le stagioni 2017-2018 e 2018-2019.

Bernardo (20) è stato sempre presente durante la stagione 2018-2019; **Gündoğan (8)** ha giocato molte partite come centrocampista offensivo, e, saltuariamente, come centrocampista difensivo.

Stones (5) e **Kompany (4)** sono stati impiegati come difensori centrali.

LO SCAGLIONAMENTO OFFENSIVO 2-3-2-3 DI PEP GUARDIOLA

Lo scaglionamento offensivo 2-3-2-3 del Manchester City

Lo scaglionamento 2-3-2-3 del Manchester City, in fase offensiva, dispone i giocatori su 4 linee.
In questo modo, la squadra può muovere la palla dai difensori centrali verso i giocatori più avanzati, in modo graduale (sia in ampiezza, che in profondità), accentrando la posizione di entrambi i laterali bassi, anzichè lasciarli agire in ampiezza.

Giocatori coinvolti nello schieramento 2-3-2-3 del Manchester City

Questa figura mostra lo scaglionamento offensivo 2-3-2-3 con gli altri giocatori inclusi nelle formazioni del Manchester City, nel corso del tempo, durante le stagioni 2017-2018 e 2018-2019.

I GIOCATORI DEL MANCHESTER CITY

PORTIERE

Ederson prende sempre parte alla fase di costruzione dal basso. La sua abilità tecnica, con entrambi i piedi, risponde perfettamente alle richieste di Pep Guardiola riguardo la fase iniziale dell'azione offensiva.

DIFENSORI CENTRALI

Laporte (14) e **Stones (5)** sono giocatori abili nella conduzione della palla in avanti, mentre **Otamendi (30)** e il capitano, **Kompany (4),** sono maggiormente propensi a una fase difensiva pura, anche se, comunque, in possesso di doti tecniche di alto livello.

LATERALI BASSI

Walker (2) è stato quasi sempre impiegato come laterale basso destro, durante le stagioni 2017/2018 e 2018/2019, mentre **Delph (18), Zinchenko (35)** e, saltuariamente, **Laporte (14),** oppure **Danilo (3),** hanno agito come laterali bassi di sinistra. Da ricordare che **Mendy (22)** è stato a lungo indisponibile per lungo tempo a causa di continui infortuni. Pep Guardiola schiera i laterali bassi invertiti, in fase offensiva (2-3-2-3), cercando giocatori abili tecnicamente, per questi ruoli. **Walker (2)** è solito sovrapporsi o inserirsi sulla fascia per poi crossare, utilizzando le proprie abilità a livello di tecnica di base, di velocità e di forza. **Delph (18)** e **Zinchenko (35)** agiscono maggiormente come centrocampisti centrali, piuttosto che come laterali bassi; entrambi sono comunque assolutamente in grado di giocare palla con accuratezza e di crossare efficacemente in area di rigore.

CENTROCAMPISTA DIFENSIVO

Fernandinho (25) è un giocatore perfetto per questo ruolo, data la sua capacità di leggere il gioco e di posizionarsi correttamente, in relazione alla situazione tattica. Il suo contributo è stato decisivo, sia nella stagione 2017/2018, sia in quella successiva (2018/2019), diventando un giocatore chiave per il Manchester City. Di là della sua capacità posizionale, che lo rende sempre un'opzione di passaggio per i difensori, **Fernandinho (25)** gioca un ruolo fondamentale anche in fase propriamente offensiva; il giocatore brasiliano è in grado di trasmettere palle filtranti verso i centrocampisti e gli attaccanti, così come di cambiare gioco verso gli esterni alti, di agire a supporto dei compagni e di sfruttare gli spazi disponibili. Il nazionale verde-oro si fa inoltre trovare in posizioni utili alla conclusione in porta. **Gündoğan (8)** è stato incluso tra le scelte per questa posizione da Pep Guardiola, in caso d'indisponibilità o necessità di riposo di Fernandinho **(25).**

CENTROCAMPISTI OFFENSIVI

Silva (21), **De Bruyne (17)**, **Bernardo (20), Gündoğan (8)** e, occasionalmente, **Foden (47)** sono sempre schierati come centrocampisti offensivi; tutti loro sono tecnicamente dotati e hanno grande capacità di ricerca del giusto spazio e sanno leggere le situazioni di gioco, prendere la giusta decisione rapidamente e fanno sempre parte delle combinazioni di gioco più veloci e decisive.

I centrocampisti offensivi di Pep Guardiola devono possedere ottime qualità individuali a livello di posizionamento e attenzione al contesto tattico per creare e sfruttare situazioni di superiorità numerica in ampiezza, sanno compiere giocate decisive dopo la ricezione della palla, oppure girarsi tra le linee (difesa e centrocampo) avversarie, sono in grado di inserirsi, in diagonale, con i giusti tempi, effettuare cross bassi o anticipati e, infine, sono abili in fase conclusiva al centro dell'attacco.

ESTERNI ALTI

Sané (19), **Sterling (7)**, **Bernardo (20)** e **Mahrez (26)** vengono schierati come esterni alti; tra loro va considerato anche **Sterling (7),** che ha giocato molte partite in questo ruolo. La velocità è la caratteristica principale di tutti questi giocatori, consentendo loro di vincere duelli 1 c 1, in svariate situazioni, se il laterale basso avversario si trova isolato. Tutti loro sanno come inserirsi, con i giusti tempi, per ricevere palle filtranti alle spalle dei laterali bassi ed effettuare cross bassi in area di rigore.

Una sequenza offensiva usuale del Manchester City di Guardiola prevede tagli interni degli esterni alti, dopo una loro trasmissione palla verso un compagno posizionato al centro; il risultato sono combinazioni 1-2, "dai e vai" e la ricezione di un passaggio decisivo in posizione favorevole, all'interno dell'area di rigore avversaria, da parte dell'esterno alto, che, successivamente, trasmette un cross basso, oppure conclude in porta.

ATTACCANTI

Agüero (10) e **Jesus (33)** sono stati individuati da Pep Guardiola per il ruolo di attaccanti centrali; questi giocatori sono abili negli spazi stretti e sanno concludere in porta, pur avendo poco tempo e spazio a disposizione. Guardiola chiede loro di muoversi frequentemente in diagonale, per ricevere alle spalle della linea difensiva avversaria e di posizionarsi per concludere, dopo un cross basso o anticipato. Sebbene nessuno di loro sia alto di statura, segnano frequentemente di testa, grazie alla capacità di posizionamento.

Il loro contributo si è rivelato molto importante sia in fase di finalizzazione, sia durante la costruzione del gioco e di creazione di occasioni per i compagni, dato che tutti sono soliti muoversi incontro, tra le linee avversarie, agendo come opzioni di passaggio, per **Fernandinho (25)**, oppure per i laterali bassi; spesso agiscono come giocatori di collegamento per muovere palla verso i centrocampisti offensivi.

STATISTICHE DEI GIOCATORI CHIAVE (IN TUTTE LE COMPETIZIONI)

STAGIONE 2017-2018

- **Agüero:** 30 Goal / 7 Assist
- **Sterling:** 23 Goal / 17 Assist
- **Jesus:** 17 Goal / 5 Assist
- **Sané:** 14 Goal / 19 Assist
- **De Bruyne:** 12 Goal / 21 Assist
- **Silva:** 10 Goal / 14 Assist
- **Bernardo:** 9 Goals / 11 Assist
- **Gündoğan:** 6 Goal / 7 Assist
- **Fernandinho:** 5 Goal / 5 Assist

STAGIONE 2018-2019

- **Agüero:** 32 Goal / 10 Assist
- **Sterling:** 25 Goal / 18 Assist
- **Jesus:** 21 Goal / 6 Assist
- **Sané:** 16 Goal / 18 Assist
- **Bernardo:** 13 Goal / 13 Assist
- **Mahrez:** 12 Goal / 12 Assist
- **Silva:** 10 Goal / 14 Assist
- **De Bruyne:** 6 Goal / 11 Assist
- **Gündoğan:** 6 Goal / 8 Assist

INTRODUZIONE

Guardiola è ammirato per lo stile di gioco offensivo, di là dai trofei vinti in carriera; tutte le squadre da lui allenate in precedenza hanno proposto un gioco spettacolare:

- **Manchester City** (2016 - ?)
- **Bayern Monaco** (2013 - 2016)
- **Barcellona** (2008 - 2012)

Questo libro analizza, arrivandone al cuore, lo stile offensivo (soprattutto nel terzo finale del campo) del Manchester City di Pep Guardiola, durante le stagioni 2017-2018 e 2018-2019, che hanno visto la squadra vincere la Premier League in entrambe le occasioni.

La fase offensiva di una squadra in possesso palla include tutte le azioni che hanno l'obiettivo di creare occasioni da goal e concludere.

Tutti i seguenti elementi tattici sono analizzati approfonditamente, in questo libro; successivamente sono proposte sessioni di allenamento complete e specifiche per lavorare su queste situazioni:

- **SITUAZIONE TATTICA 1:**
  superare la pressione degli attaccanti avversari.

- **SITUAZIONE TATTICA 2:**
  posizionamento e rotazioni dei laterali bassi invertiti.

- **SITUAZIONE TATTICA 3:**
  creare e sfruttare superiorità numerica in ampiezza.

- **SITUAZIONE TATTICA 4:**
  opzioni offensive in caso di contrasto della superiorità in ampiezza.

- **SITUAZIONE TATTICA 5:**
  muovere palla in ampiezza e ricevere alle spalle del laterale basso (oppure creare spazio per un passaggio all'interno).

- **SITUAZIONE TATTICA 6:**
  combinazione di gioco in ampiezza in caso di contrasto della superiorità numerica.

- **SITUAZIONE TATTICA 7:**
  allargare la difesa avversaria e cambiare gioco.

- **SITUAZIONE TATTICA 8:**
  opzioni di finalizzazione quando il centrocampista offensivo riceve tra le linee.

- **SITUAZIONE TATTICA 9:**
  sfruttare lo spazio creato quando il difensore centrale avversario rompe la linea per portare pressione in zona palla.

- **SITUAZIONE TATTICA 10:**
  fase offensiva attraverso spazi centrali in cui l'attaccante si muove incontro per ricevere

- **SITUAZIONE TATTICA 11:**
  cambiare gioco verso il lato debole in caso di contrasto della superiorità numerica contro l'1-4-3-3.

- **SITUAZIONE TATTICA 12:**
  fase offensiva contro una difesa avversaria a 5 giocatori.

ORGANIZZAZIONE DELLE ESERCITAZIONI E DELLE ANALISI

1. SITUAZIONI ED ANALISI TATTICHE

- L'analisi è basata sui flussi di gioco riscontrati nel **Manchester City** di **Pep Guardiola**. Quando la stessa dinamica di gioco è stata osservata per un numero minimo di volte (almeno 10), la stessa è considerata come flusso di gioco ricorrente
- Ogni azione, trasmissione di palla, movimento individuale con e senza palla e il posizionamento di ogni giocatore, incluso quello del corpo, sono inclusi in questa analisi.

2. SESSIONI DI ALLENAMENTO BASATE SULLE IDEE TATTICHE DI PEP GUARDIOLA

- Esercitazioni tecniche analitiche
- Esercitazioni tattiche con avversari
- Small Sided Games / Partite a tema
- Titolo/obiettivo e descrizione completa
- Regole, progressioni, varianti (quando applicabili) ed elementi allenanti

INFORMAZIONI UTILI

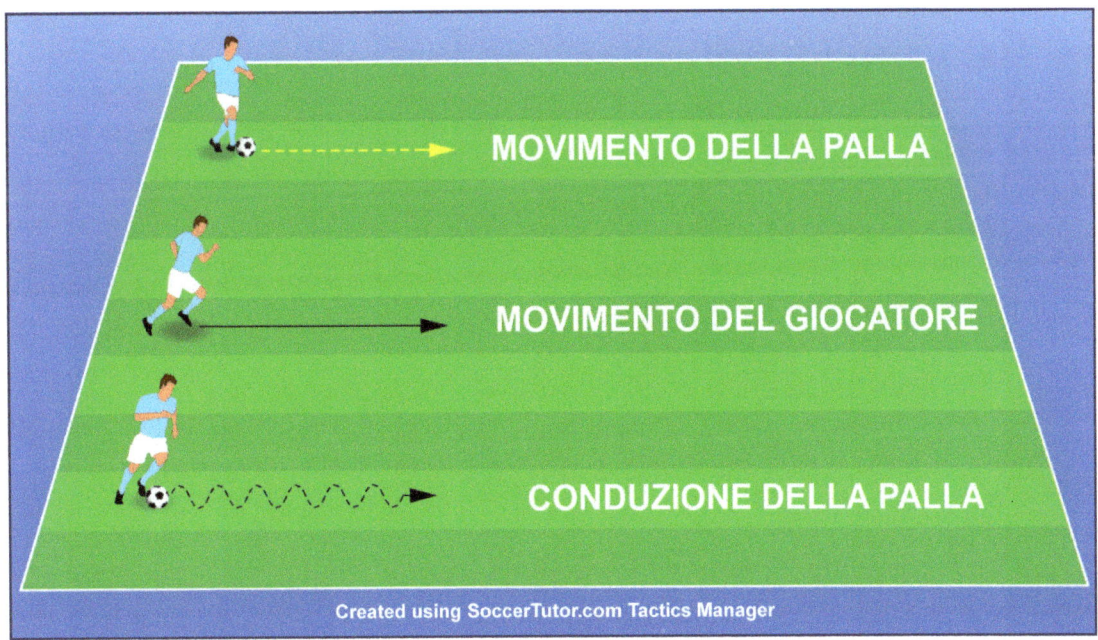

FASE OFFENSIVA CONTRO L'1-4-4-2 E L'1-4-2-3-1

FASE OFFENSIVA CONTRO L'1-4-4-2 E L'1-4-2-3-1

Come affermato in precedenza, lo scaglionamento del Manchester City, in fase offensiva, diventa 2-3-2-3 e la filosofia ad esso applicata da Pep Guardiola, si basa sullo spostamento graduale della palla tra le linee.

Contro avversari schierati con l'1-4-4-2 o l'1-4-2-3-1, i difensori centrali **(14 e 30)** hanno l'obiettivo di muovere palla verso i 3 compagni di fronte, lungo la linea successiva; questi giocatori sono i laterali bassi invertiti **(35 e 2)** e il centrocampista difensivo **(25)**, che si posizionano tra gli attaccanti e la linea di centrocampo avversarie.

I laterali bassi e il centrocampista difensivo cercano spesso di muovere palla verso i centrocampisti offensivi **(21 e 17)**; meno spesso, direttamente verso un esterno alto **(19 e 7)** o l'attaccante **(10)**, quando si muove incontro, tra le linee di centrocampo e difesa avversari.

La fase successiva è quella di attacco nel terzo finale del campo, attraverso passaggi decisivi, crossando in area di rigore o concludendo in porta.

1. Spazi disponibili e opzioni di passaggio verso la seconda linea di giocatori per ricevere dai difensori centrali (contro l'1-4-4-2)

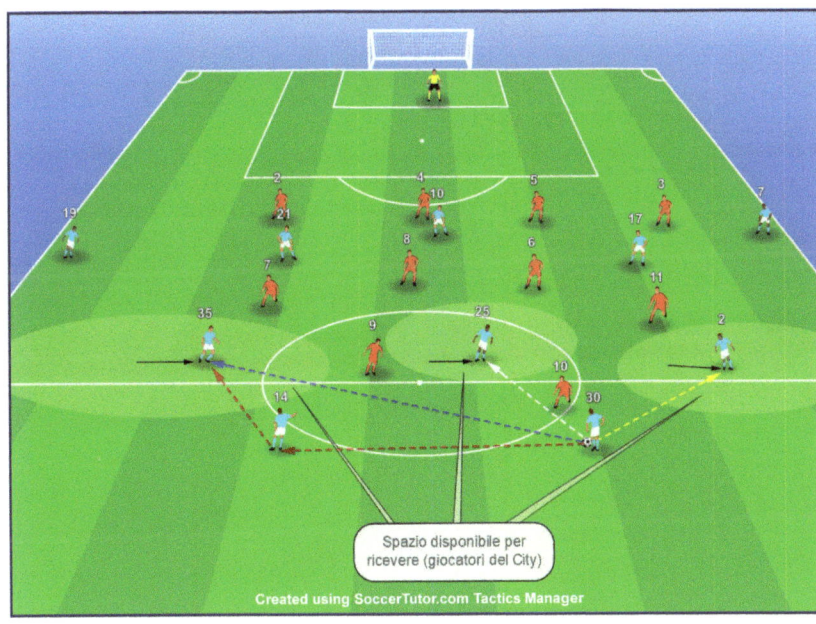

Contro l'1-4-4-2, i 3 giocatori obiettivo **(35, 25 e 2, lungo la seconda linea)** si muovono verso gli spazi disponibili, creati dal posizionamento dei centrocampisti e degli attaccanti avversari, in fase di copertura degli spazi di riferimento.

Di solito c'è spazio disponibile, in favore dei laterali bassi **(35 e 2)**, per ricevere palla, sulla destra o sulla sinistra, e, al centro, per il centrocampista difensivo **Fernandinho (25)**.

Fase offensiva contro l'1-4-4-2 e l'1-4-2-3-1

2. Spazi disponibili e opzioni di passaggio verso la seconda linea di giocatori per ricevere dai difensori centrali (contro l'1-4-2-3-1)

Spazio disponibile per ricevere (giocatori del City)

Contro l'1-4-2-3-1, lo spazio centrale, a disposizione del centrocampista difensivo viene solitamente chiuso dal Num.10 avversario.

Fernandinho (25) non può quindi ricevere direttamente dai difensori centrali, il più delle volte; i giocatori in possesso devono quindi trasmettere verso i laterali bassi **(35 e 2)**.

PEP GUARDIOLA: SVILUPPI OFFENSIVI

SITUAZIONE TATTICA 1

Superare la pressione degli attaccanti avversari

Contenuti tratti dall'analisi del Manchester City durante le stagioni 2017/2018 e 2018/2019, concluse con la vittoria in Premier League

L'analisi è basata sui flussi di gioco riscontrati nel Manchester City. Quando la stessa dinamica di gioco è stata osservata per un numero minimo di volte (almeno 10), la stessa è considerata come flusso di gioco ricorrente. L'analisi contenuta nella prossima pagina è un esempio pratico, tratto da una specifica partita, di questa situazione tattica.

Ogni azione, trasmissione di palla, movimento individuale con e senza palla e il posizionamento di ogni giocatore, incluso quello del corpo, sono inclusi in questa analisi.

Questa analisi è poi utilizzata per creare una sessione di allenamento, in progressione, per lavorare sulla situazione tattica specifica.

SUPERARE LA PRESSIONE DEGLI ATTACCANTI AVVERSARI

Quando l'attaccante (o gli attaccanti) avversario(i) portano pressione sui difensori centrali, oppure sui laterali bassi invertiti, forzando le giocate in ampiezza, per creare densità in zona palla, l'obiettivo finale è, chiaramente, chiudere i giocatori del Manchester City per conquistare il possesso. La soluzione tattica, proposta da Pep Guardiola, è mostrata nella pagina successiva.

1. Superare la pressione dell'attaccante avversario, contro il difensore centrale, attraverso un giocatore di collegamento (1-4-4-2)

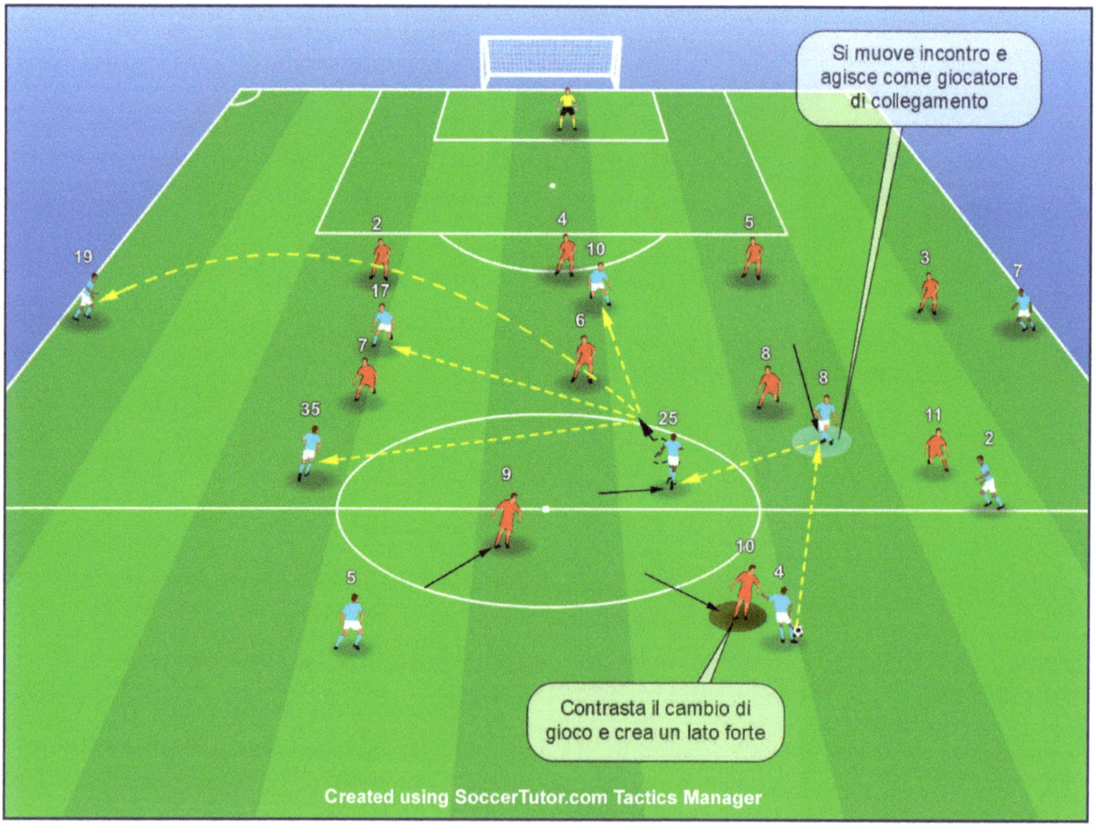

L'attaccante in maglia rossa (Num.10) si muove rapidamente verso il difensore centrale Kompany (4), per forzarne la giocata in ampiezza (verso il laterale basso) e creare un lato forte, in cui portare pressione. I giocatori del City devono quindi muovere palla verso il lato opposto, attraverso un giocatore di collegamento. In questo esempio, il centrocampista offensivo **Gündoğan (8)** si muove incontro, come opzione di passaggio, diventando il giocatore di collegamento, per trasmettere al centrocampista difensivo **Fernandinho (25)**, che è smarcato e ha ora svariate possibilità di giocata verso i compagni **(35, 17, 19 e 10)**, nello spazio.

2. Superare la pressione dell'attaccante avversario contro il laterale basso attraverso un giocatore di collegamento (1-4-4-2)

Si muove incontro e agisce come giocatore di collegamento

Contrasta il cambio di gioco e crea un lato forte

In questa situazione, simile alla precedente, l'attaccante in maglia rossa (Num.10) si muove per portare pressione contro il laterale basso destro **Walker (2)** e forzarne la giocata in ampiezza, verso l'esterno alto destro **Sterling (7)**, permettendo ai compagni (3, 8 e 11) di portare ulteriore pressione sull'avversario.

Il Num.10 restringe lo spazio disponibile e, nuovamente, il centrocampista offensivo **Gündoğan (8)** agisce come giocatore di collegamento.

Non appena l'attaccante in maglia rossa (10) si muove per portare pressione contro il laterale basso **Walker (2)**, il centrocampista offensivo **Gündoğan (8)** si muove incontro, in posizione utile ad agire come opzione di passaggio, diventando, appunto, il giocatore di collegamento.

Gündoğan (8) scarica palla indietro, verso il centrocampista difensivo **Fernandinho (25)**, che riceve, smarcato, al centro e dispone di svariate opzioni di passaggio verso i compagni **(35, 17, 19 e 10)**, nello spazio.

3. Superare la pressione dell'attaccante avversario contro il difensore centrale attraverso un giocatore di collegamento (1-4-2-3-1)

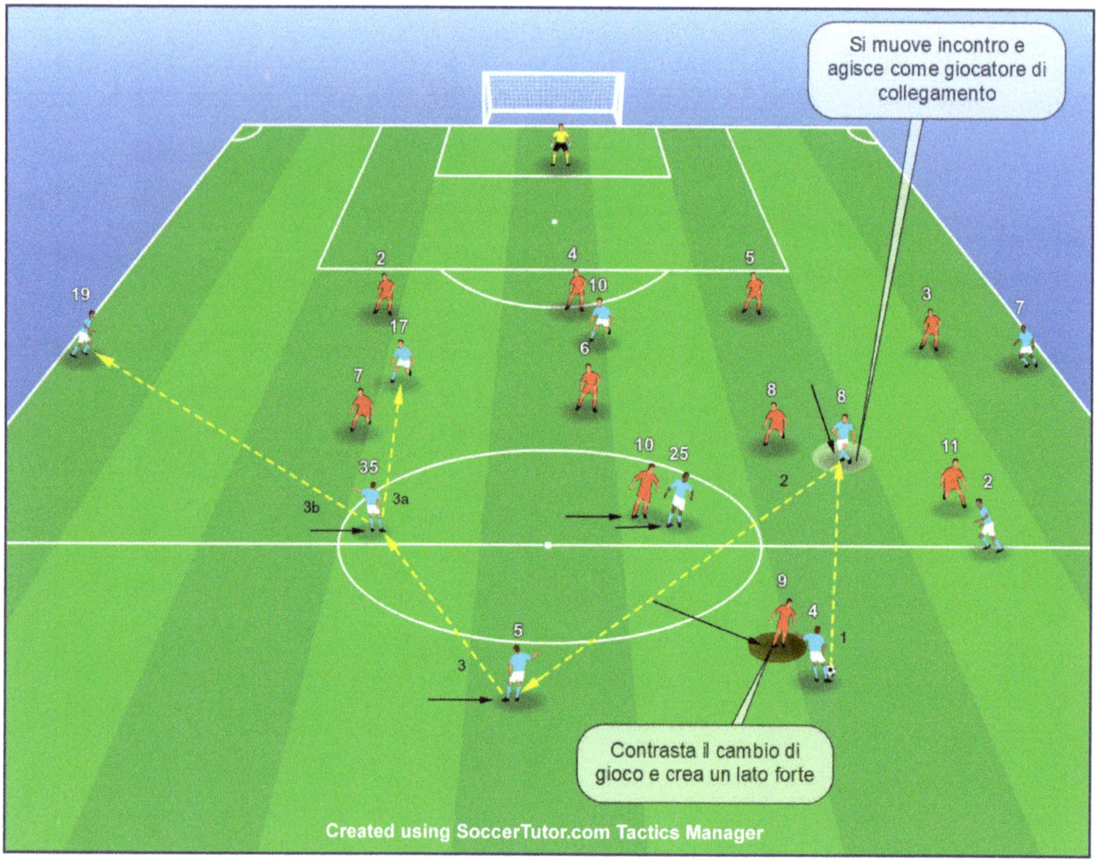

Il centrocampista difensivo **Fernandinho (25)** viene spesso contrastato dal Num.10 avversario, giocando contro l'1-4-2-3-1.

La linea di passaggio a disposizione del giocatore di collegamento non può essere diretta verso **Fernandinho (25)**, ma verso il difensore centrale sul lato debole, **Stones (5)**, nell'esempio in figura.

L'attaccante in maglia rossa (Num.9) si muove rapidamente verso l'altro difensore centrale del Manchester City, **Kompany (4)**, per forzarne la giocata in ampiezza (verso il laterale basso), creando così un lato forte in cui portare pressione.

Come già visto negli sviluppi, in fase di possesso, contro l'1-4-4-2, il centrocampista offensivo si muove incontro, per agire come opzione di passaggio, diventando il giocatore di collegamento, trasmettendo, questa volta, verso **Stones (5)**, lungo il lato debole.

Il **Num.5** è smarcato e trasmette verso il laterale basso opposto **Zinchenko (35)**, che, a propria volta, gioca verso il centrocampista offensivo **De Bruyne (17)** o all'esterno alto **Sané (19)**, lungo il lato debole.

4. Superare la pressione dell'attaccante avversario contro il laterale basso attraverso un giocatore di collegamento (1-4-2-3-1)

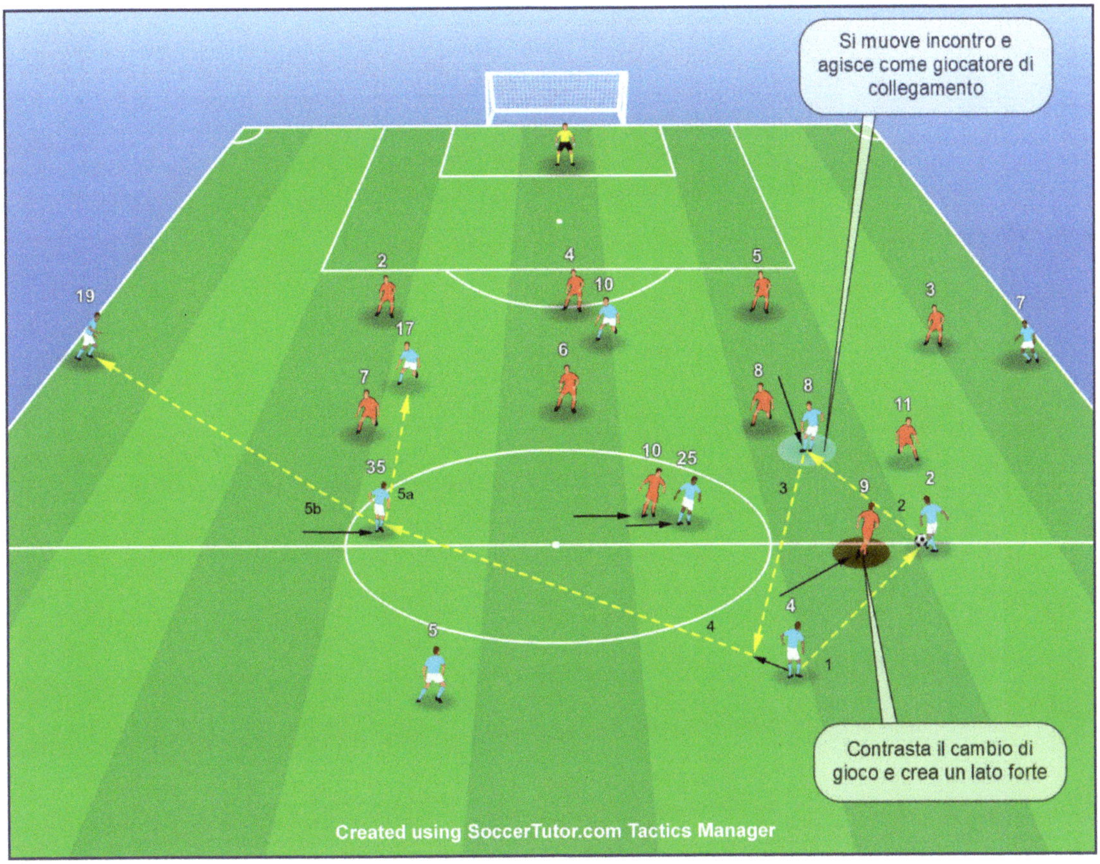

Si muove incontro e agisce come giocatore di collegamento

Contrasta il cambio di gioco e crea un lato forte

In una situazione simile alla precedente, l'attaccante in maglia rossa (Num.9) si muove per portare pressione contro il laterale basso **Walker (2)** e forzarne la giocata in ampiezza e verso l'esterno alto destro **Sterling (7)**, permettendo ai compagni (3, 8 e 11) di portare anch'essi pressione.

Il Num.10 restringe lo spazio disponibile e, nuovamente, il centrocampista offensivo **Gündoğan (8)** agisce come giocatore di collegamento, muovendosi incontro, in posizione utile per agire come opzione di passaggio, non appena l'attaccante avversario in maglia rossa (Num.9) si muove, per portare pressione verso il laterale basso destro **Walker (2)**.

Gündoğan (8), in questa situazione, scarica palla indietro verso il difensore centrale smarcato **Kompany (4)**, che può ricevere nello spazio e trasmettere verso il laterale basso opposto **Zinchenko (35)**, che, a propria volta, può giocare verso il centrocampista offensivo **De Bruyne (17)** o l'esterno alto **Sané (19)**, lungo il lato debole.

PEP GUARDIOLA: analisi tattica - superare la pressione degli attaccanti avversari

5. Superare la pressione dell'attaccante avversario contro il centrocampista offensivo attraverso un giocatore di collegamento (1-4-4-2)

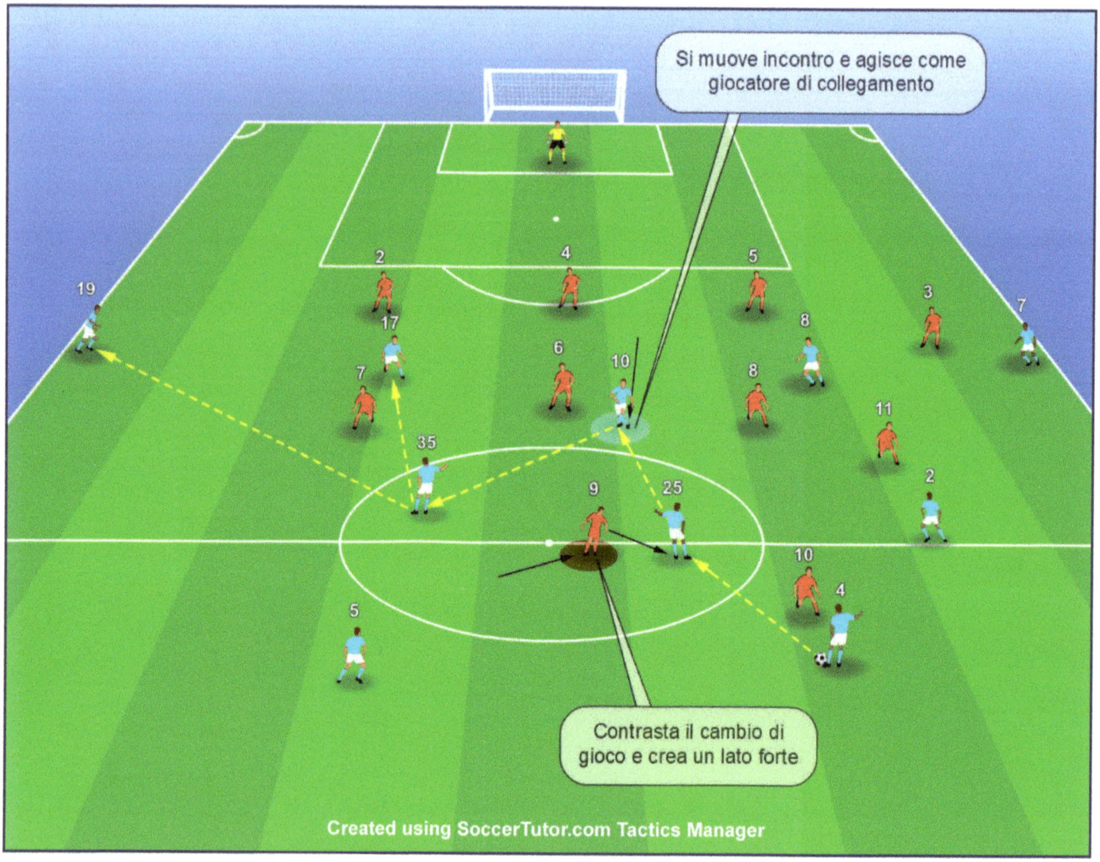

In questo esempio finale, **Fernandinho (25)** riceve dal difensore centrale **Kompany (4)**, ma è messo sotto pressione dall'attaccante avversario in maglia rossa (Num.9). L'attaccante **Agüero (10)** si muove incontro, come giocatore di collegamento, e scarica palla indietro verso il laterale basso sinistro **Zinchenko (35)**, che riceve smarcato.

NOTA:

Questa situazione di gioco, in cui il centrocampista difensivo **Fernandinho (25)** è messo sotto pressione da un attaccante, si è verificata, il più delle volte, contro l'1-4-4-2.

Giocando contro uno schieramento 1-4-2-3-1, il posizionamento dell'attaccante avversario Num.10 impedisce ai difensori centrali di giocare, in fase di costruzione, verso **Fernandinho (25)**.

SESSIONE 1, BASATA SULLE SOLUZIONI TATTICHE DI PEP GUARDIOLA

Superare la pressione degli attaccanti avversari

Sessione per questa situazione tattica: superare la pressione degli attaccanti avversari

SESSIONE PER QUESTA SITUAZIONE TATTICA (2 ESERCITAZIONI)
Es.1: flusso tattico di gioco per superare la pressione degli attaccanti avversari

Situazione A: i centrocampisti offensivi si muovono incontro per agire come giocatori di collegamento

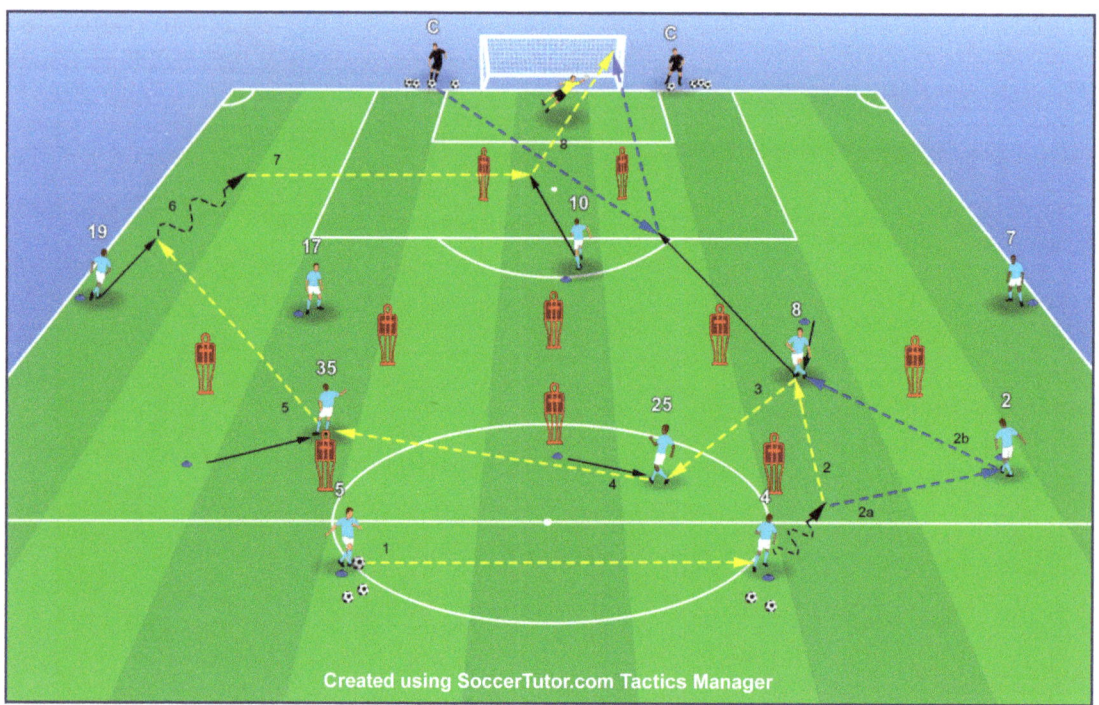

Obiettivo: superare la pressione degli attaccanti e muovere palla verso il lato debole.

Descrizione (situazione A)

I giocatori iniziano l'esercitazione dai coni blu; un difensore centrale (**Num.5, in figura**) trasmette palla all'altro (**Num.4**), che conduce in avanti, verso la sagoma più vicina e gioca verso il centrocampista offensivo (**Num.8, in figura**), il quale viene incontro per agire come giocatore di collegamento e muovere palla verso il centrocampista difensivo (**25**).
Un'altra opzione per il difensore centrale (**4**) è trasmettere verso il laterale basso (**2**) che, a propria volta, gioca al centrocampista offensivo (**8**) - **seguire le frecce blu**.

Il **Num.25** trasmette palla verso un compagno lungo il lato debole (**laterale basso-35, in figura**), che, a propria volta, gioca verso l'esterno alto (**19**). Il **Num.19** conduce palla in avanti e crossa verso l'attaccante (**10**), che conclude, mentre il centrocampista offensivo (**8**) si muove in avanti a supporto e, subito dopo, riceve una seconda palla dall'assistente sulla linea di fondo, per concludere. L'esercitazione riprende con la stessa sequenza, svolta lungo il lato opposto.
E' possibile utilizzare 2 giocatori per ognuna delle 5 posizioni avanzate e mantenere il ritmo dell'esercitazione alto.

Sessione per questa situazione tattica: superare la pressione degli attaccanti avversari

Situazione B: l'attaccante si muove incontro per diventare il giocatore di collegamento

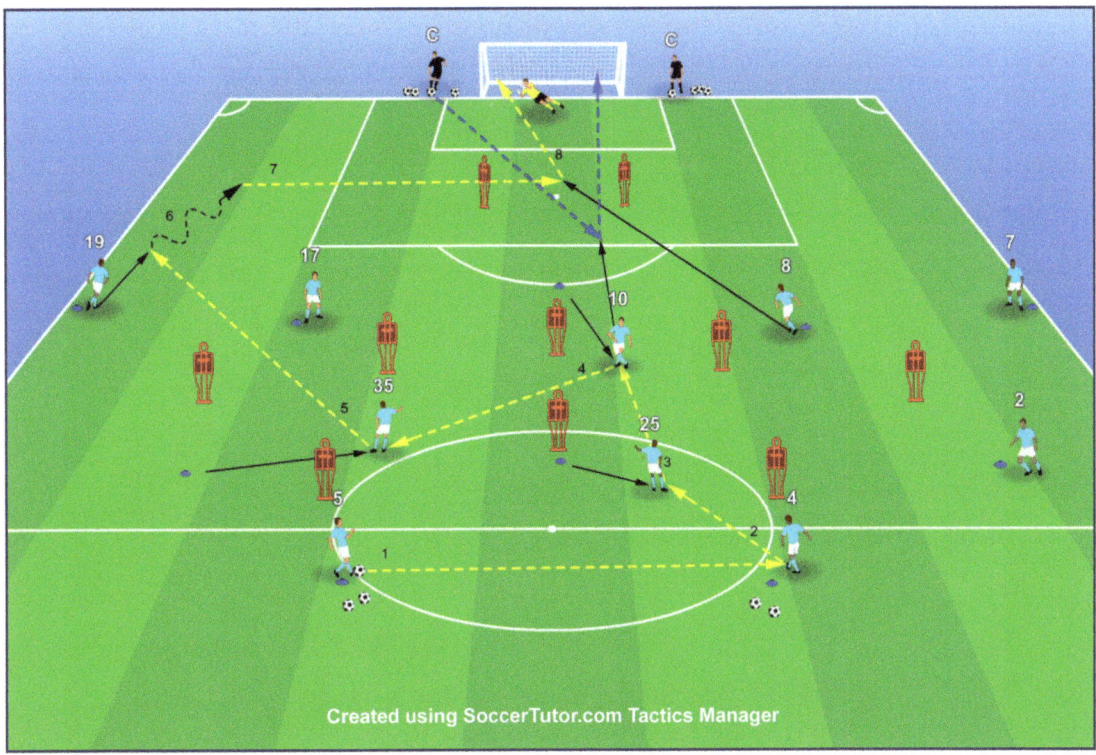

Descrizione (situazione B)

In questa seconda situazione, il difensore centrale (**4**) riceve palla ma non conduce in avanti; al contrario egli trasmette direttamente verso il centrocampista difensivo (**25**).

L'attaccante diventa il giocatore di collegamento, per muovere palla verso il laterale basso, lungo il lato debole (**35**), il quale trasmette, successivamente, all'esterno alto (**19**).

L'esercitazione riprende con la stessa sequenza, svolta lungo il lato opposto.

E' possibile utilizzare 2 giocatori per ognuna delle 5 posizioni avanzate e mantenere il ritmo dell'esercitazione alto.

Attenzione a:

1. Trasmissioni palla rapide ed accurate
2. I giocatori che vengono incontro per ricevere (centrocampisti offensivi ed attaccante) devono muoversi con i giusti tempi.
3. Cross e conclusioni accurati.

Sessione per questa situazione tattica: superare la pressione degli attaccanti avversari

PROGRESSIONE
Es.2: partita a tema, in 2 zone, per superare la pressione degli attaccanti avversari e cambiare gioco

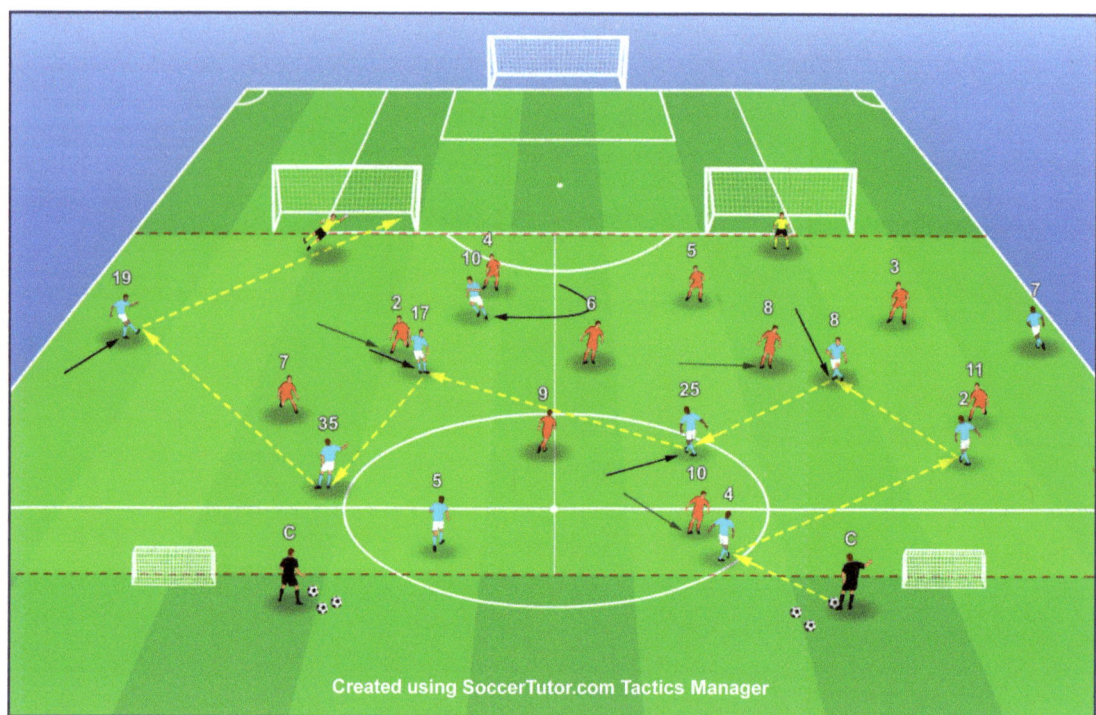

Obiettivo: superare la pressione degli attaccanti e muovere palla verso il lato debole.

Descrizione
La zona di gioco delimitata viene divisa in 2 parti uguali verticalmente; l'esercitazione inizia con il passaggio dell'allenatore verso uno dei due difensori centrali **(4 oppure 5)**.

Appena viene giocata palla, l'attaccante in maglia rossa più vicino (Num.10, nell'esempio in figura) porta pressione sul ricevente **(4)**. L'obiettivo è creare un lato forte per la propria squadra, forzare il possesso avversario verso la linea laterale e creare superiorità numerica (5 c 6) in zona palla.

Se i giocatori rossi conquistano il possesso, devono cercare di concludere in una delle due porticine entro 8"-12".

Gli obiettivi della squadra blu sono:

1. Cercare la conclusione lungo il lato forte, anche se in inferiorità numerica (5 c 6).

2. L'**OPZIONE MIGLIORE** è, tuttavia, muovere palla verso la metà opposta (cambio di gioco verso il lato debole) e concludere, sfruttando la superiorità numerica in quella zona.

Il centrocampista offensivo **(Num.8, nell'esempio in figura)** si muove incontro con i tempi giusti e diventa il giocatore chiave per cambiare gioco.

SITUAZIONE TATTICA 2

Posizionamento e rotazioni dei laterali bassi invertiti

Contenuti tratti dall'analisi del Manchester City durante le stagioni 2017/2018 e 2018/2019, concluse con la vittoria in Premier League

L'analisi è basata sui flussi di gioco riscontrati nel Manchester City. Quando la stessa dinamica di gioco è stata osservata per un numero minimo di volte (almeno 10), la stessa è considerata come flusso di gioco ricorrente. L'analisi contenuta nella prossima pagina è un esempio pratico, tratto da una specifica partita, di questa situazione tattica.

Ogni azione, trasmissione di palla, movimento individuale con e senza palla e il posizionamento di ogni giocatore, incluso quello del corpo, sono inclusi in questa analisi.

Questa analisi è poi utilizzata per creare una sessione di allenamento, in progressione, per lavorare sulla situazione tattica specifica.

PEP GUARDIOLA: analisi tattica - posizionamento e rotazioni dei laterali bassi invertiti

POSIZIONAMENTO E ROTAZIONI DEI LATERALI BASSI INVERTITI

I laterali bassi si accentrano nel momento in cui i centrocampisti offensivi si portano in posizioni avanzate tra le linee avversarie

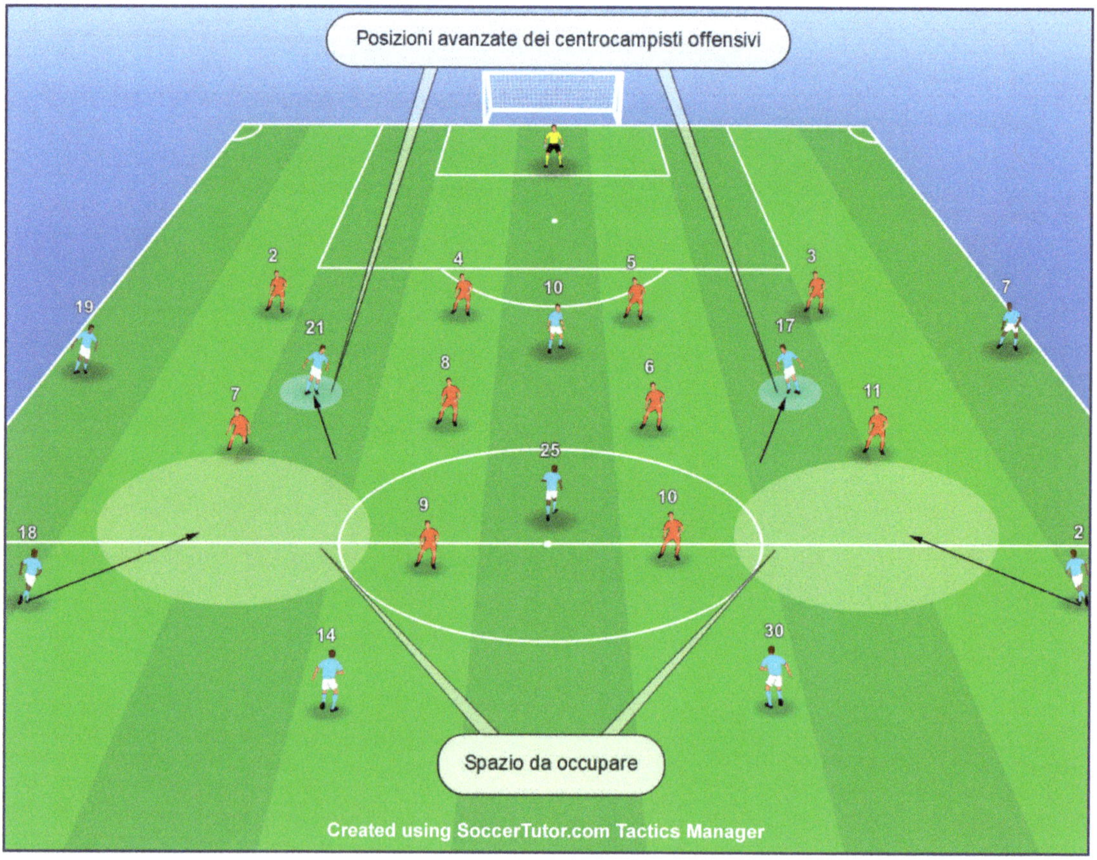

Una delle innovazioni tattiche di Pep Guardiola, proposta anche al Bayern Monaco, è l'utilizzo dei laterali bassi invertiti.

In fase offensiva, entrambi i laterali bassi **(18 e 2)** si accentrano, creando una linea a 3 giocatori con il centrocampista difensivo **Fernandinho (25)**; la seconda dello scaglionamento 2-3-2-3.

Pep Guardiola propone questa soluzione, anche con il suo Manchester City, per risolvere alcune situazioni tattiche che si presentano giocando contro tutti i sistemi di gioco.

I laterali bassi **Delph (18)** e **Walker (2)** si accentrano quando i centrocampisti offensivi **Silva (21)** e **De Bruyne (17)**, in figura, sono posizionati alti sul campo e alle spalle della linea di centrocampo avversaria.

PEP GUARDIOLA: SVILUPPI OFFENSIVI

I VANTAGGI DEI LATERALI BASSI INVERTITI E IL LORO POSIZIONAMENTO AL CENTRO

1. Creare triangoli con i laterali bassi invertiti

Il posizionamento centrale dei laterali bassi porta, da sempre, parecchi vantaggi al Manchester City.

Primo, tra tutti, la formazione di un triangolo, mostrato in figura, i cui vertici sono il laterale basso, l'esterno alto e il centrocampista offensivo.

2. Creare un doppio triangolo con i laterali bassi in fase di possesso

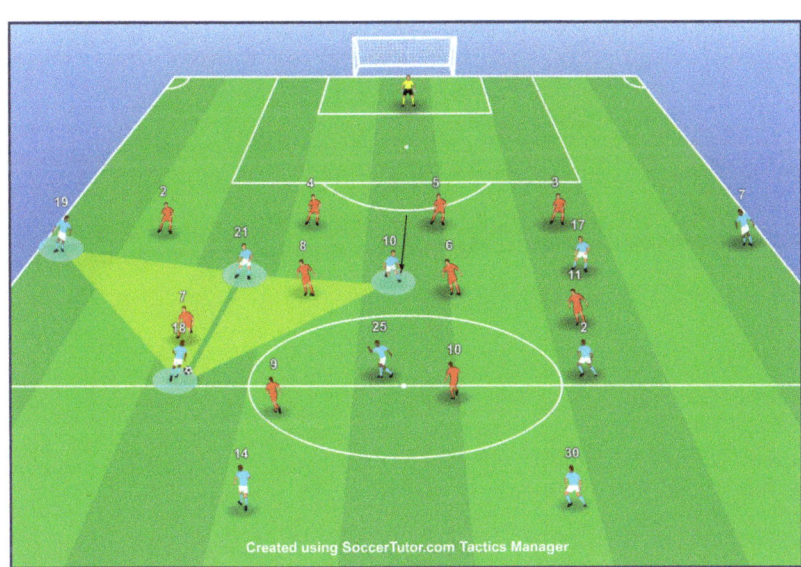

Quando il laterale basso è in possesso, l'attaccante **(10)** si muove spesso in profondità, tra le linee.

A questo punto, lo scaglionamento del Manchester City permette la creazione di un doppio triangolo e di svariate opzioni di passaggio per il laterale basso **(18)**, come mostrato in figura.

PEP GUARDIOLA: analisi tattica - posizionamento e rotazioni dei laterali bassi invertiti

3. La posizione centrale del centrocampista difensivo permette la creazione di scaglionamenti offensivi efficaci

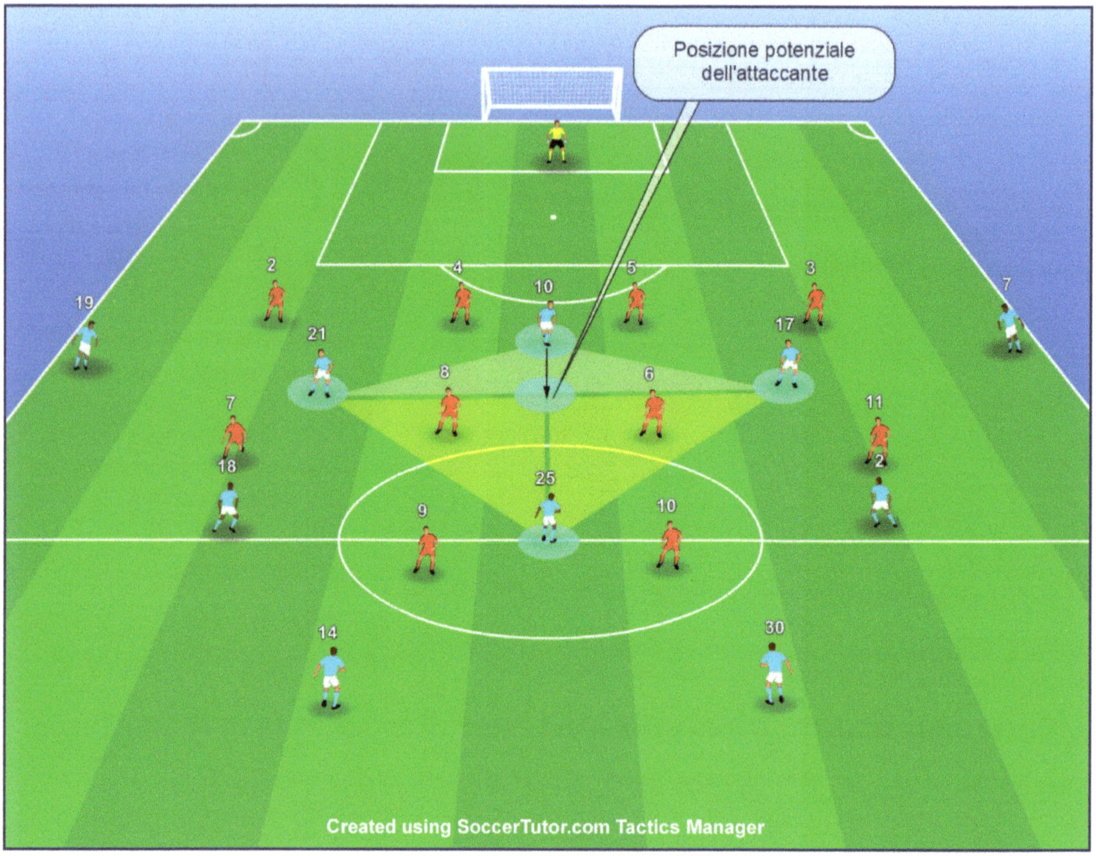

I laterali bassi invertiti evitano al centrocampista difensivo **Fernandinho (25)**, la copertura di larghi spazi a sinistra o destra per poter ricevere dai difensori centrali; questa possibilità può essere considerata un altro vantaggio di questo tipo di soluzione.

Fernandinho (25) non solo spende meno energie in fase offensiva, ma resta posizionato al centro, creando un doppio triangolo efficace con i centrocampisti offensivi e l'attaccante, se quest'ultimo si trova in profondità.

In questo esempio, i centrocampisti offensivi sono **Silva (21)** e **De Bruyne (17)**. L'attaccante è **Agüero (10)** che.

se in posizione più avanzata, permette la creazione di un rombo, molto efficace, in fase offensiva.

PEP GUARDIOLA: analisi tattica - posizionamento e rotazioni dei laterali bassi invertiti

4. Laterali bassi in posizione centrale e 3 opzioni di giocata in avanti

Se il laterale basso **Delph (18)** è in possesso al centro, ha 3 opzioni di giocata in avanti:

1. Verso l'esterno alto **Sané (19)**.
2. Verso il centrocampista offensivo **Silva (21)**.
3. Verso l'attaccante **Agüero (10)**.

La possibilità per l'esterno alto di ricevere palla in apertura, con il corpo posizionato a mezzo giro, e di condurre in avanti subito dopo il controllo, sono altri vantaggi di questa idea tattica.

5. Laterali bassi in ampiezza e solo 2 opzioni di giocata in avanti

Se il laterale basso **Delph (18)** è in possesso, ma posizionato in ampiezza, ha solo due opzioni possibili, per trasmettere in avanti:

1. Verso l'esterno alto **Sané (19)**.
2. Verso il centrocampista offensivo **Silva (21)**.

Inoltre, se l'esterno alto riceve palla da un laterale basso, in ampiezza, è molto probabile che controlli palla con le spalle alla porta avversaria, senza poter condurre immediatamente.

PEP GUARDIOLA: analisi tattica - posizionamento e rotazioni dei laterali bassi invertiti

ROTAZIONI TRA LATERALE BASSO INVERTITO, CENTROCAMPISTA OFFENSIVO ED ESTERNO ALTO PER MANTENERE L'EQUILIBRIO

Il Manchester City di Pep Guardiola si muove in modo fluido, in fase offensiva, attraverso le rotazioni del laterale basso invertito, dell'esterno alto e del centrocampista offensivo; anche il mantenimento dell'equilibrio, una delle priorità, viene comunque garantito.

Quando il centrocampista offensivo si porta in profondità per ricevere, come **Silva (21)** nell'esempio in figura, il laterale basso e l'esterno alto ruotano.

Delph (18), il laterale basso lungo il lato forte, si muove in ampiezza e l'esterno alto **Sané (19)** converge al centro, come opzione di passaggio, se il centrocampista offensivo **Silva (21)** riceve da **Laporte (14)**.

Tutti i vantaggi dello scaglionamento a triangolo vengono mantenuti, grazie a questa rotazione, come sarà provato nelle sezioni successive di questo libro.

SESSIONE 2 BASATA SULLE SOLUZIONI TATTICHE DI PEP GUARDIOLA

Posizionamento e rotazioni dei laterali bassi invertiti

Sessione per questa situazione tattica: posizionamento e rotazioni dei laterali bassi invertiti

SESSIONE PER QUESTA SITUAZIONE TATTICA (2 ESERCITAZIONI)
Es.1: esercitazione tecnica per allenare le rotazioni dei laterali bassi invertiti

Descrizione
2 gruppi di 5 giocatori iniziano l'esercitazione partendo dai coni blu e svolgendola in contemporanea.

Il difensore centrale **(14/30)** combina 1-2 con il laterale basso invertito **(18/2)**.

Rotazione: appena viene giocato il passaggio di ritorno, il centrocampista offensivo **(21/17)** si muove incontro; questo movimento funge da segnale per la rotazione dei giocatori e il laterale basso **(18/2)** si sposta in ampiezza, mentre l'esterno alto **(19/7)** si accentra.

Contemporaneamente, difensore centrale **(14/30)** trasmette palla al centrocampista difensivo **(8/25)**, che gioca di prima intenzione verso quello offensivo, **(21/17)**, il quale si è mosso incontro. Il centrocampista offensivo **(21/17)** riceve e trasmette in avanti verso l'esterno alto **(19/7)**, che scarica di prima intenzione verso il centrocampista difensivo **(8/25)** il quale, a propria volta, gioca al difensore centrale **(14/30)**, sul punto d'inizio.
La sequenza continua con i 3 giocatori in rotazione nelle nuove posizioni.

Attenzione a:
1. Il centrocampista offensivo innesca la rotazione.
2. Movimenti sincronizzati con i giusti tempi.
3. Trasmissioni palla rapide (1 o 2 tocchi)

Sessione per questa situazione tattica: posizionamento e rotazioni dei laterali bassi invertiti

PROGRESSIONE
Es.2: 2 partite a tema, in contemporanea, per allenare le rotazioni dei laterali bassi invertiti

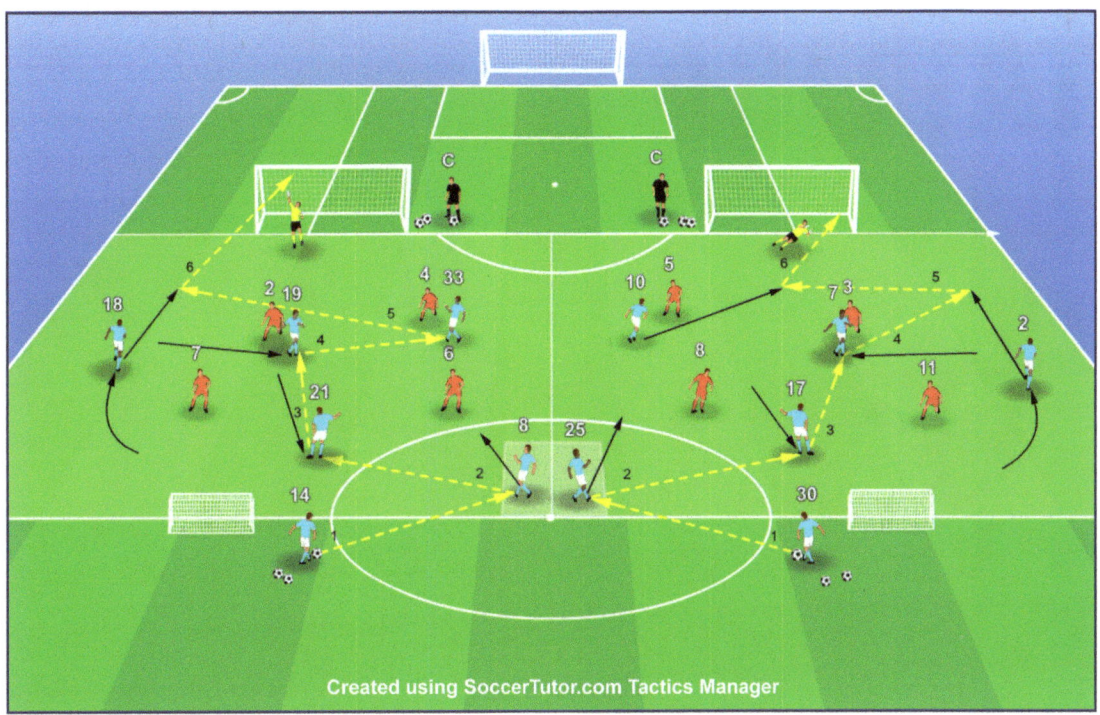

Obiettivo: attaccare dopo i movimenti a rotazione in ampiezza dei laterali bassi invertiti.

Descrizione

L'area di gioco delimitata viene divisa verticalmente in 2 metà, nelle quali si svolgono 2 partite in contemporanea. La proposta inizia da un difensore centrale **(14/30)**, che trasmette palla verso uno dei centrocampisti difensivi **(8/25)**; appena viene eseguito il passaggio, i 3 giocatori blu in ampiezza **(18/2 - laterale basso invertito, 21/17 - centrocampista offensivo** e **19/7 - esterno alto)** ruotano le loro posizioni. Il movimento incontro del centrocampista offensivo **(21/17)** funge da innesco della rotazione, attraverso cui i giocatori blu cercano di sbilanciare gli avversari e concludere. Appena il centrocampista difensivo **(8/25)** si porta all'interno dell'area di gioco, la squadra in possesso si trova in superiorità numerica (5 c 4). La squadra blu deve concludere l'azione entro un limite di tempo (per esempio, 15"); se non riesce, l'assistente gioca palla verso un giocatore rosso, la cui squadra, ora in possesso, cerca di concludere nella porticina, nel più breve tempo possibile, oppure entro un limite prefissato (per esempio, 8"-12"), dopo aver difeso la propria porta.

Attenzione a:

1. Alto ritmo di gioco.
2. Movimenti sincronizzati dei 3 giocatori in rotazione.
3. Rapidità e accuratezza tecnica delle conclusioni (2 tocchi palla).

SITUAZIONE TATTICA 3

Creare e sfruttare la superiorità numerica in ampiezza

Contenuti tratti dall'analisi del Manchester City durante le stagioni 2017/2018 e 2018/2019, concluse con la vittoria in Premier League

L'analisi è basata sui flussi di gioco riscontrati nel Manchester City. Quando la stessa dinamica di gioco è stata osservata per un numero minimo di volte (almeno 10), la stessa è considerata come flusso di gioco ricorrente. L'analisi contenuta nella prossima pagina è un esempio pratico, tratto da una specifica partita, di questa situazione tattica

Ogni azione, trasmissione di palla, movimento individuale con e senza palla e il posizionamento di ogni giocatore, incluso quello del corpo, sono inclusi in questa analisi.

Questa analisi è poi utilizzata per creare una sessione di allenamento, in progressione, per lavorare sulla situazione tattica specifica.

CREARE E SFRUTTARE LA SUPERIORITÀ NUMERICA IN AMPIEZZA

Creare superiorità numerica in ampiezza, attraverso il posizionamento avanzato dei centrocampisti offensivi

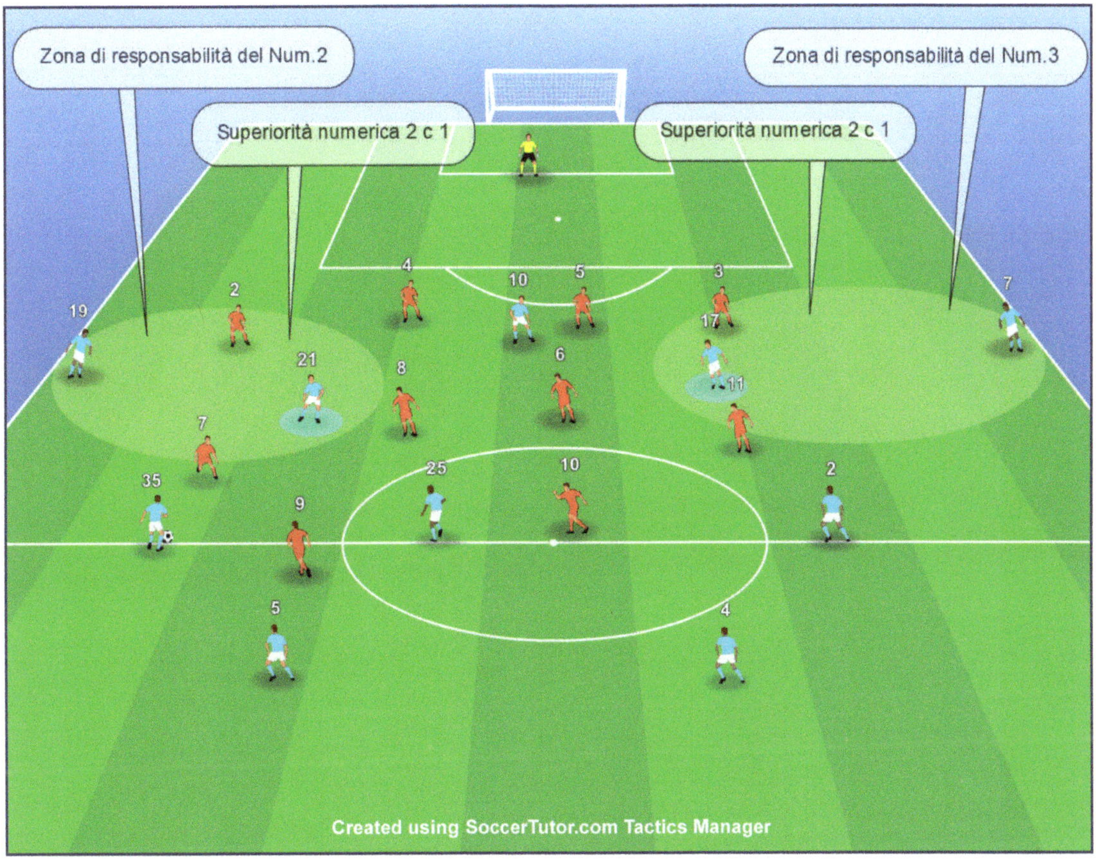

La posizione dei centrocampisti offensivi del Manchester City deve essere efficace e creare problemi agli avversari.

Nell'esempio in figura, questi ruoli sono ricoperti da **Silva (21)** e **De Bruyne (17)**; Pep Guardiola ha comunque schierato spesso anche **Gündoğan (8)** e **Bernardo (20),** in queste posizioni.

I centrocampisti offensivi **(21/17)** sono entrambi posizionati in relazione ai laterali bassi avversari (Num.2 e Num.3 rossi) e all'interno delle loro zone di azione, creando situazioni di superiorità numerica 2 c 1, in ampiezza, insieme agli esterni alti **(19/7)** e contro i laterali bassi avversari.

SFRUTTARE LA SUPERIORITÀ NUMERICA IN AMPIEZZA PER RICEVERE TRA LE LINEE E GIRARSI

1. Il centrocampista offensivo riceve tra le linee, quando il laterale basso avversario resta in posizione, per marcare l'esterno alto

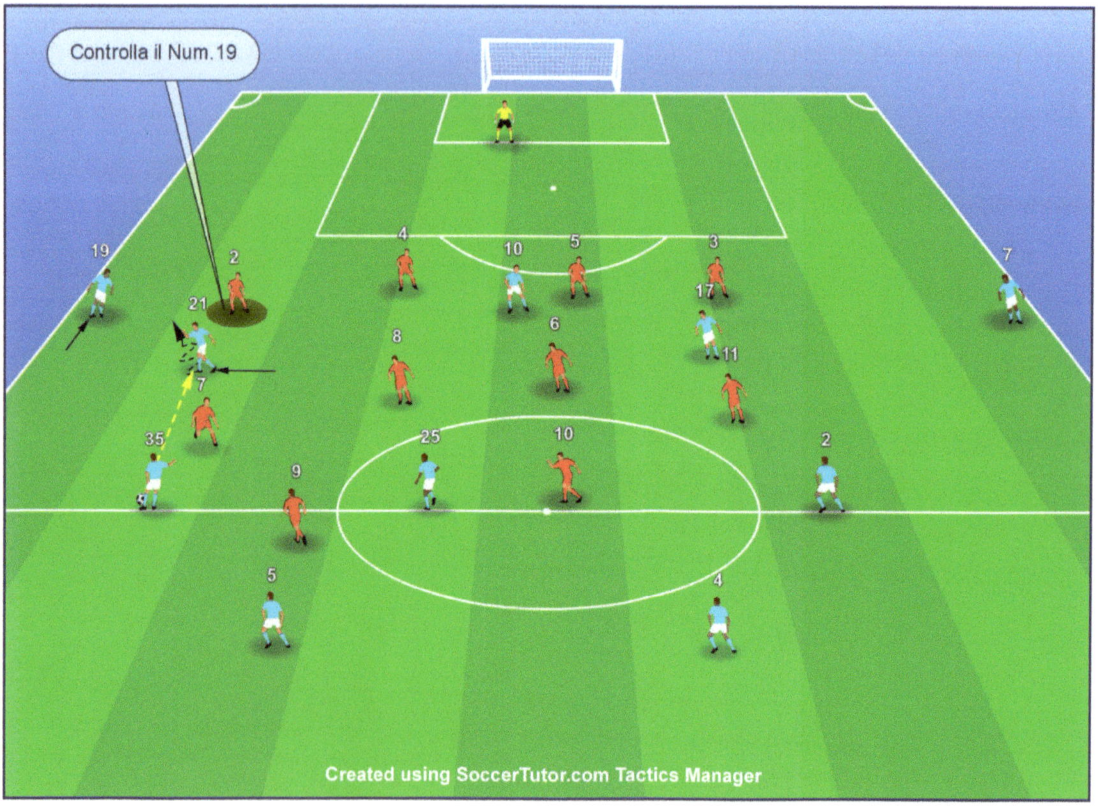

L'obiettivo del Manchester City, dopo la creazione della superiorità numerica 2 c 1 in ampiezza (vedere la figura nella pagina precedente), è sfruttare questa situazione e superare la linea difensiva avversaria

I movimenti, in ogni specifica situazione, dipendono dalla reazione del laterale basso avversario (Num.2 rosso, in figura).

Il laterale basso invertito **Zinchenko (35)** si trova in possesso palla, in questo esempio, e il centrocampista offensivo **Silva (21)** si muove verso una linea di passaggio disponibile, all'interno della zona d'azione del Num.2 in maglia rossa.

Nel caso in cui **Silva (21)** riceva palla, la giocata successiva dipende dalla reazione del difensore; se il laterale basso avversario difende la profondità, per marcare l'esterno alto **Sané (19)**, il centrocampista offensivo **Silva (21)** può ricevere smarcato e girarsi verso la porta da attaccare, come mostrato in figura.

PEP GUARDIOLA: analisi tattica - creare e sfruttare la superiorità numerica in ampiezza

2. Cross anticipato nello spazio tra la linea difensiva avversaria e il portiere

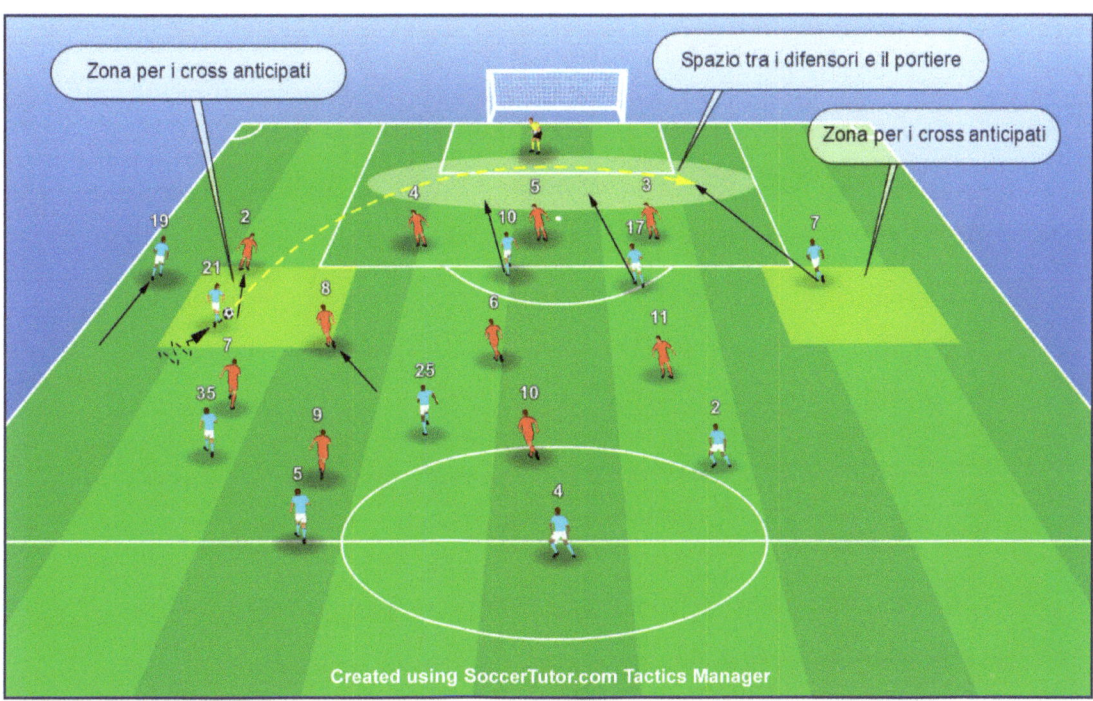

In questo esempio, il laterale basso avversario (Num.2 rosso) ha deciso, in precedenza, di marcare l'esterno alto **Sané (19)**; si crea, quindi, una situazione di superiorità numerica 2 c 1 in ampiezza (vedere la figura nella pagina precedente).

Se il Num.2 avversario arretra, per seguire il movimento di **Sané (19)**, il centrocampista offensivo **Silva (21),** in possesso palla, ha spazio per condurre in avanti, avvicinarsi all'area di rigore ed effettuare un cross anticipato, di solito, verso l'attaccante **(10)**, il centrocampista avanzato **(17)** o l'esterno alto **(7)** opposti e all'interno dell'area evidenziata in bianco. Questa situazione specifica sarà analizzata più avanti nel libro.

Nel caso ci sia spazio tra la linea di difesa e il portiere avversari, il cross anticipato viene giocato verso questa zona, mettendoli in difficoltà, visto il movimento ad arretrare e la posizione del corpo rivolto verso la propria porta.

NOTA:

Il Manchester City usava questo tipo di giocata soprattutto quando gli avversari difendevano con una linea compatta di 5 o 6 giocatori, concedendo quindi poche soluzioni verticali in fase di rifinitura.

I centrocampisti offensivi, i laterali bassi, oppure gli esterni alti, in caso di rotazione a 3, erano i giocatori che eseguivano questi cross - vedere "Situazione Tattica 2: posizionamento e rotazioni dei laterali bassi invertiti."

PEP GUARDIOLA: analisi tattica - creare e sfruttare la superiorità numerica in ampiezza

3. L'esterno alto si trova smarcato e riceve in profondità, sulla fascia, quando il laterale basso avversario contrasta il centrocampista offensivo

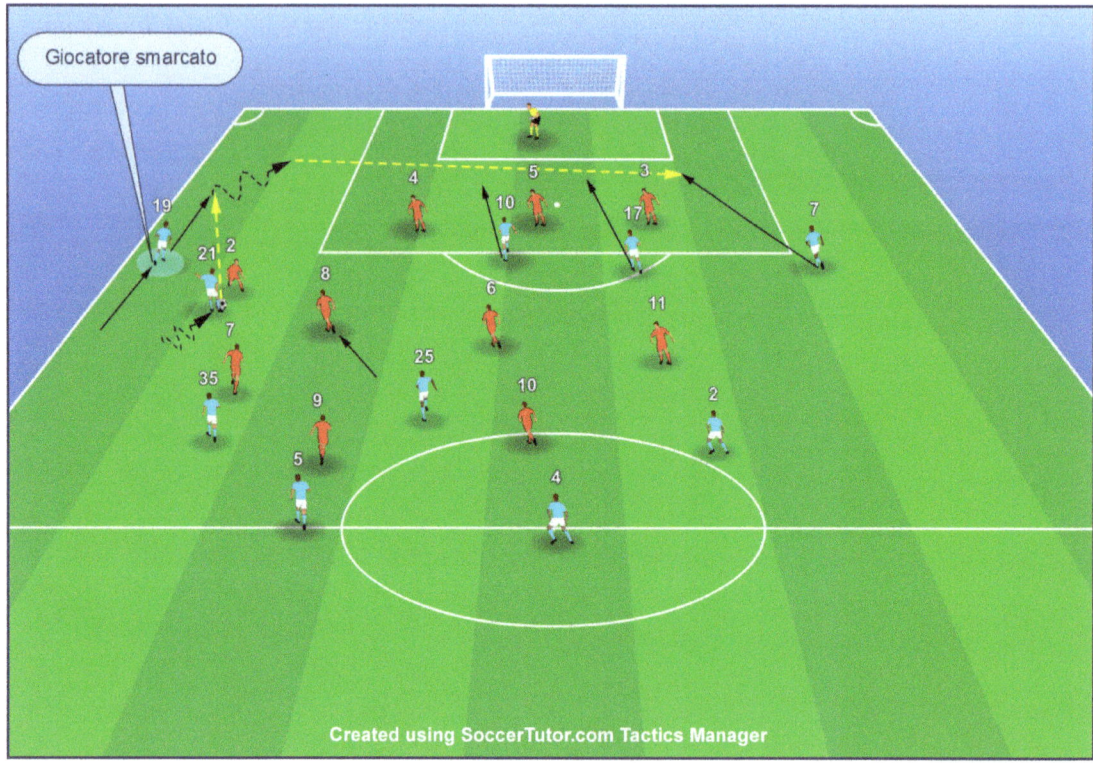

Questa situazione tattica è una variante dell'esempio descritto nella pagina precedente, in cui il laterale basso avversario (Num.2 rosso) ha deciso di difendere la profondità per seguire l'esterno alto sinistro del Manchester City **Sané (19)**.

In questa situazione, il laterale basso decide di portarsi in avanti per contrastare il centrocampista offensivo **Silva (21)**, in possesso, non appena il Num.2 chiude il portatore di palla **(21)**; l'esterno alto sinistro **Sané (19)** si trova smarcato, in profondità, sulla fascia, e può ricevere in posizione favorevole per crossare in area di rigore verso i compagni di squadra, che si inseriscono.

PEP GUARDIOLA: SVILUPPI OFFENSIVI

SFRUTTARE LA SUPERIORITÀ NUMERICA PER RICEVERE, GIRARSI E CONDURRE PALLA VERSO IL CENTRO

1. Ricevere tra le linee, dopo un passaggio interno, verso un giocatore di collegamento (centrocampista difensivo)

Se il centrocampista offensivo **Silva (21)** non riceve direttamente dal laterale basso **Zinchenko (35)**, un giocatore di collegamento entra in azione per poter muovere palla.

Il centrocampista difensivo **Fernandinho (25)**, che agisce come collegamento, perché il centrocampista offensivo **Silva (21)** possa ricevere, tra le linee, è un'opzione molto efficace.

I giocatori riceventi tra le linee, sono, di solito, **Silva (21)**, **De Bruyne (17)**, **Gündoğan (8)**, oppure **Bernardo (20)**.

Quando il passaggio è diretto verso l'esterno (centrocampista offensivo) dal centro (centrocampista difensivo), **Silva (21)** può ricevere, orientando controllo palla e corpo verso l'interno, movimento non sempre possibile, in caso di ricezione di una trasmissione diretta dal laterale basso.

PEP GUARDIOLA: analisi tattica - creare e sfruttare la superiorità numerica in ampiezza

2. Opzioni possibili, dopo ricezione orientata tra le linee e conduzione palla verso l'interno

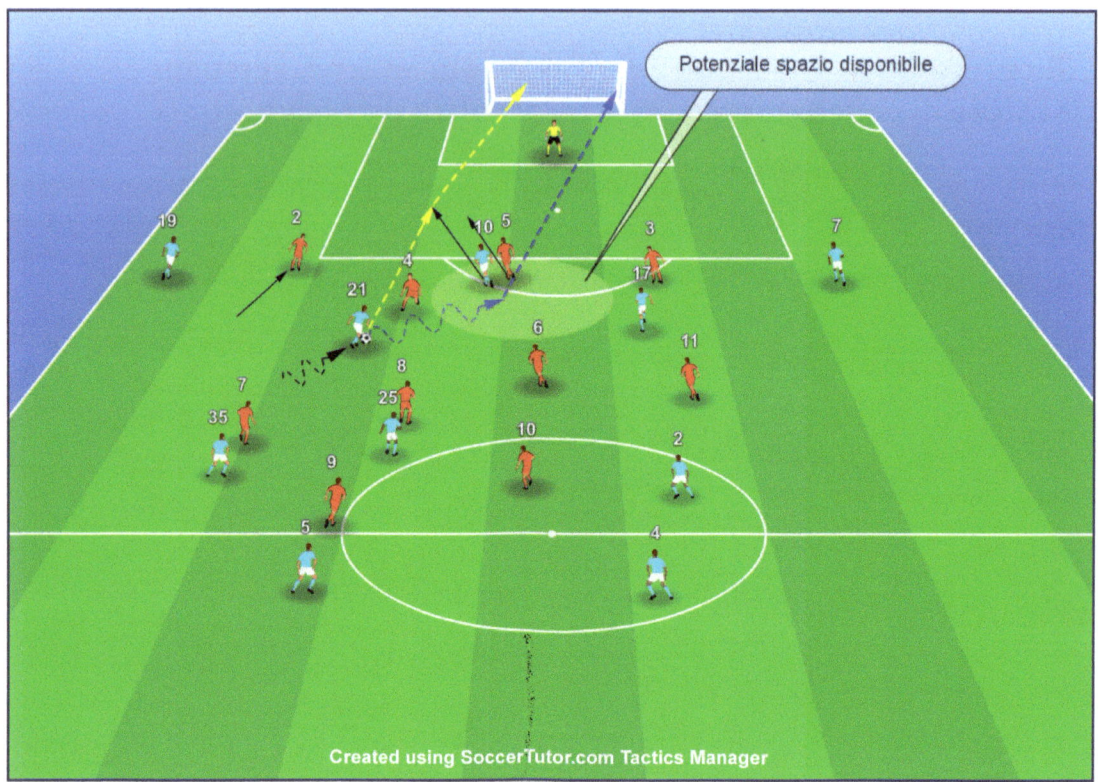

Il centrocampista offensivo **Silva (21)** viene contrastato e chiuso dal difensore centrale avversario (Num.4 rosso), dopo aver condotto palla verso l'interno.

L'attaccante del Manchester City **Agüero (10)** nota che il difensore avversario sta lasciando la propria posizione lungo la linea e si muove, in diagonale, per ricevere in profondità e all'interno dell'area di rigore.

La miglior opzione possibile per il centrocampista offensivo (**Silva-21, nell'esempio in figura**) sarebbe fornire un assist verso **Agüero (10)**, che si sta portando verso lo spazio creato alle spalle del difensore centrale, per ricevere e concludere.

Il centrocampista offensivo avrebbe anche altre possibilità di giocata in profondità, verso compagni che si inseriscono, se si aprono linee di passaggio utili

I centrocampisti offensivi che giocano questo tipo di passaggi, sono, di solito, **Silva (21)**, **De Bruyne (17)**, **Gündoğan (8)**, oppure **Bernardo (20)**.

Un'ultima opzione può essere condurre all'interno dello spazio creato al centro e concludere (vedere le frecce blu in figura), sfruttando il movimento dell'attaccante **Agüero (10)**.

PEP GUARDIOLA: analisi tattica - creare e sfruttare la superiorità numerica in ampiezza

MUOVERE PALLA PER SMARCARE L'ESTERNO ALTO QUANDO SOTTO PRESSIONE, RICEVENDO TRA LE LINEE

1. Il centrocampista offensivo trasmette palla di prima intenzione verso l'esterno alto, se il laterale basso avversario porta pressione

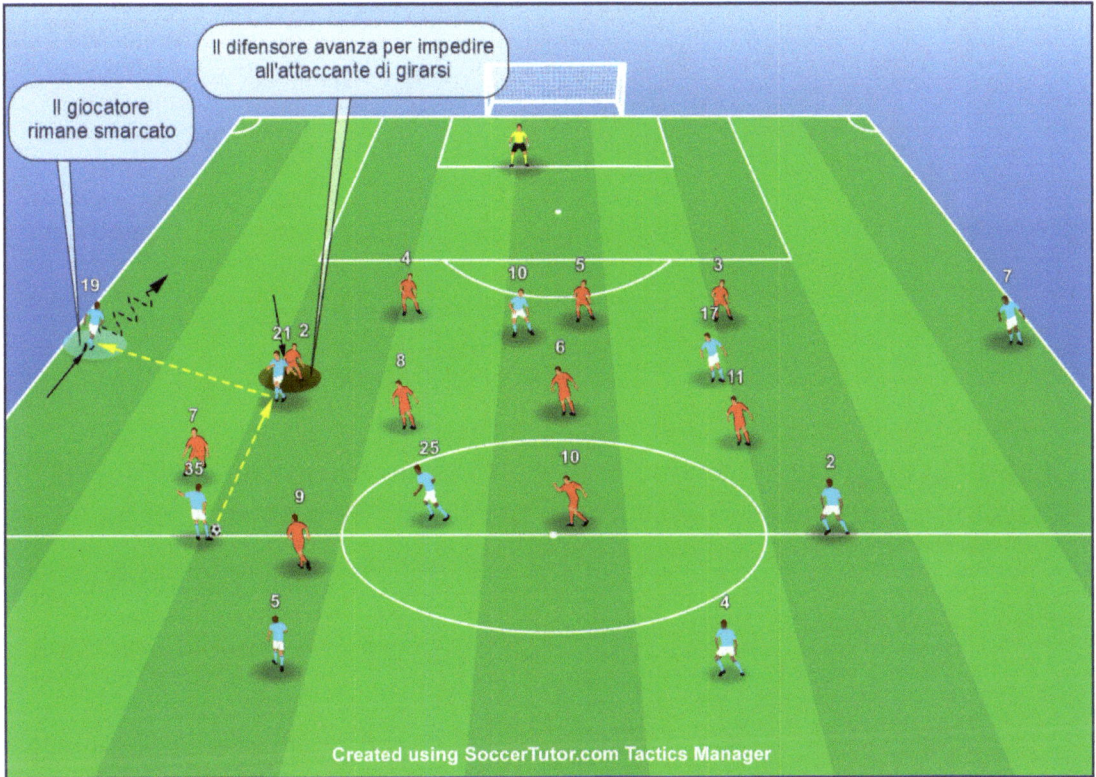

Se il laterale basso avversario (Num.2 rosso) si porta in avanti, appena il passaggio viene giocato, per contrastare e chiudere il centrocampista offensivo (**Silva-21, nell'esempio in figura**) e impedirgli di girarsi dopo la ricezione, l'esterno alto (**Sané-19, nell'esempio in figura**) resta smarcato.

In questa situazione tattica, l'obiettivo del centrocampista offensivo del Manchester City è muovere palla verso il compagno di squadra (esterno alto), sia attraverso un passaggio diretto (come mostrato nella figura sopra), oppure attraverso una combinazione di gioco (vedere la pagina successiva). La qualità tecnica di **Silva (21)** o **De Bruyne (17)** permette loro di leggere la situazione e prendere la giusta decisione rapidamente, nel caso di una possibilità per giocare palla direttamente verso l'esterno alto.

Nell'esempio in figura, **Silva (21)** trasmette palla di prima intenzione verso l'esterno alto **Sané (19)**, che si trova smarcato nello spazio, e può ricevere e condurre in avanti.

PEP GUARDIOLA: analisi tattica - creare e sfruttare la superiorità numerica in ampiezza

2. Il centrocampista offensivo scarica verso un compagno, che gioca palla lunga verso l'esterno alto smarcato

In questo secondo esempio, il laterale basso avversario (Num.2 rosso) riesce a chiudere la linea di passaggio verso **Sané (19)**. Tuttavia, i giocatori di Guardiola hanno altre combinazioni di gioco possibili, per muovere palla verso l'esterno alto; per esempio, scarico, seguito da una giocata in avanti del laterale basso **Zinchenko (35)** o del centrocampista difensivo **Fernandinho (25)**.

3. Il centrocampista offensivo trasmette palla internamente verso l'attaccante, che gioca in diagonale per l'esterno alto smarcato

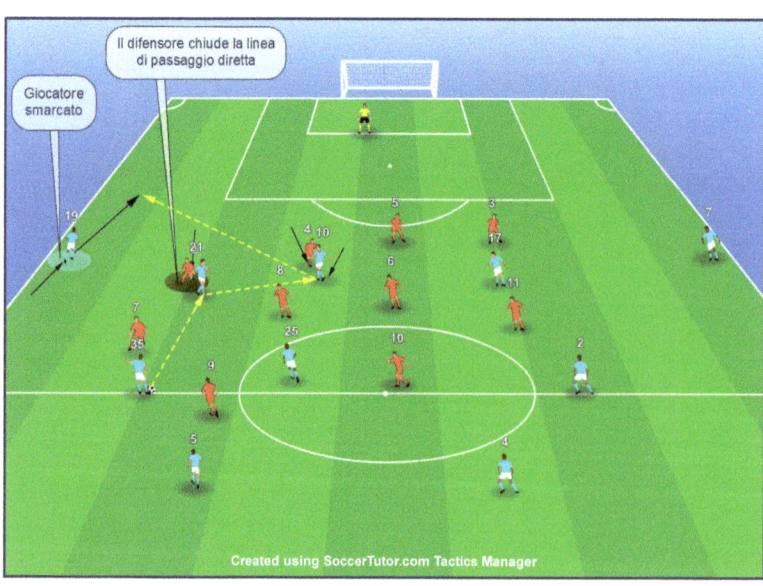

Un'altra possibilità è rappresentata da una prima giocata orizzontale interna, seguita da una seconda in avanti. I giocatori di collegamento potrebbero essere il centrocampista offensivo **De Bruyne (17)** opposto, se posizionato nei pressi del lato forte, oppure **Agüero (10)**, come mostrato in figura, che si muove incontro, per ricevere il passaggio orizzontale interno da **Silva (21)** e trasmettere in ampiezza verso **Sané (19)**.

PEP GUARDIOLA: analisi tattica - creare e sfruttare la superiorità numerica in ampiezza

SFRUTTARE GLI SPAZI TRA I DIFENSORI

1. Lo spazio tra il difensore centrale e il laterale basso avversari

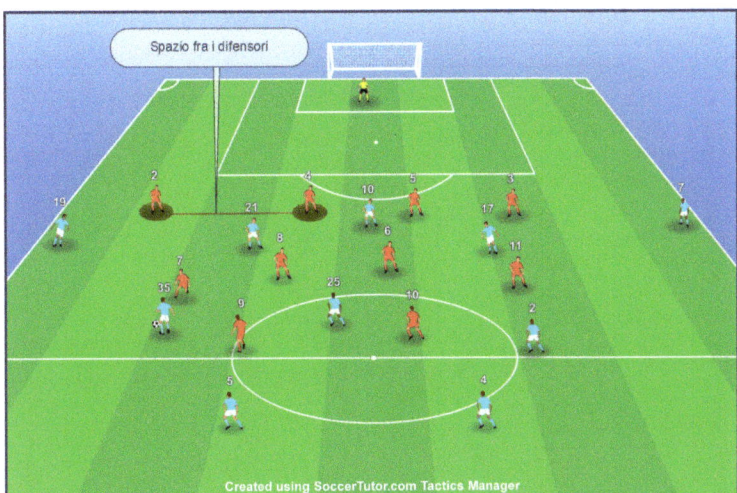

Se il laterale basso (Num.2 rosso) e il difensore centrale (Num.4) non restano compatti e si posizionano troppo distanti tra loro, creano spazio.

In questo caso, al contrario della situazione precedente, il centrocampista offensivo, non si muoverebbe incontro per ricevere.

L'obiettivo dovrebbe essere sfruttare lo spazio e ricevere in posizione avanzata.

2. Il centrocampista offensivo sfrutta lo spazio per ricevere in profondità e crossare

In questo esempio, il centrocampista offensivo **Silva (21)** si muove in avanti, nello spazio disponibile tra il laterale basso (Num.2 rosso) e il difensore centrale avversari (Num.4), riceve un passaggio in avanti dal laterale basso **Zinchenko (35)** e si trova in posizione utile per crossare verso un compagno che possa concludere.

NOTA:
Questa azione offensiva veniva utilizzata dopo un cambio di gioco, quando il difensore centrale avversario non scivolava con i giusti tempi.

SESSIONE 3, BASATA SULLE SOLUZIONI TATTICHE DI PEP GUARDIOLA

Creare e sfruttare la superiorità numerica in ampiezza

Sessione per questa situazione tattica: creare e sfruttare la superiorità numerica in ampiezza

SESSIONE PER QUESTA SITUAZIONE TATTICA (6 ESERCITAZIONI)
Es.1: sfruttare la superiorità numerica in ampiezza, ricevendo e conducendo verso l'esterno (flusso di gioco)

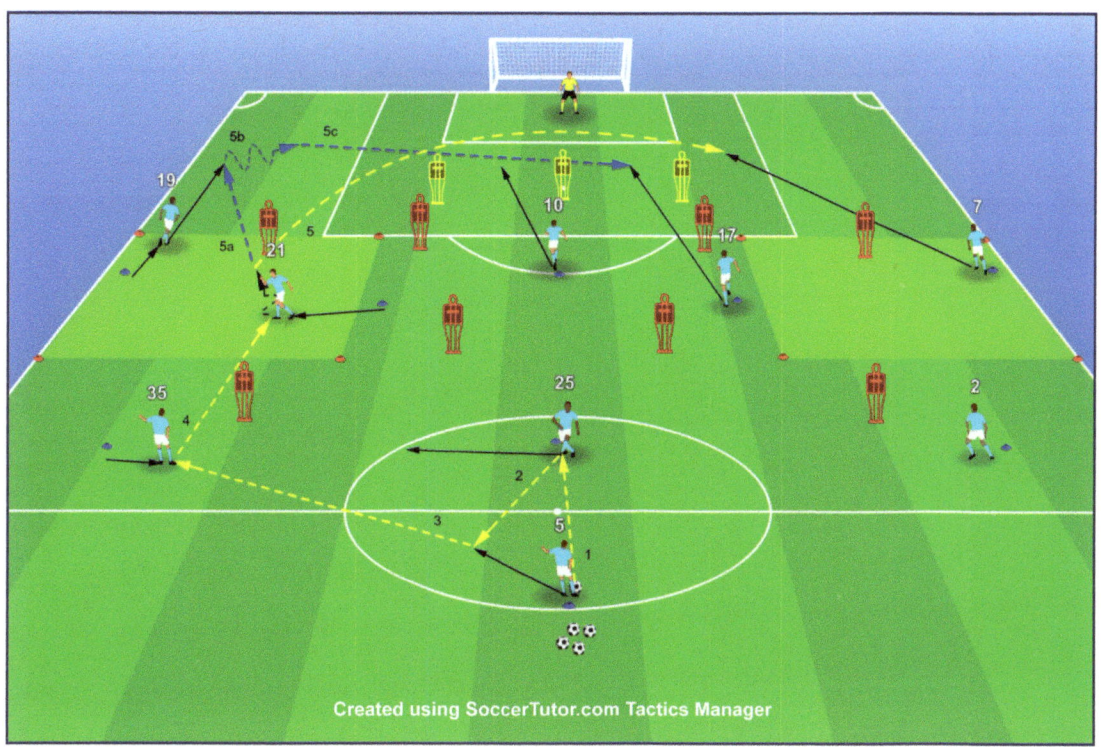

Descrizione

I giocatori iniziano l'esercitazione partendo dai coni blu e devono combinare tra loro seguendo un flusso di gioco specifico. Le 8 sagome rosse rappresentano lo schieramento avversario, mentre le 3 gialle individuano il posizionamento dei difensori avversari nel caso di un cross anticipato.

Appena il laterale basso (**35**) riceve, il centrocampista difensivo (**25**) si posiziona come opzione di passaggio interna e il centrocampista offensivo (**21**) si porta nella zona evidenziata in giallo, per creare un' ulteriore opzione di passaggio.

Il **Num.21** riceve, si gira, e deve decidere se giocare un cross anticipato (5), oppure trasmettere verso l'esterno alto (5a), perchè conduca palla in avanti e crossi.

Gli altri giocatori (**10, 17 e 7**) si inseriscono, con i giusti tempi, negli spazi tra le sagome gialle e cercano la conclusione. L'esercitazione riprende con la stessa sequenza eseguita lungo il lato destro.

E' possibile utilizzare 2 giocatori per ognuna delle 5 posizioni avanzate, mantenendo alti i ritmi dell'esercitazione.

Attenzione a:

1. Trasmissioni di palla rapide (1 o 2 tocchi).
2. Cross anticipati o con palla alta eseguiti correttamente e conclusioni efficaci.
3. Movimenti sincronizzati dei giocatori.

Sessione per questa situazione tattica: creare e sfruttare la superiorità numerica in ampiezza

VARIANTE
Es.2: sfruttare la superiorità numerica in ampiezza, ricevendo e conducendo verso l'interno (flusso di gioco)

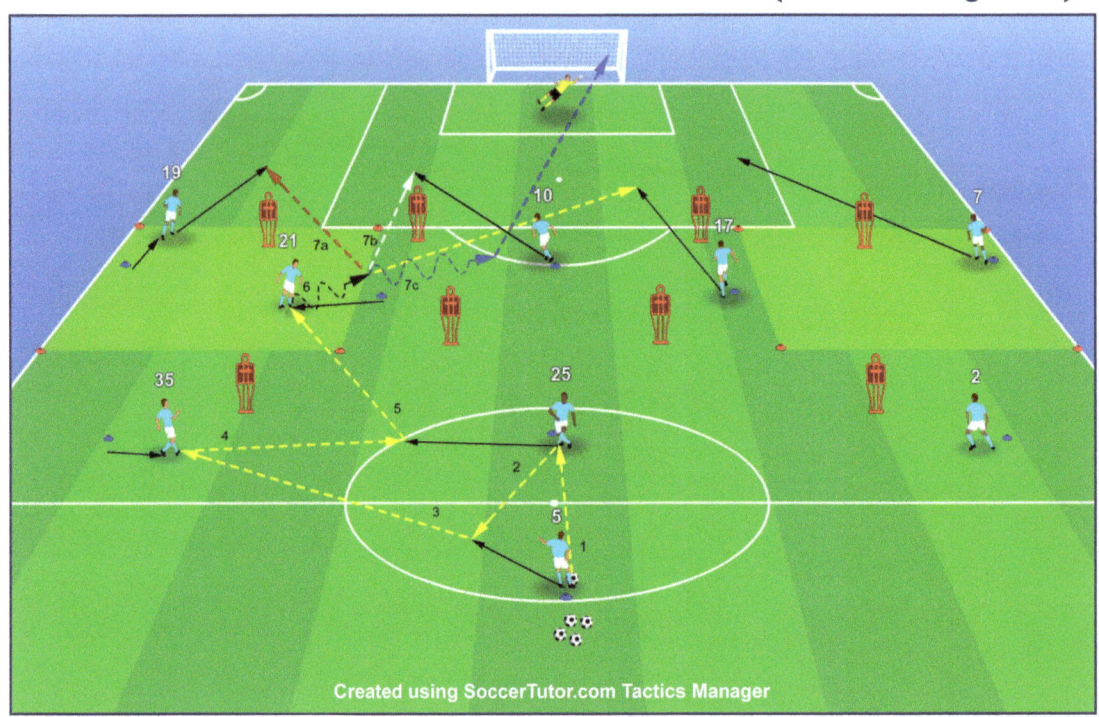

Obiettivo: sfruttare la superiorità numerica (2 c 1) in ampiezza, ricevendo e girandosi.

Descrizione

Questa proposta è una variante dell'esercitazione precedente.

In questo caso, il laterale basso **(35)** trasmette palla internamente, verso il centrocampista difensivo **(25)**, che funge da collegamento e gioca verso quello offensivo **(21)**, posizionato nella zona evidenziata in giallo, il quale può ricevere e girarsi verso l'interno.

Appena il **Num.21** si gira, conduce palla verso la sagoma rossa (che sostituisce il difensore centrale avversario), mentre i compagni **(10, 17 e 7)** si inseriscono, con i giusti tempi, in profondità, agendo come opzioni per un assist.

L'esercitazione riprende con la stessa sequenza eseguita lungo il lato destro.

E' possibile utilizzare 2 giocatori per ognuna delle 5 posizioni avanzate, mantenendo alti i ritmi dell'esercitazione.

Attenzione a:

1. Trasmissioni di palla rapide (1 o 2 tocchi)
2. Cross bassi eseguiti correttamente e conclusioni efficaci.
3. Movimenti sincronizzati dei giocatori.

Sessione per questa situazione tattica: creare e sfruttare la superiorità numerica in ampiezza

PROGRESSIONE
Es.3: sfruttare la superiorità numerica in ampiezza, muovendo palla per smarcare l'esterno alto

Situazione A: il laterale basso trasmette verso il giocatore di collegamento (centrocampista difensivo)

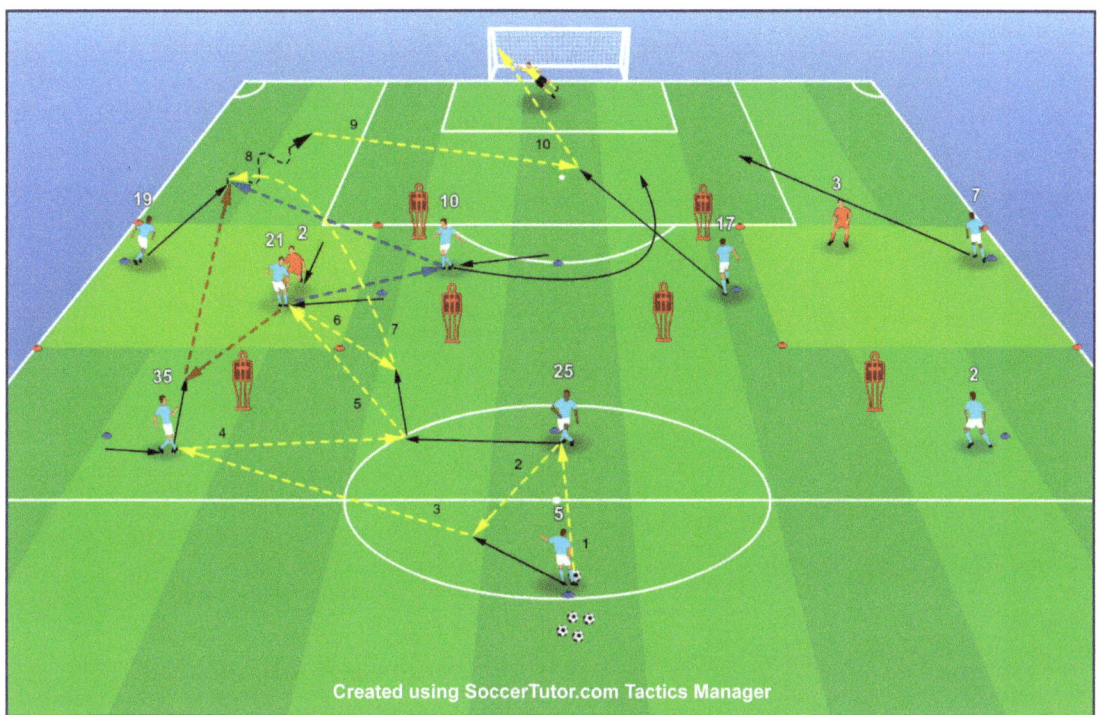

Obiettivo: sfruttare la superiorità numerica (2 c 1) in ampiezza, giocando palla verso l'esterno alto smarcato.

Descrizione (Situazione A)

Questa proposta è una variante dell'esercitazione precedente, in cui 2 laterali bassi in maglia rossa, si aggiungono e agiscono in ampiezza, all'interno delle zone gialle, per portare pressione sui centrocampisti offensivi blu. Situazione A: il centrocampista difensivo (25) riceve palla centralmente, dal laterale basso (35), e gioca verso quello offensivo (21), che si trova sotto la pressione del laterale basso avversario (Num.2).

3 opzioni sono possibili:

1. Scarico sul centrocampista difensivo (25), che gioca palla alta verso l'esterno alto (19) - (seguire le frecce gialle).

2. Scarico verso il laterale basso (35), che gioca direttamente all'esterno alto (19) - (seguire le frecce rosse).

3. Giocata interna verso l'attaccante (10), che trasmette all'esterno alto (19) - (seguire le frecce blu).

I compagni in posizione avanzata (10, 17 e 7) si inseriscono in area di rigore, con i giusti tempi, per ricevere il cross e concludere in porta. L'esercitazione riprende con la stessa sequenza eseguita lungo il lato destro.

Sessione per questa situazione tattica: creare e sfruttare la superiorità numerica in ampiezza

Situazione B: il laterale basso trasmette direttamente al centrocampista offensivo

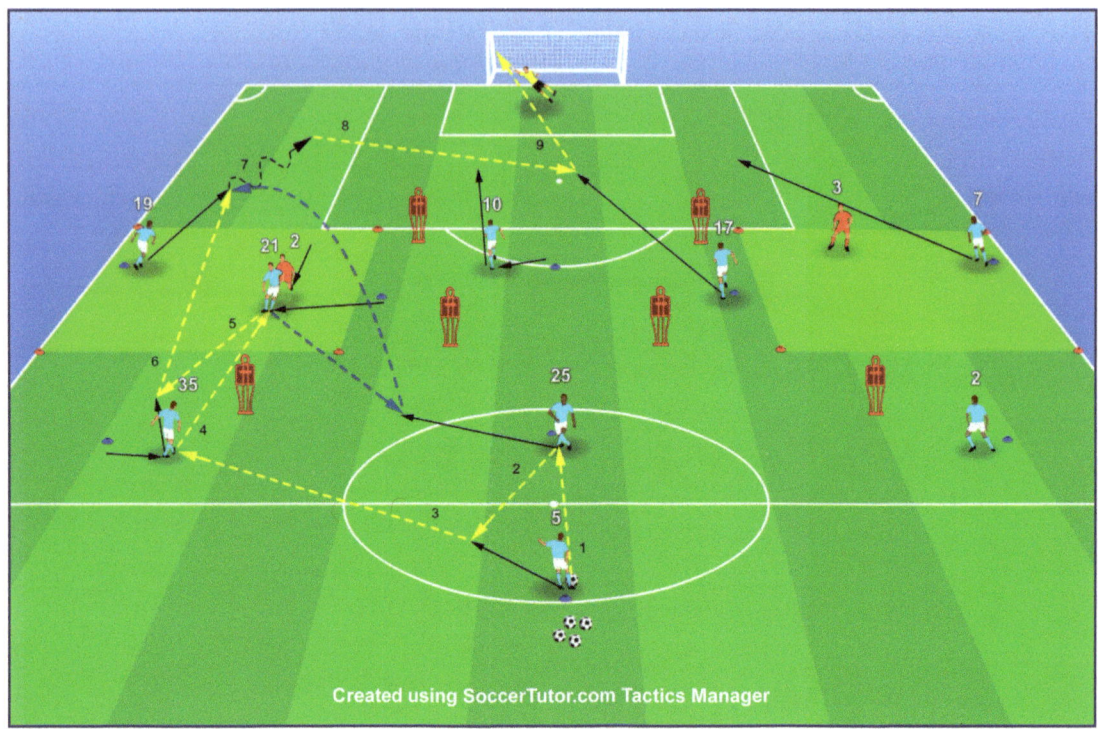

Descrizione (Situazione B)

Situazione B: il laterale basso **(35)** trasmette direttamente al centrocampista offensivo **(21)** escludendo dal flusso di gioco quello difensivo **(25)**.

Da questo punto in avanti, la sequenza si svolge con lo stesso flusso di gioco precedente (Situazione A - vedere la pagina precedente); tuttavia, la terza opzione, che prevede un passaggio interno, non è attuabile.

L'esercitazione riprende con la stessa sequenza eseguita lungo il lato destro.

E' possibile utilizzare 2 giocatori per ognuna delle 5 posizioni avanzate, mantenendo alti i ritmi dell'esercitazione.

Attenzione a:

1. Trasmissioni di palla rapide (1 o 2 tocchi)
2. Cross bassi eseguiti correttamente e conclusioni efficaci.
3. Movimenti sincronizzati dei giocatori.

Sessione per questa situazione tattica: creare e sfruttare la superiorità numerica in ampiezza

PROGRESSIONE
Es.4: leggere i movimenti dell'avversario per sfruttare al meglio la superiorità numerica in ampiezza

Situazione A: il laterale basso avversario resta in posizione arretrata per marcare l'esterno alto

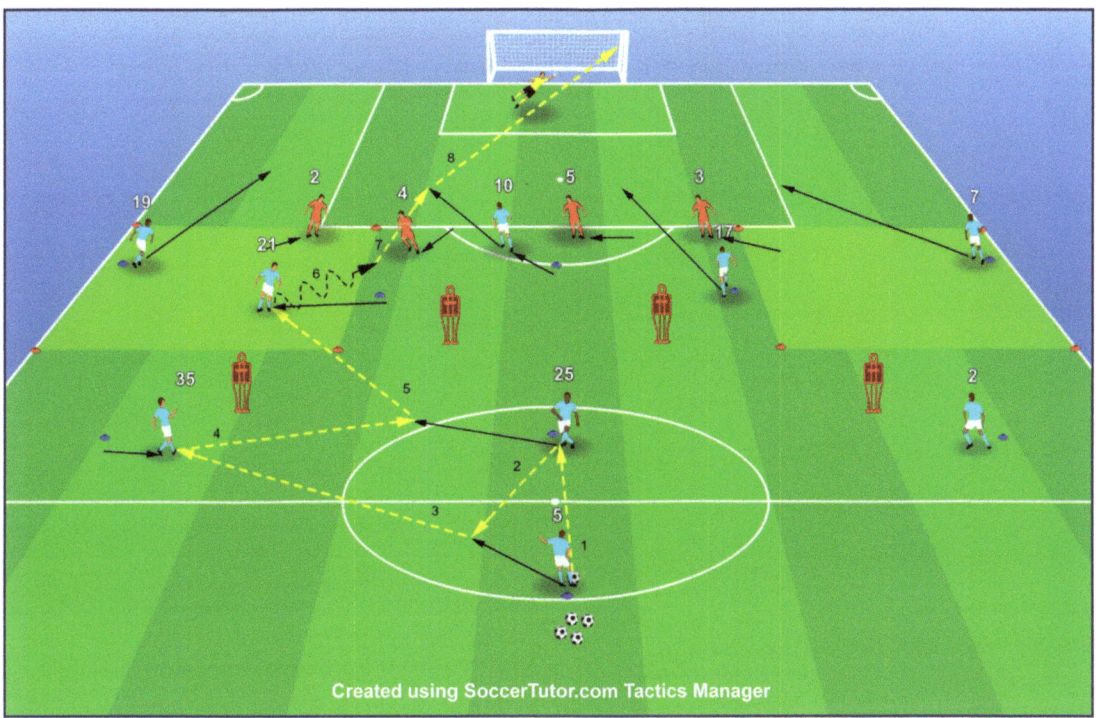

Obiettivo: sfruttare la superiorità numerica seguendo le reazioni e i movimenti dei difensori avversari.

Descrizione (Situazione A)

Questa proposta è una progressione dell'esercitazione precedente, in cui la squadra blu gioca contro 4 difensori attivi, in maglia rossa.

I laterali bassi rossi, che agiscono all'interno delle zone evidenziate in giallo, decidono se muoversi in avanti e portare pressione contro i centrocampisti offensivi blu, oppure se restare in posizione.

I giocatori blu devono leggere le intenzioni del laterale basso avversario (Num.2, nell'esempio in figura), per sfruttare al meglio la superiorità numerica, decidendo la giocata più appropriata.

Situazione A: il laterale basso rosso (Num.2) decide di restare in posizione arretrata, marcando l'esterno alto (**19**), invece di muoversi in avanti per portare pressione sul centrocampista offensivo (**21**), che può quindi ricevere all'interno della zona gialla, girarsi e fornire un assist in profondità.

Nell'esempio in figura, il **Num.21** conduce palla internamente e fornisce un assist verso l'attaccante (**10**), in area di rigore, che conclude.

Sessione per questa situazione tattica: creare e sfruttare la superiorità numerica in ampiezza

Situazione B: il laterale basso si muove in avanti per portare pressione contro il centrocampista offensivo

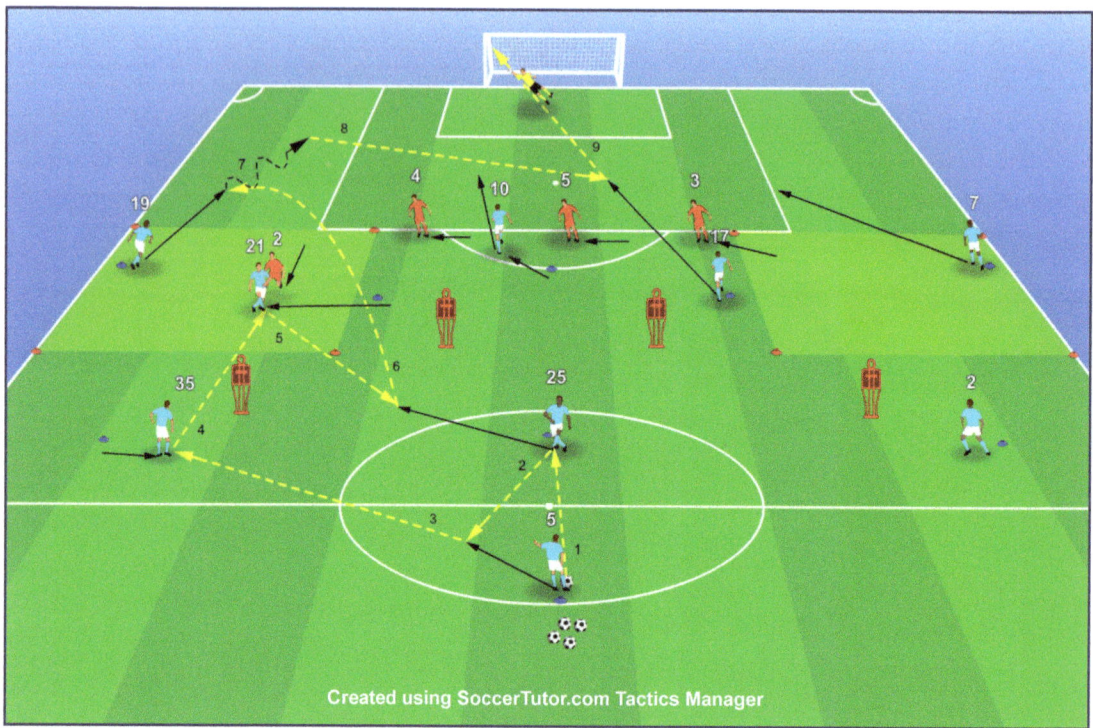

Descrizione (Situazione B)

Situazione B: il laterale basso avversario (Num.2 rosso) si muove in avanti per portare pressione contro il centrocampista offensivo (21), all'interno della zona gialla, e impedire, al portatore di palla, di girarsi. In questo caso, l'esterno alto (19) riceve dopo una combinazione di gioco.

3 opzioni sono possibili:

1. Scarico sul centrocampista difensivo (25), che gioca palla alta verso l'esterno alto (19) - (vedere l'esempio nella figura sopra).

2. Scarico verso il laterale basso (35), che gioca direttamente all'esterno alto (19) - (vedere pagina 51).

3. Trasmettere internamente verso l'attaccante (10), che gioca all'esterno alto (19) - (vedere pagina 51).

Da questo punto in avanti, l'esterno alto (19) può crossare in area di rigore, verso i compagni (10, 17 e 7), che si inseriscono; i giocatori in maglia rossa difendono l'area e la porta. L'esercitazione riprende, successivamente, lungo il lato destro.

Attenzione a:

1. Lettura della situazione tattica: ad esempio, il centrocampista offensivo deve prestare attenzione ai movimenti del laterale basso avversario.

2. Trasmissioni di palla rapide (1 o 2 tocchi).

3. Cross bassi eseguiti correttamente e conclusioni efficaci.

4. Movimenti sincronizzati dei giocatori.

Sessione per questa situazione tattica: creare e sfruttare la superiorità numerica in ampiezza

PROGRESSIONE
Es.5: small sided game per sfruttare la superiorità numerica 2 c 1 in ampiezza

Descrizione

Questa partita 9 c 8 (+ portiere) è una progressione dell'esercitazione precedente. Il difensore centrale (5) della squadra blu inizia il gioco, trasmettendo palla dalla linea di fondo.

La squadra in possesso può segnare una rete, concludendo liberamente (1 punto), oppure sfruttando la superiorità numerica 2 c 1 in ampiezza (2 punti).

Per valutare tutte le opzioni, si possono consultare nuovamente le analisi e le proposte di questa sezione. Il centrocampista offensivo (21), dalla cui visione di gioco dipende tutto il processo decisionale del flusso di gioco successivo, deve dare il via all'azione seguendo i movimenti del laterale basso avversario.

In questo esempio, il Num.2 resta in posizione per marcare l'esterno alto (19); il centrocampista offensivo blu (21) può quindi ricevere tra le linee, girarsi e giocare un cross anticipato nello spazio tra la linea di difesa e il portiere avversari.

Se i giocatori rossi conquistano palla, devono concludere nelle porticine entro 10"-12" (2 punti).

Attenzione a:

1. Lettura della situazione tattica: ad esempio, il centrocampista offensivo (21, oppure 17) deve prestare attenzione ai movimenti del laterale basso avversario.
2. Movimenti sincronizzati dei giocatori.

Sessione per questa situazione tattica: creare e sfruttare la superiorità numerica in ampiezza

PROGRESSIONE

Es.6: partita a tema per sfruttare la superiorità numerica 2 c 1 in ampiezza

Obiettivo: sfruttare la superiorità numerica seguendo le reazioni e i movimenti dei difensori avversari.

Descrizione

2 squadre giocano una partita a tema 11 c 11, in questa proposta finale della sessione di allenamento. Il gioco inizia dal portiere della squadra blu.

La squadra in possesso può segnare una rete, concludendo liberamente (1 punto), oppure sfruttando la superiorità numerica 2 c 1 in ampiezza (2 punti).

Per valutare tutte le opzioni, si possono consultare nuovamente le analisi e le proposte di questa sezione.

Se i giocatori rossi conquistano palla, devono concludere l'azione di contrattacco entro 12"-15" (2 punti).

Attenzione a:

1. Lettura della situazione tattica: ad esempio, il centrocampista offensivo **(21, oppure 17)** deve prestare attenzione ai movimenti del laterale basso avversario.
2. Movimenti sincronizzati dei giocatori.

SITUAZIONE TATTICA 4

Opzioni offensive in caso di contrasto della superiorità numerica in ampiezza

Contenuti tratti dall'analisi del Manchester City durante le stagioni 2017/2018 e 2018/2019, concluse con la vittoria in Premier League

L'analisi è basata sui flussi di gioco riscontrati nel Manchester City. Quando la stessa dinamica di gioco è stata osservata per un numero minimo di volte (almeno 10), la stessa è considerata come flusso di gioco ricorrente. L'analisi contenuta nella prossima pagina è un esempio pratico, tratto da una specifica partita, di questa situazione tattica.

Ogni azione, trasmissione di palla, movimento individuale con e senza palla e il posizionamento di ogni giocatore, incluso quello del corpo, sono inclusi in questa analisi.

Questa analisi è poi utilizzata per creare una sessione di allenamento, in progressione, per lavorare sulla situazione tattica specifica.

OPZIONI OFFENSIVE IN CASO DI CONTRASTO DELLA SUPERIORITÀ NUMERICA IN AMPIEZZA

1. La linea di passaggio diagonale interna si amplia quando gli avversari contrastano la superiorità numerica in ampiezza

Se il centrocampista centrale avversario (8) scivola per contrastare la superiorità numerica e il compagno di reparto (6) non segue il suo movimento, la linea di passaggio diagonale verso l'interno si amplia e, con essa, aumentano le possibilità di giocare palla verso l'attaccante **Agüero (10)**, che si può muovere incontro per ricevere e sfruttare la situazione, seguendo il movimento del difensore centrale avversario (4).

2. L'attaccante riceve lungo una linea di passaggio disponibile e si gira, in quanto il difensore centrale resta in posizione arretrata

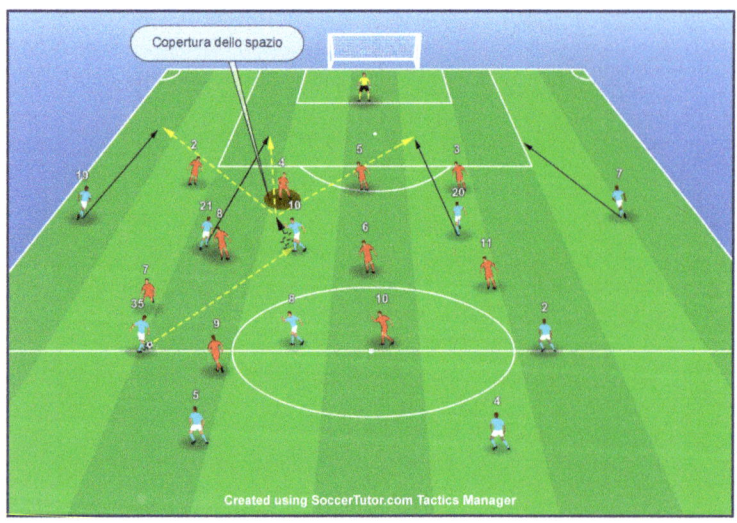

Il laterale basso **Zinchenko (35)** gioca palla verso l'attaccante **(10)**, sfruttando una linea di passaggio interna. **Agüero (10)** riesce a ricevere e a girarsi, in quanto il difensore centrale rosso (Num.4) decide di coprire lo spazio, piuttosto che muoversi in avanti per portare pressione. Il **Num.10** ha ora almeno 3 opzioni per trasmettere in profondità, verso i compagni **(19, 21 e 20)**, come mostrato in figura.

PEP GUARDIOLA: analisi tattica - opzioni offensive in caso di contrasto della superiorità numerica in ampiezza

3. Il difensore centrale avversario impedisce all'attaccante di girarsi

Questa situazione tattica è una variante della precedente. Se il difensore centrale rosso (Num.4) si muove per portare pressione contro l'attaccante **Agüero (10)**, il ricevente non può girarsi, ma si crea spazio alle spalle del marcatore. Il centrocampista offensivo **Silva (21)** sfrutta questo spazio, ricevendo palla dopo una combinazione simile alle precedenti; scarico verso il centrocampista difensivo **Gündoğan (8)** che gioca in profondità.

4. Cambiare gioco, verso uno spazio disponibile e lungo il lato debole, per creare superiorità numerica 2 c 1 in ampiezza

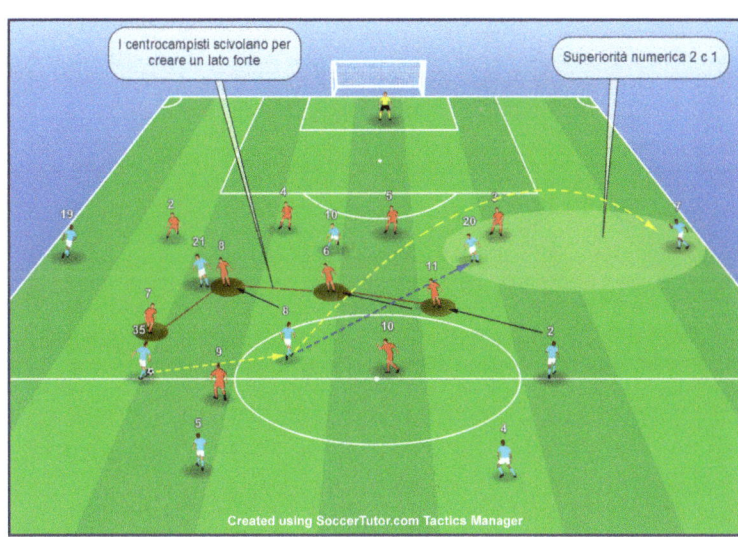

Se tutti i centrocampisti avversari stringono le posizioni, chiudendo le linee di passaggio in profondità, è possibile che si crei spazio e superiorità numerica lungo il lato debole dello schieramento difensivo; quest'opportunità viene utilizzata dal Man City cambiando gioco. Il centrocampista difensivo **Gündoğan (8)** gioca lungo verso l'esterno alto **Sterling (7)**, creando superiorità numerica 2 c 1, in questo esempio.

NOTA:

Questa situazione tattica sarà analizzata più approfonditamente in una sezione successiva del libro: "Situazione tattica 11: cambiare gioco verso il lato debole in caso di contrasto della superiorità numerica contro l'1-4-3-3."

SESSIONE 4 BASATA SULLE SOLUZIONI TATTICHE DI PEP GUARDIOLA

Opzioni offensive in caso di contrasto della superiorità numerica in ampiezza

Sessione per questa situazione tattica: opzioni offensive in caso di contrasto della superiorità numerica in ampiezza

SESSIONE PER QUESTA SITUAZIONE TATTICA (4 ESERCITAZIONI)
Es.1: esercitazione funzionale alle opzioni offensive in caso di contrasto della superiorità numerica in ampiezza (contro 4 giocatori)

Situazione A: 1 centrocampista centrale avversario scivola verso l'esterno

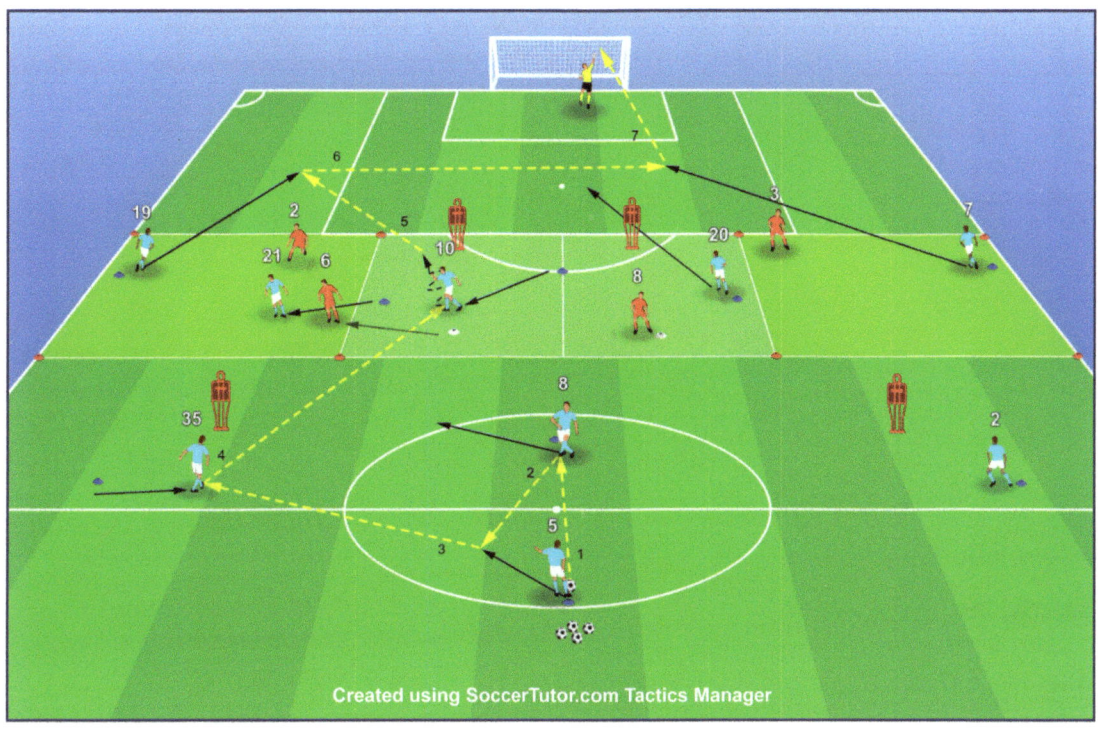

Descrizione (Situazione A)

Questa proposta viene organizzata seguendo l'esempio della "Situazione tattica 3: creare sfruttare superiorità numeriche in ampiezza."

2 centrocampisti centrali in maglia rossa (Num.6 e Num.8) agiscono ora nelle zone bianche. Inoltre, 2 laterali bassi (Num.2 e Num.3), anch'essi in maglia rossa, sono posizionati, in ampiezza, nelle aree gialle. I giocatori blu iniziano l'esercitazione partendo dai coni dello stesso colore e seguono una precisa sequenza di gioco.

Non appena il laterale basso (35) riceve palla, il centrocampista difensivo (8) si muove lungo una linea di passaggio interna e quello offensivo (21) si porta all'interno della zona gialla, per creare superiorità numerica 2 c 1 in ampiezza.

Se il centrocampista centrale rosso (8) non si porta verso la zona gialla, allora i giocatori blu cercano di sfruttare la superiorità numerica 2 c 1, come analizzato nella sezione precedente.

Se il centrocampista centrale rosso (6) si porta all'interno della zona gialla, non c'è possibilità di superiorità numerica; l'attaccante blu (10), quindi, si muove incontro.

La linea di passaggio interna diagonale si amplia e il laterale basso può giocare verso il **Num.10**, che riceve all'interno della zona bianca, avendo spazio a disposizione per girarsi e trasmettere in profondità (verso il Num.19, nell'esempio in figura).

Sessione per questa situazione tattica: opzioni offensive in caso di contrasto della superiorità numerica in ampiezza

Situazione B: 2 centrocampisti centrali avversari scivolano verso l'esterno

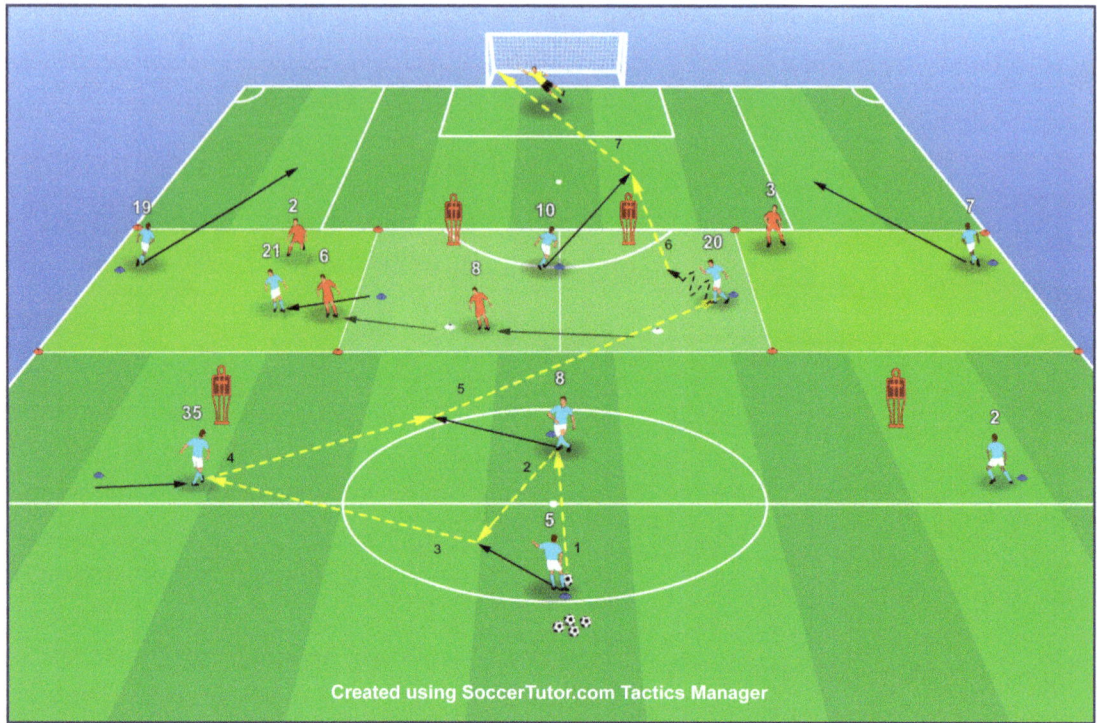

Descrizione (Situazione B)

Situazione B: entrambi i centrocampisti centrali rossi (Num.6 e Num.8) scivolano verso l'esterno, chiudendo le linee di passaggio verso il centrocampista offensivo blu **(21)** e l'attaccante **(10)**.

Il laterale basso **(35)** trasmette internamente verso il centrocampista difensivo **(8)**, che, solitamente, cambia gioco verso il lato opposto.

È possibile che si crei spazio e superiorità numerica lungo il lato debole dello schieramento difensivo; in questo esempio, il **Num.8** trasmette verso il centrocampista offensivo **(20)**, ma avrebbe anche potuto giocare palla lunga (cambio di gioco) verso l'esterno alto **(7)**, all'interno della zona gialla, creando una situazione 2 c 1 in ampiezza.

Il **Num.20** riceve all'interno della zona bianca, avendo spazio disponibile per girarsi e

trasmettere in profondità (verso il **Num.10**, in figura). L'esercitazione riprende con la stessa sequenza eseguita lungo il lato destro.

E' possibile utilizzare 2 giocatori per ognuna delle 5 posizioni avanzate, mantenendo alti i ritmi dell'esercitazione.

Attenzione a:

1. L'attaccante **(10)** e il laterale basso **(35)** devono leggere la situazione tattica e capire se solo 1, oppure 2 centrocampisti avversari, scivola in ampiezza.
2. Trasmissioni palla rapide (1 o 2 tocchi).
3. Cross bassi eseguiti correttamente e conclusioni efficaci.
4. Movimenti sincronizzati dei giocatori.

Sessione per questa situazione tattica: opzioni offensive in caso di contrasto della superiorità numerica in ampiezza

PROGRESSIONE

Es.2: esercitazione funzionale alla fase offensiva in caso di contrasto della superiorità numerica in ampiezza (contro 6 giocatori)

Situazione A: l'attaccante riceve nello spazio e si gira

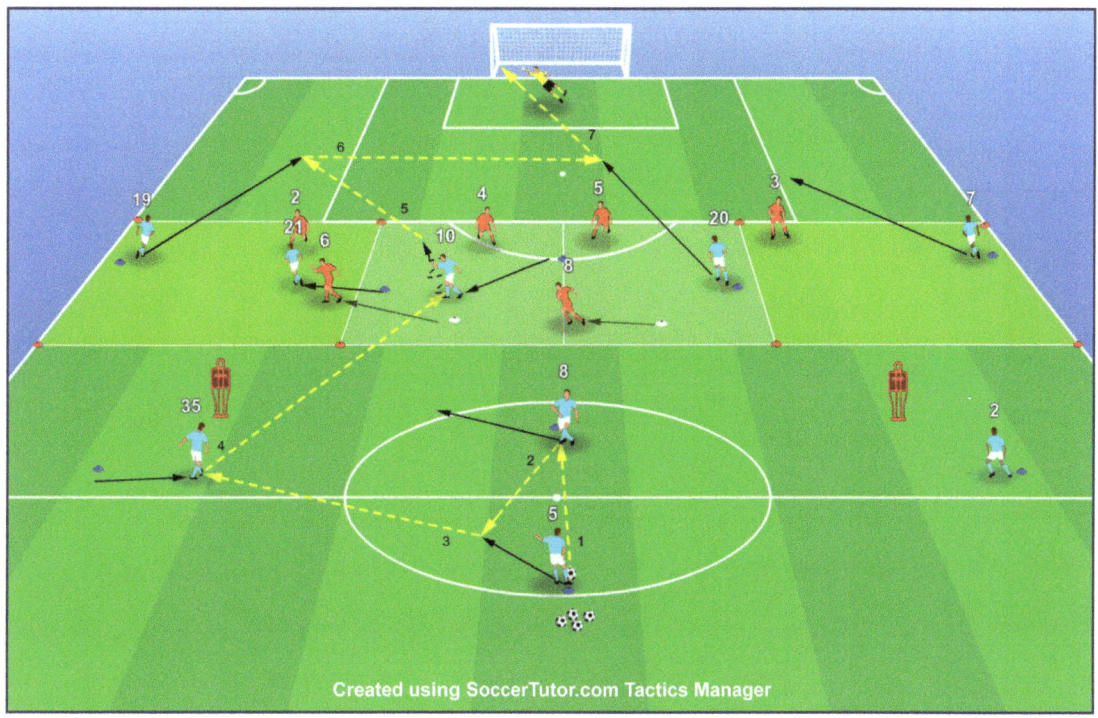

Descrizione (Situazione A)

Questa proposta è una progressione dell'esercitazione precedente, in cui vengono aggiunti 2 difensori centrali rossi (Num.4 e Num.5). Dopo aver trasmesso palla verso il laterale basso **(35)**, i giocatori blu devono leggere la situazione tattica e prendere la giusta decisione circa la zona verso cui attaccare.

Il difensore centrale rosso (Num.6) scivola in ampiezza e all'interno della zona gialla; in questo modo, l'attaccante blu **(10)** si muove incontro e la linea di passaggio diagonale interna si amplia. Il **Num.35** trasmette verso il **Num.10**, all'interno della zona centrale bianca; il movimento del difensore centrale rosso (Num.4) condiziona il fatto che l'attaccante possa girarsi, oppure non riesca - (vedere la situazione B nella pagina seguente).

In questo esempio (situazione A), il difensore centrale rosso (Num.4) resta posizionato in profondità senza portare pressione contro l'attaccante **(10)**, che può quindi ricevere all'interno della zona bianca, girarsi e giocare alle spalle della linea difensiva (verso l'esterno alto **Num.19**, in figura).

L'esercitazione riprende con la stessa sequenza eseguita lungo il lato destro.

NOTA: se il secondo centrocampista centrale rosso (Num.8) scivola in profondità e la linea di passaggio verso l'attaccante **(10)** viene chiusa, il laterale basso **(35)** gioca palla internamente, verso il centrocampista difensivo **(8)** - (vedere la Situazione C).

Sessione per questa situazione tattica: opzioni offensive in caso di contrasto della superiorità numerica in ampiezza

Situazione B: l'attaccante non può girarsi

Descrizione (Situazione B)

Situazione B: il difensore centrale avversario (Num.4 rosso) si muove in avanti per portare pressione contro l'attaccante blu **(10)** e impedire al ricevente di girarsi all'interno della zona bianca centrale.

L'obiettivo del **Num.10** è ora trasmettere verso un compagno, così da muovere palla verso uno spazio disponibile, alle spalle del difensore centrale Num.4.

Il giocatore in possesso scarica verso il centrocampista difensivo **(8)**, che gioca palla alta, in profondità, verso il centrocampista offensivo **(21)**.

Il **Num.21** conclude, oppure gioca palla verso un compagno che possa calciare in porta (centrocampista offensivo Num.20, in figura).

L'esercitazione riprende con la stessa sequenza eseguita lungo il lato destro.

Sessione per questa situazione tattica: opzioni offensive in caso di contrasto della superiorità numerica in ampiezza

Situazione C: la linea di passaggio verso l'attaccante viene chiusa

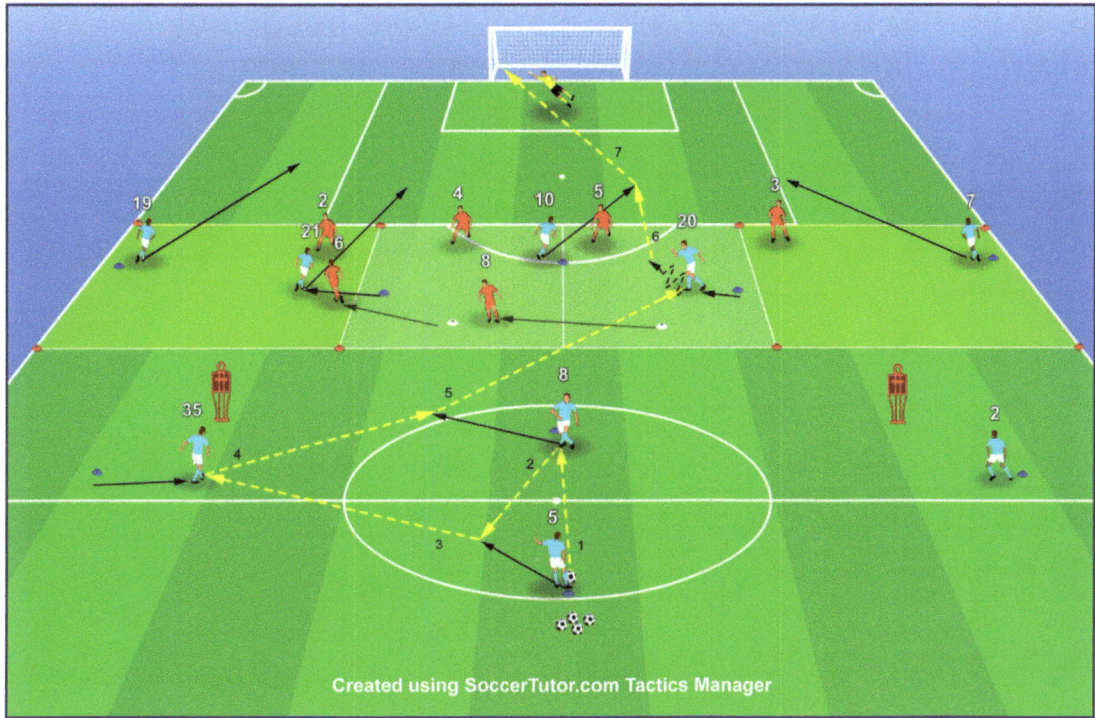

Descrizione (Situazione C)

Situazione C: il secondo centrocampista centrale (Num.8) scivola in ampiezza e la linea di passaggio verso l'attaccante (10) viene chiusa; per questo motivo non si muove incontro.

Il laterale basso (35) trasmette internamente verso il centrocampista difensivo (8), che, solitamente, cambia gioco verso il lato debole, dove c'è spazio a disposizione e superiorità numerica.

In questo esempio, il **Num.8** trasmette verso il centrocampista offensivo (20), all'interno della zona bianca, ma avrebbe anche potuto giocare palla lunga (cambio di gioco) verso l'esterno alto (7), all'interno della zona gialla, creando una situazione 2 c 1 in ampiezza.

Il **Num.20** riceve nello spazio disponibile, si gira e trasmette alle spalle della linea difensiva (verso il **Num.10**, in figura).

L'esercitazione riprende con la stessa sequenza eseguita lungo il lato destro.

Attenzione a:

1. L'attaccante (10) e il laterale basso (35) devono leggere i movimenti dei difensori e dei centrocampisti centrali avversari.
2. Trasmissioni di palla rapide (1 o 2 tocchi)
3. Cross bassi eseguiti correttamente e conclusioni efficaci.
4. Movimenti sincronizzati dei giocatori.

Sessione per questa situazione tattica: opzioni offensive in caso di contrasto della superiorità numerica in ampiezza

PROGRESSIONE
Es.3: partita a tema per opzioni offensive in caso di contrasto della superiorità numerica in ampiezza (1)

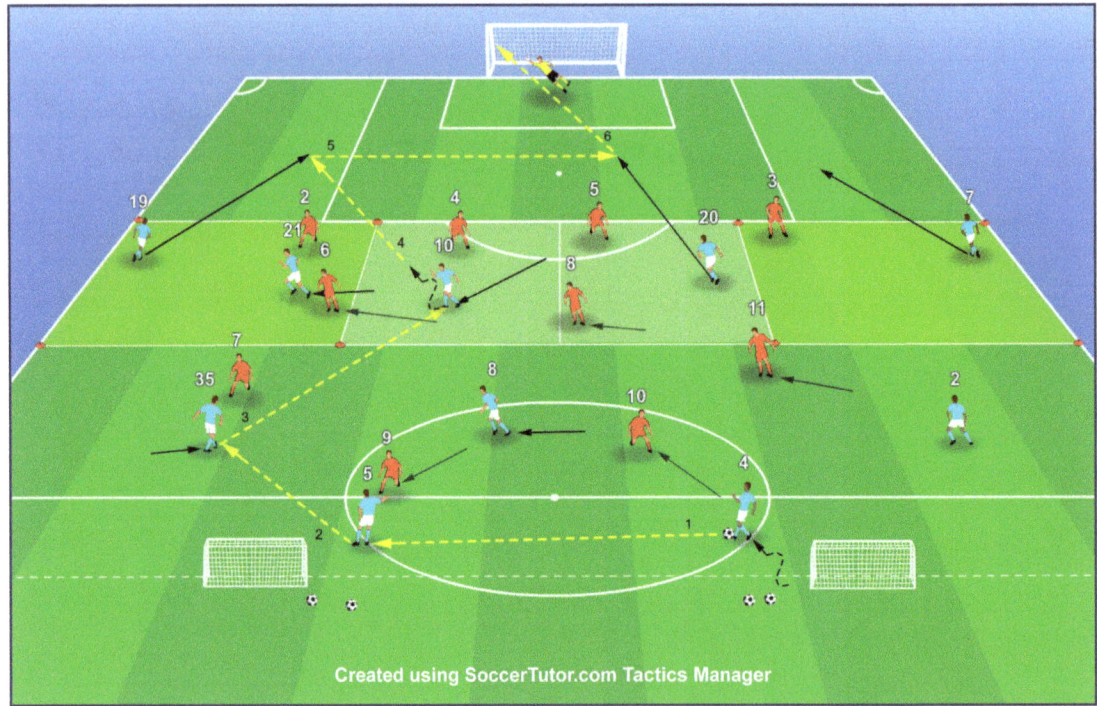

Descrizione

Questa partita 10 c 10 (+ portiere) è una progressione dell'esercitazione precedente.

La squadra blu in possesso può segnare una rete liberamente (1 punto), oppure sfruttando una situazione di 2 c 1 in ampiezza, o ancora, attraverso una delle opzioni analizzate nelle proposte precedenti, se la superiorità numerica viene contrastata (2 punti).

In questo esempio, il centrocampista centrale rosso (Num.6) scivola, entrando all'interno della zona gialla; l'attaccante (**10**) si muove incontro e la linea di passaggio diagonale interna si amplia.

Il laterale basso (**35**) trasmette palla verso il **Num.10**, all'interno della zona centrale bianca. Il difensore centrale rosso (Num.4) resta posizionato in profondità e non porta pressione; in questo modo, il ricevente, si gira e trasmette in profondità (verso il **Num.19**, nell'esempio in figura).

I giocatori rossi cercano di conquistare palla e, se riescono, devono concludere in una delle porticine entro 8''-12'' (2 punti).

Attenzione a:

1. L'attaccante (**10**) e il laterale basso (**35**) devono leggere i movimenti dei difensori e dei centrocampisti centrali avversari.
2. Trasmissioni di palla rapide (1 o 2 tocchi)
3. Cross bassi eseguiti correttamente e conclusioni efficaci.
4. Movimenti sincronizzati dei giocatori.

Sessione per questa situazione tattica: opzioni offensive in caso di contrasto della superiorità numerica in ampiezza

PROGRESSIONE
Es.4: partita a tema per opzioni offensive in caso di contrasto della superiorità numerica in ampiezza (2)

Descrizione

2 squadre giocano una partita a tema 11 c 11, in questa proposta finale della sessione di allenamento. Il gioco inizia dal portiere della squadra blu, che può segnare una rete liberamente (1 punto), oppure sfruttando una situazione di 2 c 1 in ampiezza, o ancora, attraverso una delle opzioni analizzate nelle proposte precedenti, se la superiorità numerica viene contrastata (2 punti).

Per valutare tutte le opzioni, si possono consultare nuovamente le analisi e le proposte di questa sezione.

In questo esempio, entrambi i centrocampisti centrali avversari (Num.6 e Num.8) scivolano; quindi la linea di passaggio verso l'attaccante **(10)** viene chiusa.

Il laterale basso **(35)**, quindi, trasmette palla all'interno, verso il centrocampista difensivo **(8)**, che gioca verso quello offensivo, che ha spazio a disposizione per ricevere, lungo il lato debole.

Se i giocatori rossi conquistano palla, devono concludere nelle porticine entro 12"-15" (2 punti).

PEP GUARDIOLA: SVILUPPI OFFENSIVI

SITUAZIONE TATTICA 5

Muovere palla in ampiezza e ricevere alle spalle del laterale basso (oppure creare spazio per un passaggio all'interno)

Contenuti tratti dall'analisi del Manchester City durante le stagioni 2017/2018 e 2018/2019, concluse con la vittoria in Premier League

L'analisi è basata sui flussi di gioco riscontrati nel Manchester City. Quando la stessa dinamica di gioco è stata osservata per un numero minimo di volte (almeno 10), la stessa è considerata come flusso di gioco ricorrente. L'analisi contenuta nella prossima pagina è un esempio pratico, tratto da una specifica partita, di questa situazione tattica

Ogni azione, trasmissione di palla, movimento individuale con e senza palla e il posizionamento di ogni giocatore, incluso quello del corpo, sono inclusi in questa analisi.

Questa analisi è poi utilizzata per creare una sessione di allenamento, in progressione, per lavorare sulla situazione tattica specifica.

MUOVERE PALLA IN AMPIEZZA E RICEVERE ALLE SPALLE DEL LATERALE BASSO

1. Il posizionamento in ampiezza del laterale basso avversario restringe lo spazio a disposizione dell'esterno alto

Nel caso in cui i laterali bassi del City vogliano trasmettere palla verso un esterno alto, le opzioni a disposizione dipendono dal posizionamento del laterale basso avversario; se si posiziona in ampiezza, per stringere lo spazio a disposizione dell'esterno alto, quest'ultimo non può ricevere sui piedi e orientare il controllo verso la porta avversaria.

2. Lancio lungo alle spalle del laterale basso (palla filtrante tra laterale basso e difensore centrale)

In questa situazione, **Sané (19)** sfrutta lo spazio alle spalle del laterale basso avversario. Gli esterni alti del City possono sia venire incontro per invitare il diretto avversario fuori posizione, per poi cambiare velocemente direzione alle sue spalle, oppure muoversi improvvisamente, in diagonale e in profondità, sempre alle spalle del marcatore.

SFRUTTARE LO SPAZIO ALLE SPALLE DEL LATERALE BASSO DOPO AVER GIOCATO PALLA IN AMPIEZZA

1. L'esterno alto riceve nello spazio in ampiezza col corpo orientato verso la porta avversaria

Se il laterale basso avversario si posiziona in modo da garantire equilibrio, impedisce giocate filtranti, ma l'esterno alto ha più spazio a disposizione per ricevere con il corpo orientato verso la porta da attaccare. In questo esempio, il giocatore in possesso (**35**) si trova in posizione centrale (laterale basso invertito), così da creare un angolo di passaggio, che aiuta l'esterno alto nella ricezione orientata del passaggio.

2. Il laterale basso avversario chiude l'esterno alto e il centrocampista offensivo si muove in avanti per ricevere nello spazio creato in profondità

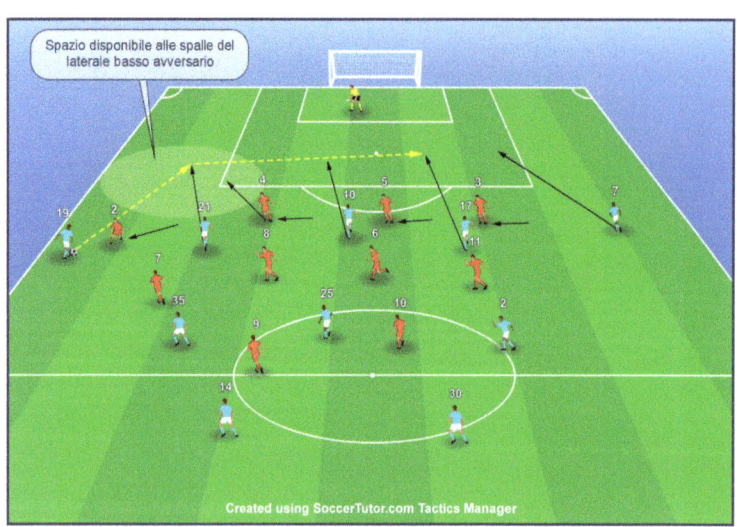

Il Num.2 si muove per chiudere **Sané (19)**, appena riceve palla; il centrocampista offensivo **Silva (21)** si muove in profondità, alle spalle del laterale avversario, per ricevere nello spazio disponibile e crossare in area di rigore. Se il Num.4 rosso si fosse mosso per contrastare il centrocampista offensivo **(Silva – 21, in figura)**, si sarebbe probabilmente creata una situazione di superiorità numerica 3 c 2 per il City, all'interno dell'area di rigore.

INSERIRSI ALLE SPALLE DEL LATERALE BASSO, CREANDO SPAZIO PER UN PASSAGGIO INTERNO VERSO L'ATTACCANTE

1. Il centrocampista offensivo si muove per occupare il difensore centrale e creare spazio tra le linee per l'attaccante

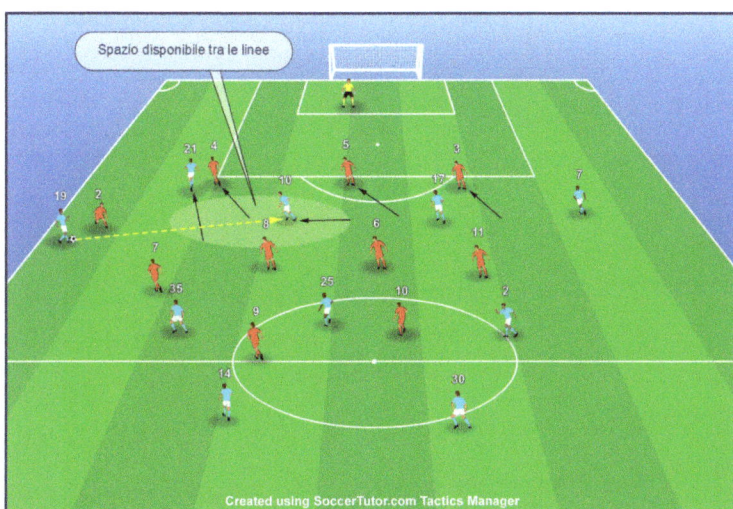

Il centrocampista offensivo **Silva (21)** si muove in avanti, seguito dal difensore centrale rosso (Num.4). Il secondo difensore centrale rosso (Num.5) e il laterale basso sinistro (Num.3) arretrano per mantenere la difesa equilibrata, creando però spazio tra le linee. **Agüero (10)** scivola, smarcato, per ricevere palla. Il Num.5 rosso non può contrastare l'attaccante a causa dello spazio che verrebbe creato al centro della linea difensiva.

2. L'attaccante ha 3 opzioni disponibili per giocare in profondità

L'esterno alto **Sané (19)** trasmette palla internamente, verso **Agüero (10)**, che riceve e si gira in una zona decisiva per poter giocare palle filtranti.

Agüero (10) ha 3 opzioni di passaggio in profondità. Il laterale basso destro (Num.2) si trova in posizione avanzata e non può intervenire; quindi il City si trova in superiorità numerica 4 c 3, nei pressi dell'area di rigore avversaria.

SESSIONE 5, BASATA SULLE SOLUZIONI TATTICHE DI
PEP GUARDIOLA

Muovere palla in ampiezza e ricevere alle spalle del laterale basso (oppure creare spazio per un passaggio all'interno)

Sessione per questa situazione tattica: muovere palla in ampiezza e ricevere alle spalle del laterale basso

SESSIONE PER QUESTA SITUAZIONE TATTICA (3 ESERCITAZIONI)
Es.1: esercitazione funzionale per la ricezione alle spalle del laterale basso, oppure alla creazione di spazio per un passaggio verso l'interno

Situazione A: il difensore centrale avversario resta in posizione

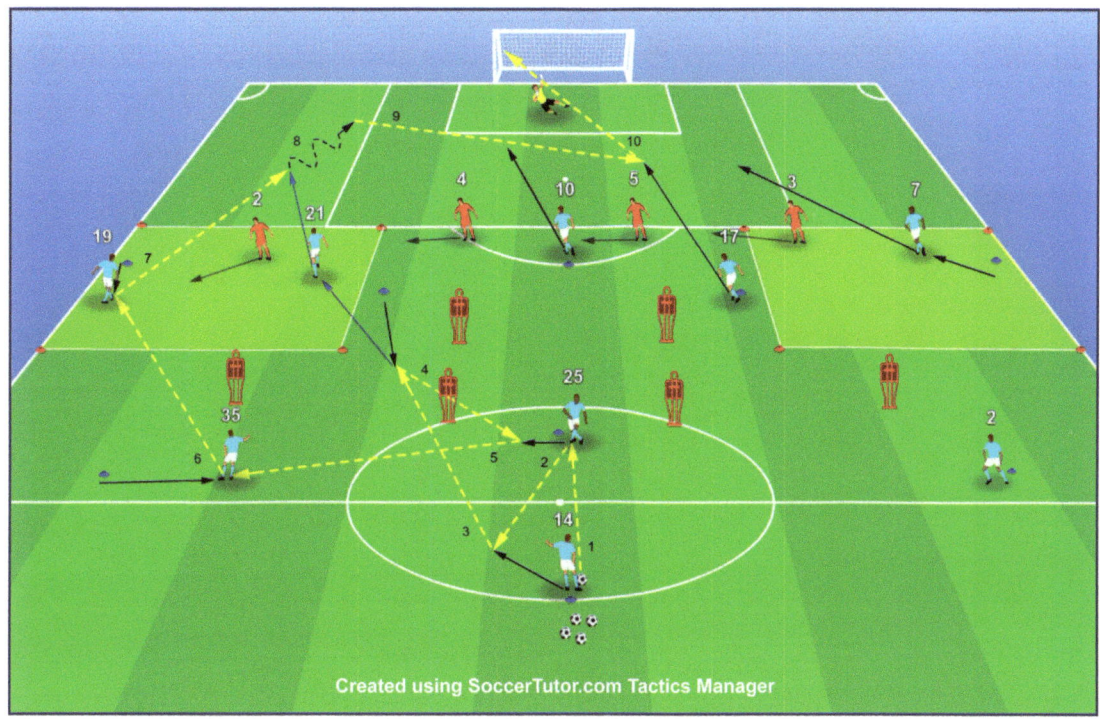

Obiettivo: leggere i movimenti dei difensori avversari per trasmettere alle spalle del laterale basso o giocare palla verso l'interno (tra le linee).

Descrizione (Situazione A)

I giocatori blu iniziano l'esercitazione partendo dai coni dello stesso colore e devono combinare seguendo un flusso di gioco specifico, contro una linea difensiva di 4 giocatori.

Non appena il laterale basso (**35**) riceve palla, il centrocampista offensivo (**21**) si muove alle spalle del laterale basso rosso (Num.2) e il **Num.35** trasmette verso l'esterno alto (**19**), all'interno della zona evidenziata in giallo.

Il laterale basso rosso (Num.2), come richiesto dall'allenatore, deve permettere la ricezione al **Num.19** e, solo successivamente, può muoversi per portare pressione. L'esterno alto blu (**19**) deve capire posizione e movimenti del difensore centrale (Num.4 rosso), lungo il lato forte.

Situazione A: il difensore centrale rosso (4) non segue il movimento del centrocampista offensivo (**21**), che può quindi ricevere palla dall'esterno alto, alle spalle del laterale basso Num.2. Chi riceve, il **Num.21, in questo esempio**, deve compiere la miglior scelta possibile tra crossare, trasmettere palla, oppure concludere in porta.

L'esercitazione riprende con la stessa sequenza eseguita lungo il lato destro.

Sessione per questa situazione tattica: muovere palla in ampiezza e ricevere alle spalle del laterale basso

Situazione B: il difensore centrale avversario segue il movimento del centrocampista offensivo

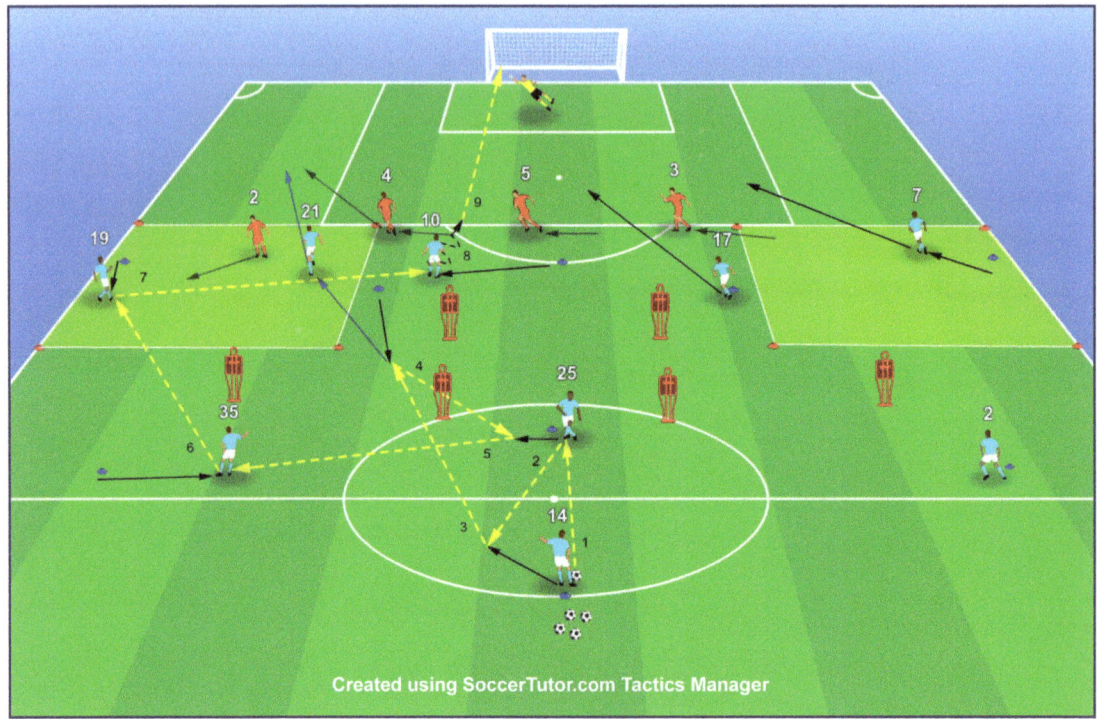

Descrizione (Situazione B)

Situazione B: il difensore centrale avversario (Num.4 rosso) segue il movimento del centrocampista offensivo **(21)**.

L'attaccante blu **(10)** legge la situazione e scivola in ampiezza, creando spazio per un passaggio interno da ricevere libero da marcatura.

Il **Num.10** deve compiere la miglior scelta possibile tra crossare, trasmettere palla, oppure concludere in porta.

L'esercitazione riprende con la stessa sequenza eseguita lungo il lato destro.

Attenzione a:

1. L'esterno alto **(19)** e l'attaccante **(10)** devono leggere i movimenti del difensore centrale avversario.
2. Trasmissioni di palla rapide (1 o 2 tocchi)
3. Cross ed assist eseguiti correttamente
4. Movimenti sincronizzati dei giocatori (soprattutto tra l'esterno alto e il centrocampista offensivo).

Sessione per questa situazione tattica: muovere palla in ampiezza e ricevere alle spalle del laterale basso

PROGRESSIONE

Es.2: small sided game per ricevere alle spalle del laterale basso, oppure creare spazio per un passaggio all'interno

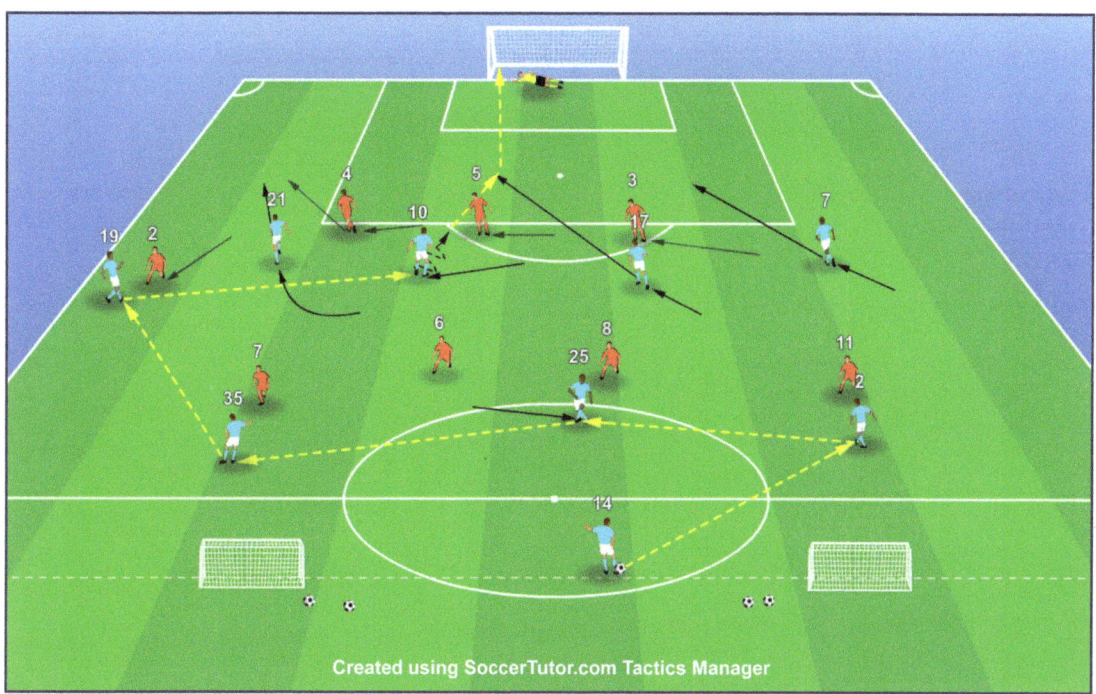

Descrizione

Questa partita 9 c 8 (+ portiere) è una progressione dell'esercitazione precedente.

Il difensore centrale **(14)** della squadra blu inizia il gioco, trasmettendo palla dalla linea di fondo.

La squadra in possesso può segnare una rete in qualsiasi modo (1 punto), oppure dopo aver giocato palla in ampiezza verso un esterno alto **(19 e 7)** ed un passaggio alle spalle del laterale basso avversario, o ancora, trasmettendo palla verso l'attaccante **(10)** tra le linee (2 punti).

Per valutare tutte le opzioni, si possono consultare nuovamente le analisi e le proposte di questa sezione.

Il difensore centrale avversario (Num.4 rosso) segue il movimento del centrocampista offensivo **(21)**, in questo esempio.

L'attaccante **(10)** legge la situazione, scivola esternamente e si crea spazio per il centrocampista offensivo **(21)**, che può giocare palla internamente verso il **Num.10**, che riceve tra le linee, libero da marcatura.

Se i giocatori rossi conquistano palla, devono concludere nelle porticine entro 10"-12" (2 punti).

Attenzione a:

1. L'esterno alto **(19)** e l'attaccante **(10)** devono leggere i movimenti del difensore centrale avversario.

2. Movimenti sincronizzati dei giocatori (soprattutto tra l'esterno alto e il centrocampista offensivo).

Sessione per questa situazione tattica: muovere palla in ampiezza e ricevere alle spalle del laterale basso

PROGRESSIONE
Es.3: partita a tema per ricevere alle spalle del laterale basso, oppure creare spazio per un passaggio all'interno

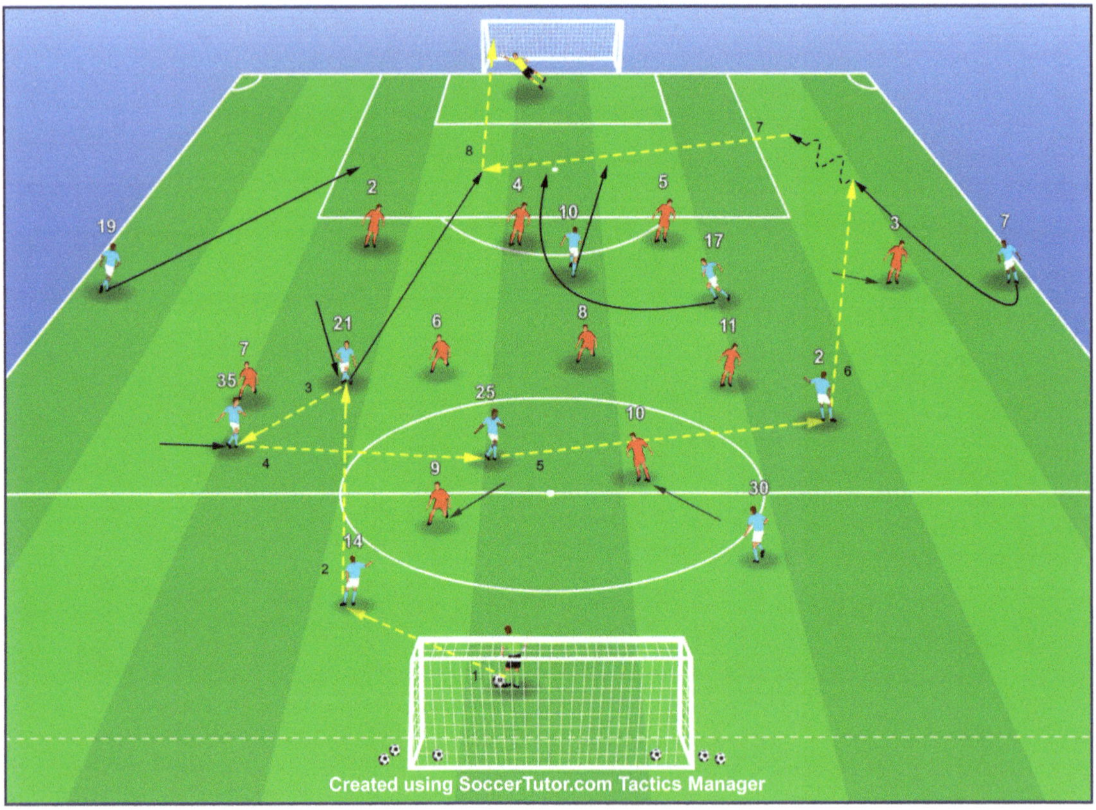

Descrizione

2 squadre giocano una partita a tema 11 c 11, in questa proposta finale della sessione di allenamento.

Il gioco inizia dal portiere della squadra blu, che può segnare una rete liberamente (1 punto), oppure dopo aver giocato palla in ampiezza verso un esterno alto **(19 e 7)** ed un passaggio alle spalle del laterale basso, o ancora, trasmettendo palla verso l'attaccante **(10)** tra le linee (2 punti).

Per valutare tutte le opzioni, si possono consultare nuovamente le analisi e le proposte di questa sezione.

Il laterale basso rosso (Num.3) si trova posizionato in ampiezza per chiudere lo spazio all'esterno alto **(7)**, che non cerca di ricevere palla sui piedi, in questa situazione, ma sfrutta lo spazio alle spalle del diretto avversario, prima muovendosi incontro per sbilanciarlo, per poi cambiare direzione rapidamente e ricevere un passaggio filtrante in profondità dal laterale basso **(2)**.

Se i giocatori rossi conquistano palla, devono concludere nelle porticine entro 12"-15" (2 punti).

SITUAZIONE TATTICA 6

Combinazione di gioco in ampiezza in caso di contrasto della superiorità numerica

Contenuti tratti dall'analisi del Manchester City durante le stagioni 2017/2018 e 2018/2019, concluse con la vittoria in Premier League

L'analisi è basata sui flussi di gioco riscontrati nel Manchester City. Quando la stessa dinamica di gioco è stata osservata per un numero minimo di volte (almeno 10), la stessa è considerata come flusso di gioco ricorrente. L'analisi contenuta nella prossima pagina è un esempio pratico, tratto da una specifica partita, di questa situazione tattica.

Ogni azione, trasmissione di palla, movimento individuale con e senza palla e il posizionamento di ogni giocatore, incluso quello del corpo, sono inclusi in questa analisi.

Questa analisi è poi utilizzata per creare una sessione di allenamento, in progressione, per lavorare sulla situazione tattica specifica.

MUOVERE PALLA IN AMPIEZZA IN CASO DI CONTRASTO DELLA SUPERIORITÀ NUMERICA

1. Muovere palla in ampiezza in caso di contrasto della superiorità numerica

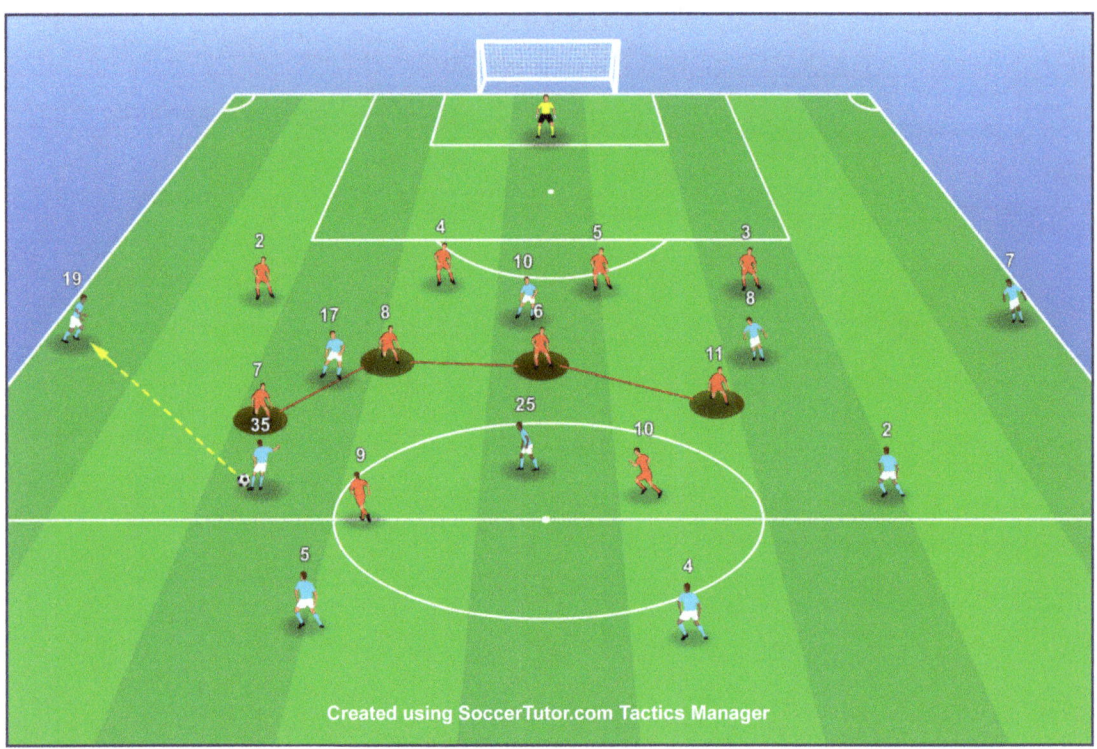

Se il centrocampista centrale avversario lungo il lato forte (Num.8 rosso, in figura), si porta nei pressi del centrocampista offensivo del City **(De Bruyne -17)** per contrastare la superiorità numerica, mentre il laterale basso **(Zinchenko - 35)** gioca palla verso l'esterno alto **(Sané - 19)**, le opzioni offensive per la squadra di Guardiola vengono limitate.

Tuttavia, ci sono ancora possibilità di sbilanciare l'organizzazione difensiva; queste opzioni saranno dettagliatamente analizzate nelle prossime pagine di questa sezione.

2. Sia la linea di passaggio alle spalle del laterale basso avversario e verso il centrocampista offensivo, sia quella interna verso l'attaccante sono chiuse

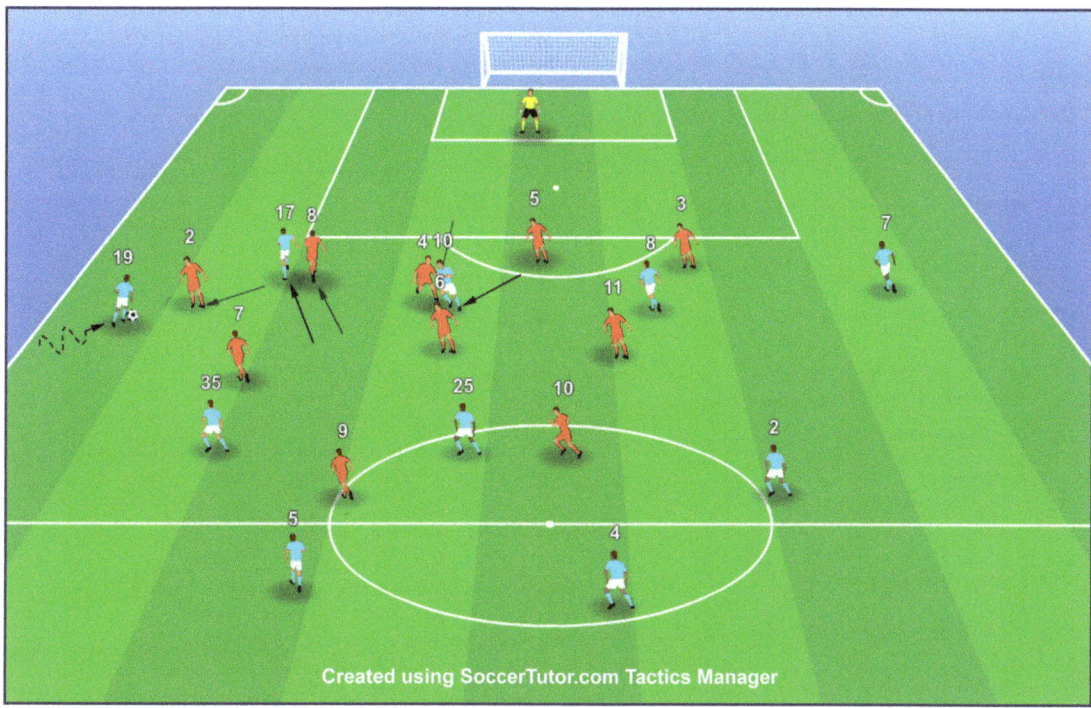

Appena viene giocata palla verso l'esterno alto **Sané (19)**, il centrocampista offensivo **De Bruyne (17)** si muove in avanti per ricevere alle spalle del laterale basso avversario (Num.2 rosso).

Tuttavia, il centrocampista centrale in maglia rossa (Num.8) segue la sua corsa e gli impedisce la ricezione.

L'attaccante **Agüero (10)** si porta verso il lato forte per ricevere, ma viene marcato dal difensore centrale avversario (Num.4 rosso), che si muove in avanti, stringendo lo spazio, cosicché la linea difensiva possa rimanere equilibrata.

Gli altri 2 difensori rossi (Num.5 e Num.3) coprono lo spazio al limite dell'area di rigore e limitano le possibilità di creare occasioni da rete.

 **NOTA:**

Nel caso in cui un laterale basso avversario chiuda lo spazio, il Manchester City di Pep Guardiola tende a muovere palla verso il lato debole e a creare gioco in quella zona.

Tuttavia, anche le rapide combinazioni di gioco, lungo il lato forte, sono una soluzione possibile, per questa situazione - vedere "Combinazione di gioco 1-2" e "Dai e vai", come esempi, nelle prossime pagine.

COMBINAZIONE DI GIOCO 1-2 IN AMPIEZZA IN CASO DI CONTRASTO DELLA SUPERIORITÀ NUMERICA

Combinazione 1-2 tra l'esterno alto e il centrocampista offensivo

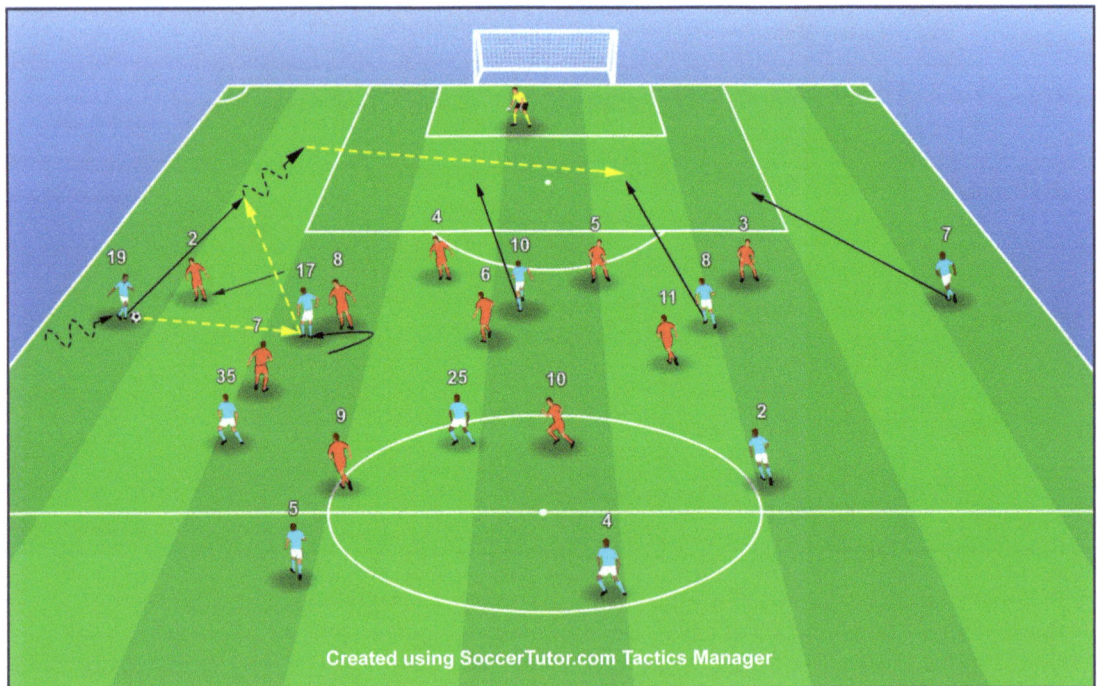

Nel caso in cui l'avversario riesca a contrastare la superiorità numerica e l'esterno alto entri in possesso palla, il Manchester City cerca di creare opportunità di conclusione attraverso rapide combinazioni di gioco.

Il centrocampista offensivo **De Bruyne (17)**, non si muove in avanti, alle spalle del laterale basso (come nell'esempio della pagina precedente), ma compie una finta ad esca, scivolando verso l'esterno per liberarsi dalla marcatura, e diventa un'opzione di passaggio per l'esterno alto **Sané (19)**, che è posizionato in ampiezza e in possesso palla.

Sané (19) conduce verso l'interno e combina 1-2 con **De Bruyne (17)**, ricevendo il passaggio di ritorno alle spalle del laterale basso avversario (Num.2 rosso), e, successivamente, crossa in area di rigore per i compagni, che si inseriscono.

PEP GUARDIOLA: analisi tattica - combinazioni in ampiezza in caso di contrasto della superiorità numerica

COMBINAZIONE "DAI-E-VAI" IN CASO DI CONTRASTO DELLA SUPERIORITÀ NUMERICA

1. Muovere palla in ampiezza per combinare "dai e vai"

Le combinazioni "dai e vai" sono frequenti, nel Manchester City, in caso di contrasto della superiorità numerica. Solitamente, l'esterno alto combina con il centrocampista difensivo, quello offensivo, oppure con il laterale basso. **Sané (19)** è in possesso palla, ma il Num.8 rosso è posizionato vicino al centrocampista offensivo **De Bruyne (17)**, lungo il lato forte.

2. Il centrocampista offensivo crea spazio per un passaggio dell'esterno alto verso il centrocampista difensivo

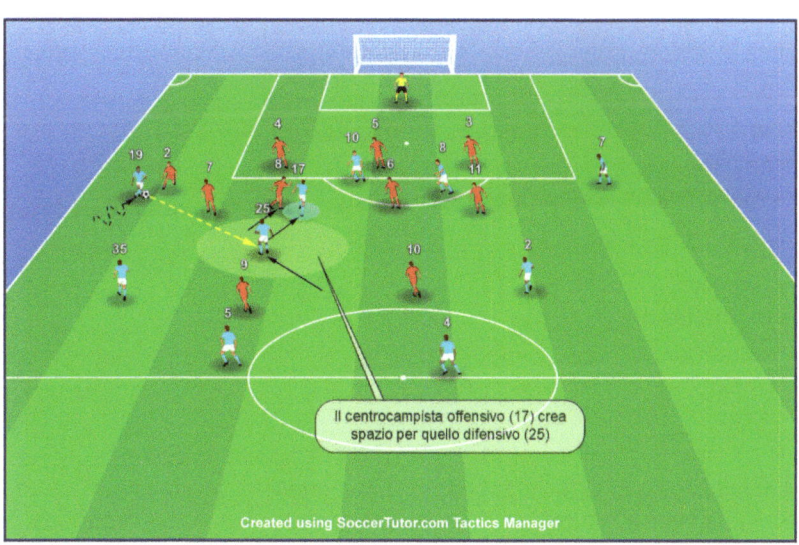

Il centrocampista offensivo (17) crea spazio per quello difensivo (25)

Sané (19) conduce palla internamente e **De Bruyne (17)** si muove in avanti, invitando il diretto marcatore (Num.8) a seguirlo, portandolo fuori posizione. Il **Num.19** scarica palla, in diagonale, verso il centrocampista difensivo **Fernandinho (25)**, che si è portato nello spazio creato grazie al movimento di **De Bruyne (17)**.

PEP GUARDIOLA: analisi tattica - combinazioni in ampiezza in caso di contrasto della superiorità numerica

3. L'esterno alto taglia (prima internamente, poi in profondità) per ricevere in area di rigore

Appena viene giocata palla verso l'esterno alto **Sané (19)**, i difensori in maglia rossa scalano in avanti, creando una linea più compatta e accorciando lo spazio rispetto a quella di centrocampo.

Contemporaneamente, **Sanè (19)** si muove verso l'interno e poi cambia direzione, in avanti e in profondità (arcuando la corsa per evitare la trappola del fuorigioco).

Pur essendo piuttosto semplice, questo movimento risulta efficace nel momento in cui i difensori rossi sono più concentrati sul movimento a scalare in avanti, piuttosto che sulla marcatura dei giocatori del City.

L'esterno alto **Sané (19)** riceve palla, in profondità (oppure un passaggio alto), dal centrocampista difensivo **Fernandinho (25)** e si trova in posizione favorevole per crossare basso, oppure concludere in porta.

 **NOTA:**
Le combinazioni "1-2" o "dai e vai" proposte dal Manchester City possono essere considerate flussi di gioco classici e hanno l'obiettivo di penetrare le linea difensiva avversaria, anche nel caso in cui la superiorità numerica in ampiezza non sia contrastata.

SESSIONE 6 BASATA SULLE SOLUZIONI TATTICHE DI PEP GUARDIOLA

Combinazione di gioco in ampiezza in caso di contrasto della superiorità numerica

Sessione per questa situazione tattica: combinazioni in ampiezza in caso di contrasto della superiorità numerica

SESSIONE PER QUESTA SITUAZIONE TATTICA (4 ESERCITAZIONI)
Es.1: esercitazione tecnica per combinazioni di gioco in ampiezza

Situazione A: combinazione 1-2 con il centrocampista offensivo

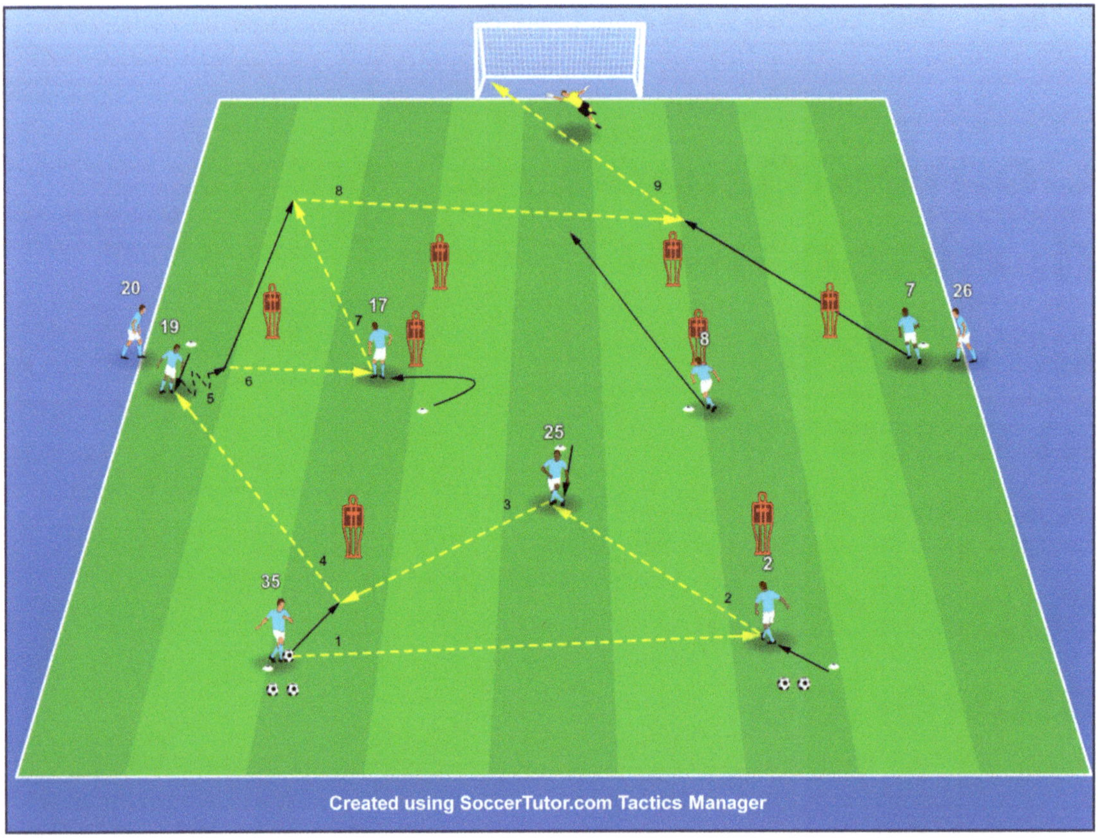

Obiettivo: combinare in ampiezza per penetrare la linea di difesa avversaria.

Descrizione (Situazione A)

L'esercitazione si svolge in un'area di gioco 35 x 45 m e la sequenza inizia dal laterale basso **(Num.35, in figura)**; i giocatori blu devono combinare seguendo un flusso di gioco specifico. Quando l'esterno alto **(19)** riceve palla dal laterale basso **(35)**, può condurre verso la sagoma, oppure internamente, in relazione al movimento del centrocampista offensivo **(17)**.

Situazione A: il **Num.17** si muove ad esca, davanti alla sagoma, per smarcarsi e fornire un'opzione di passaggio. Il **Num.19** trasmette verso l'interno e si muove in avanti, alle spalle della sagoma, per ricevere il passaggio di ritorno (combinazione 1-2).

L'esercitazione riprende con la stessa sequenza eseguita lungo il lato destro.

2 giocatori possono ricoprire il ruolo di esterno alto per svolgere l'esercitazione ad alti ritmi.

Sessione per questa situazione tattica: combinazioni in ampiezza in caso di contrasto della superiorità numerica

Situazione B: combinazione "dai e vai" con il centrocampista difensivo

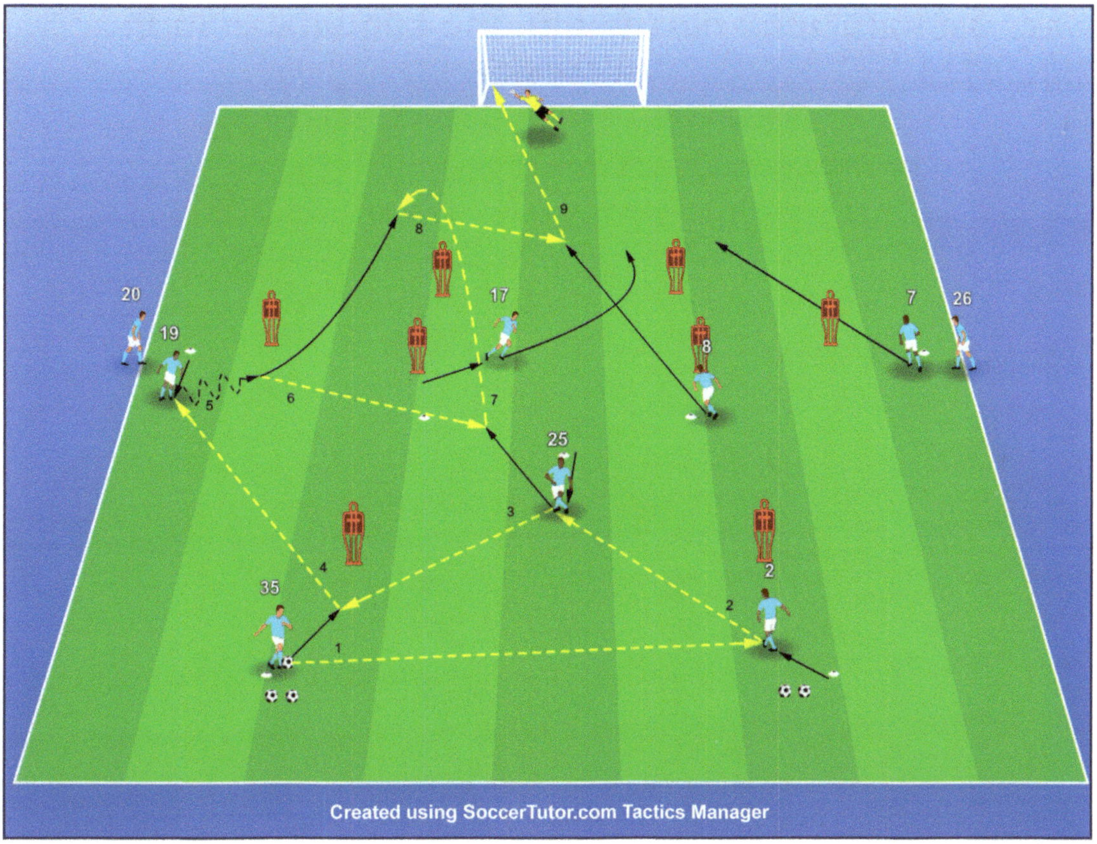

Descrizione (Situazione B)

Situazione B: il centrocampista offensivo **(17)** si muove in avanti e in diagonale, appena l'esterno alto **(19)** riceve, per invitare il proprio marcatore fuori posizione.

Il centrocampista difensivo **(25)** si porta in avanti, all'interno dello spazio creato dal movimento del **Num.17**. Il **Num.19** trasmette palla indietro e in diagonale verso il **Num.25**.

Dopo il passaggio di ritorno, l'esterno alto **(19)** arcua il proprio movimento, davanti alla sagoma (per evitare la trappola del fuorigioco), riceve palla alta, sulla corsa, dal **Num.25** e crossa per i compagni di squadra (**17**, **8** e **7**), che si inseriscono e concludono.

L'esercitazione riprende con la stessa sequenza eseguita lungo il lato destro.

2 giocatori possono ricoprire il ruolo di esterno alto per svolgere l'esercitazione ad alti ritmi.

Attenzione a:

1. Trasmissioni di palla rapide (1 o 2 tocchi)
2. Movimenti degli esterni alti eseguiti con i giusti tempi.
3. Qualità dei cross bassi.
4. Movimenti sincronizzati dei giocatori.

Sessione per questa situazione tattica: combinazioni in ampiezza in caso di contrasto della superiorità numerica

PROGRESSIONE
Es.2: esercitazione funzionale alle combinazioni in ampiezza
Situazione A: combinazione 1-2 con il centrocampista offensivo

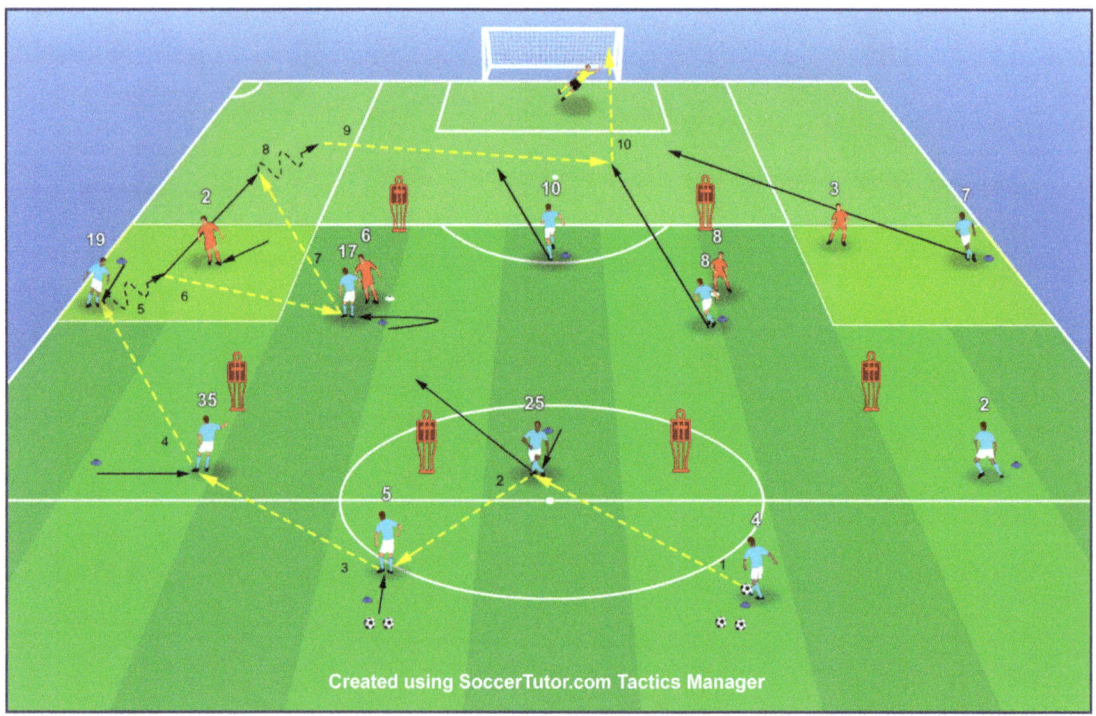

Obiettivo: combinare in ampiezza per penetrare la linea di difesa avversaria (scelta della giocata in relazione al movimento del centrocampista offensivo).

Descrizione (Situazione A)
Questa proposta è una progressione dell'esercitazione precedente e tutti i giocatori blu partono dai coni dello stesso colore, fronteggiando 2 centrocampisti centrali (Num.6 e Num.8) e 2 laterali bassi (Num.2 e Num.3) in maglia rossa, attraverso un flusso di gioco specifico.

Quando l'esterno alto **(19)** riceve palla, deve leggere il movimento del centrocampista offensivo **(17)** per decidere se combinare 1-2 con lui, oppure "dai e vai" con il centrocampista difensivo **(25)**.

Situazione A: il **Num.17** si smarca, davanti al Num.6 rosso, per fornire un'opzione di passaggio. Il **Num.19** trasmette verso l'interno e si muove in avanti, alle spalle del Num.2 rosso, per ricevere il passaggio di ritorno (combinazione 1-2).

I laterali bassi rossi (Num.2 e Num.3) non possono agire in modo completamente attivo, evitando di intervenire contro i giocatori blu, così come i centrocampisti centrali (Num.6 e Num.8), che devono solamente seguire i movimenti degli avversari in possesso.

L'esercitazione riprende con la stessa sequenza eseguita lungo il lato destro. 2 giocatori possono ricoprire il ruolo di esterno alto per svolgere la proposta ad alti ritmi.

Sessione per questa situazione tattica: combinazioni in ampiezza in caso di contrasto della superiorità numerica

Situazione B: combinazione "dai e vai" con il centrocampista difensivo

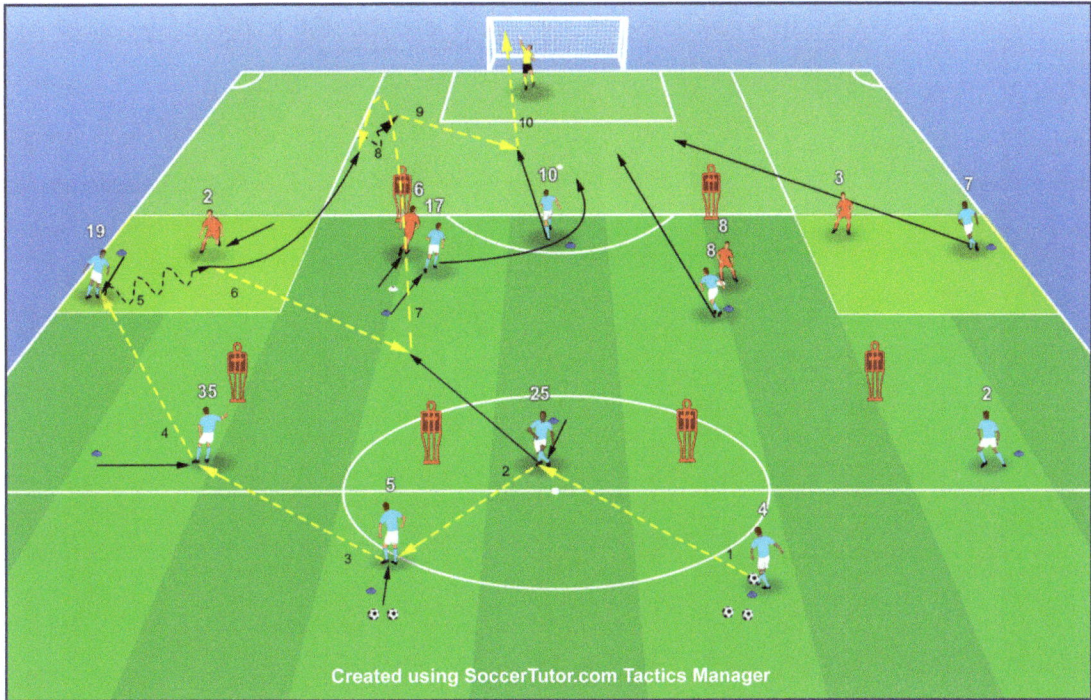

Descrizione (Situazione B)

Situazione B: il centrocampista offensivo **(17)** non agisce come possibile opzione di passaggio per l'esterno alto **(19)** in possesso, ma si muove in avanti e in diagonale, appena il compagno riceve nella zona evidenziata in giallo, per invitare il diretto marcatore (Num.6 in maglia rossa) fuori posizione.

Il centrocampista difensivo **(25)** si porta in avanti, all'interno dello spazio creato dal **Num.17** e riceve lo scarico in diagonale dal portatore di palla. Subito dopo il passaggio di ritorno, il **Num.19** arcua la propria corsa (per evitare la trappola del fuorigioco) e riceve palla alta, in profondità, dal **Num.25**.

In entrambe le situazioni (A e B), l'esterno alto riceve in posizione favorevole per crossare verso i compagni di squadra. I laterali bassi rossi (Num.2 e Num.3) non agiscono in modo completamente attivo, evitando di intervenire contro i giocatori blu, così come i centrocampisti centrali (Num.6 e Num.8) devono solamente seguire i movimenti degli avversari in possesso.

L'esercitazione riprende con la stessa sequenza eseguita lungo il lato destro. 2 giocatori possono ricoprire il ruolo di esterno alto per svolgere la proposta ad alti ritmi.

Attenzione a:

1. L'esterno alto deve condurre verso il laterale basso avversario, prima di combinare 1-2, oppure verso il centro, per creare una combinazione "dai e vai".
2. Trasmissioni di palla rapide (1 o 2 tocchi)
3. Movimenti degli esterni alti eseguiti con i giusti tempi.
4. Qualità dei cross bassi.
5. Movimenti sincronizzati dei giocatori.

Sessione per questa situazione tattica: combinazioni in ampiezza in caso di contrasto della superiorità numerica

PROGRESSIONE
Es.3: small sided game, con zona di meta, per combinazioni di gioco in ampiezza
Situazione A: combinazione 1-2 con il centrocampista offensivo

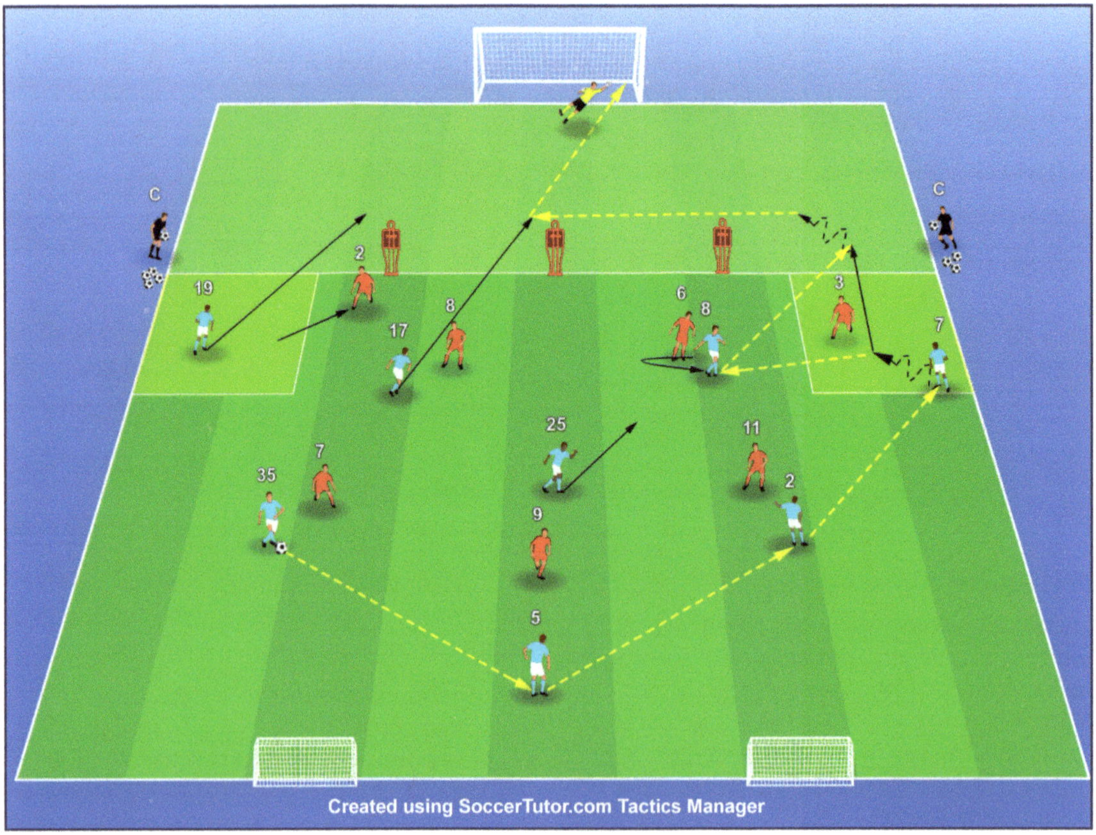

Descrizione (Situazione A)

Questo small sided game 8 c 7 (+ portiere) si svolge all'interno di un'area di gioco 35 x 45 m, in cui vengono anche delimitate una zona di conclusione (10 m), e 2 laterali, evidenziate in giallo. Solo gli esterni alti blu **(19 e 7)** e i laterali bassi rossi (Num.2 e Num.3) possono agire all'interno delle aree in ampiezza.

L'obiettivo dei giocatori blu è muovere palla verso uno degli esterni alti, superando gli avversari in maglia rossa; quando un esterno alto **(Num.7, in figura)** riceve nella zona gialla, può combinare 1-2, con il centrocampista offensivo **(8)**, oppure "dai e vai", con il centrocampista difensivo **(25)**.

Il movimento del centrocampista offensivo **(8)** determina la combinazione di gioco. Situazione A: il **Num.8** si smarca davanti al Num.6 in maglia rossa per fornire un'opzione di passaggio. L'esterno alto **(7)** trasmette verso l'interno e si muove in avanti, alle spalle del Num.3 rosso, per ricevere il passaggio di ritorno.

Se i giocatori rossi conquistano palla, devono concludere in una delle porticine. Inoltre, se la combinazione fra i giocatori della squadra blu non ha successo, l'allenatore gioca una seconda palla in favore della rossa, che diventa quella attaccante.

Sessione per questa situazione tattica: combinazioni in ampiezza in caso di contrasto della superiorità numerica

Situazione B: combinazione "dai e vai" con il centrocampista difensivo

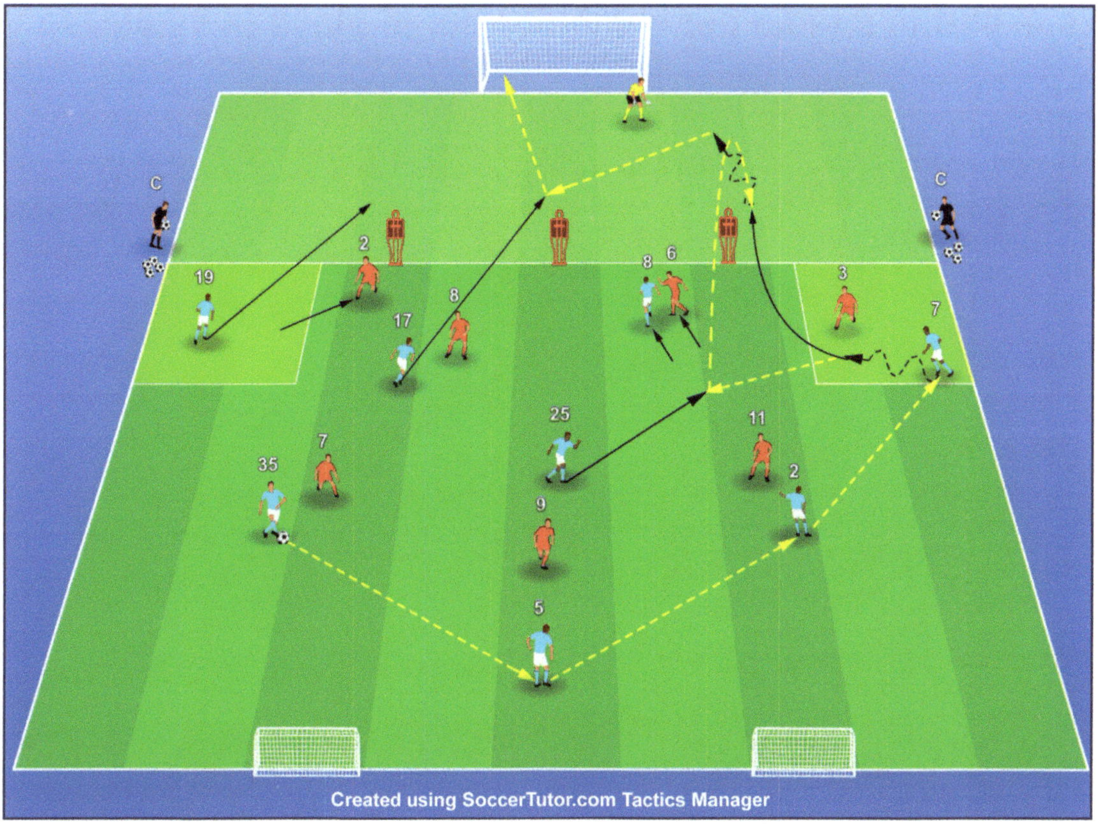

Descrizione (Situazione B)

Situazione B: il centrocampista offensivo **(8)** si muove in avanti e in diagonale, appena l'esterno alto **(7)** riceve nella zona gialla, invitando il diretto marcatore (Num.6 in maglia rossa) fuori posizione.

Il centrocampista difensivo **(25)** si porta in avanti, all'interno dello spazio creato dal movimento del **Num.8**. L'esterno alto **(7)** trasmette palla indietro e in diagonale, verso il centrocampista difensivo **(25)**, arcua la propria corsa (per evitare la trappola del fuorigioco) e riceve il passaggio di ritorno con palla alta, in zona di meta, dal **Num.25**.

In entrambe le situazioni (A e B), l'esterno alto riceve in posizione favorevole per crossare verso i compagni di squadra. Se i giocatori rossi conquistano palla, devono concludere in una delle porticine; inoltre, se la combinazione fra i giocatori della squadra blu non ha successo, l'allenatore gioca una seconda palla in favore di della rossa, che diventa quella attaccante.

Regole/Limitazioni

1. Nessun giocatore in maglia rossa può agire nella zona di meta.
2. I laterali bassi rossi non contrastano la ricezione degli esterni alti all'interno delle zone gialle.
3. Se la squadra rossa conquista palla, i giocatori combinare liberamente, in fase di possesso.
4. Viene applicata la regola del fuorigioco.

Attenzione a: l'esterno alto deve condurre verso il laterale basso avversario, prima della combinazione "1-2", oppure condurre verso il centro per crearne una "dai e vai."

Sessione per questa situazione tattica: combinazioni in ampiezza in caso di contrasto della superiorità numerica

PROGRESSIONE
Es.4: partita a tema per combinazioni di gioco in ampiezza

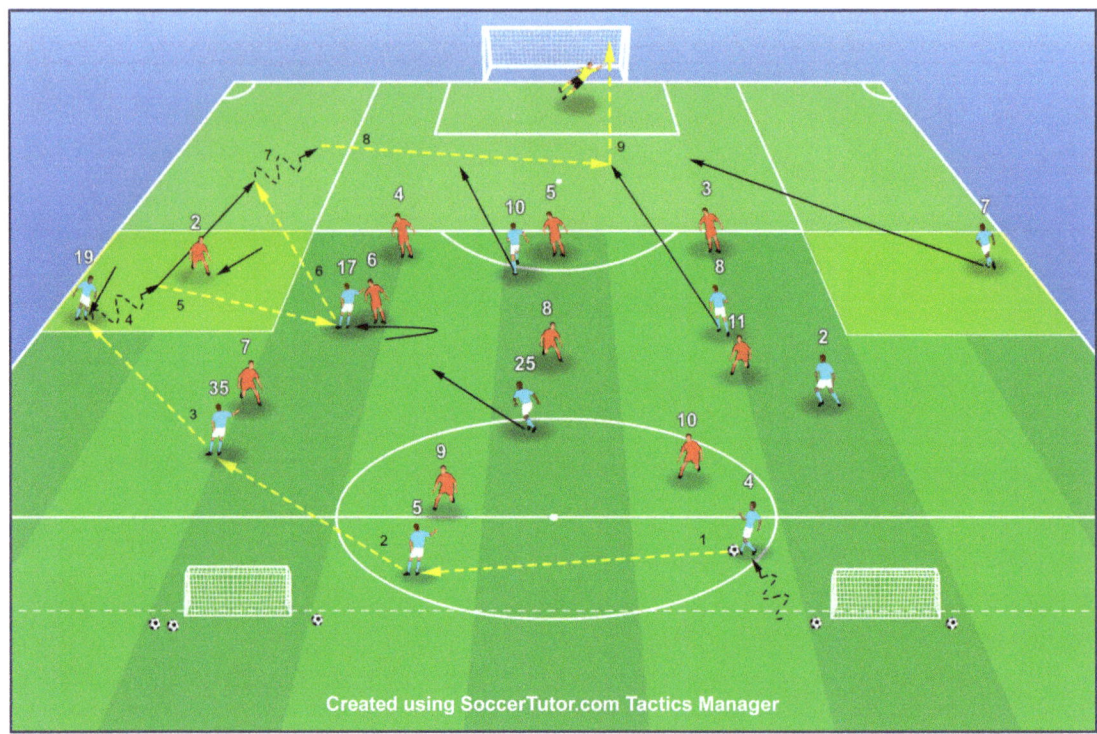

Obiettivo: combinare in ampiezza per penetrare la linea difensiva avversaria.

Descrizione
Questa partita 10 c 10 (+ portiere) è una progressione dell'esercitazione precedente, in cui il difensore centrale blu **(4)** inizia il gioco, trasmettendo palla dalla linea di fondo.

La squadra in possesso può segnare una rete liberamente (1 punto), oppure combinando "1-2" o "dai e vai" (2 punti). Vedere l'analisi tattica e le esercitazioni relative a questi due flussi di gioco.

Nell'esempio in figura, il centrocampista offensivo **(17)** si muove per ricevere e combina "1-2". Se i giocatori rossi conquistano palla, devono concludere nelle porticine entro 10"-12" (2 punti).

Regole/Limitazioni: solo un giocatore in maglia rossa può agire all'interno della zona di meta, quando uno dei blu ha ricevuto palla al suo interno.

Progressione: 11 c 11 in 2/3 di un campo regolare.

Attenzione a:
1. L'esterno alto deve condurre verso il laterale basso avversario, prima della combinazione "1-2", oppure verso il centro, per crearne una "dai e vai".
2. Comunicazione e sincronizzazione dei movimenti tra i giocatori (soprattutto tra centrocampisti offensivi ed esterni alti).

SITUAZIONE TATTICA 7

Allargare la difesa avversaria e cambiare gioco

Contenuti tratti dall'analisi del Manchester City durante le stagioni 2017/2018 e 2018/2019, concluse con la vittoria in Premier League

L'analisi è basata sui flussi di gioco riscontrati nel Manchester City. Quando la stessa dinamica di gioco è stata osservata per un numero minimo di volte (almeno 10), la stessa è considerata come flusso di gioco ricorrente. L'analisi contenuta nella prossima pagina è un esempio pratico, tratto da una specifica partita, di questa situazione tattica.

Ogni azione, trasmissione di palla, movimento individuale con e senza palla e il posizionamento di ogni giocatore, incluso quello del corpo, sono inclusi in questa analisi.

Questa analisi è poi utilizzata per creare una sessione di allenamento, in progressione, per lavorare sulla situazione tattica specifica.

ALLARGARE LA DIFESA AVVERSARIA E CAMBIARE GIOCO

Tutte le situazioni tattiche analizzate fin'ora (1-6) possono essere utilizzate contro squadre schierate con l'1-4-4-2 e l'1-4-2-3-1, dato che il posizionamento del Num.10 avversario (dell'1-4-2-3-1), nei pressi del centrocampista difensivo Fernandinho (25), non ha avuto un impatto significativo. Tuttavia, in questa situazione, lo stesso **Num.10** crea problemi alla fase di possesso e devono essere trovare nuove soluzioni contro l'1-4-2-3-1.

1. Cambiare gioco verso il lato debole dopo aver allargato le maglie della difesa avversaria (contro l'1-4-4-2)

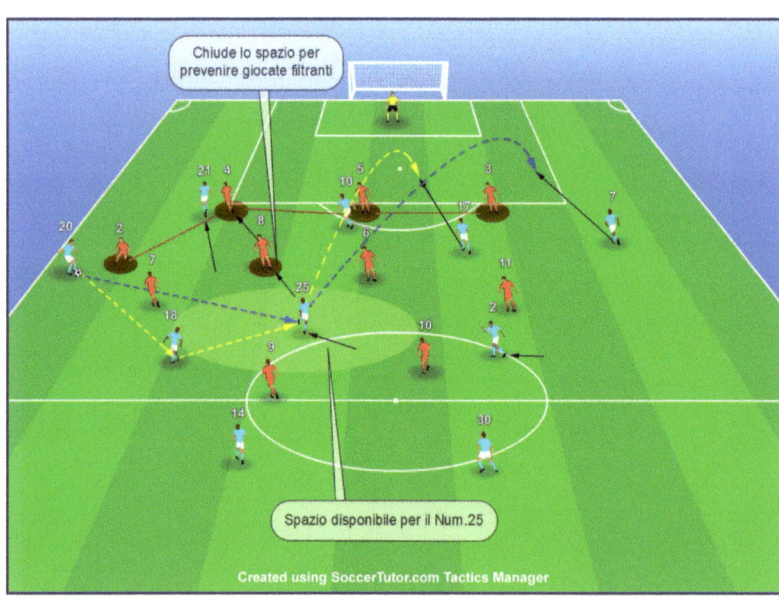

L'esterno alto **Bernardo (20)** è in possesso palla. Il difensore centrale avversario (Num.4 rosso) segue il movimento del centrocampista offensivo **Silva (21)** e il Num.8 rosso restringe lo spazio, per chiudere la linea di passaggio verso l'attaccante **Agüero (10)**. Tuttavia, il movimento di **Silva (21)** e la marcatura del Num.4 rosso, allargano la difesa, incrementando le distanze tra i giocatori.

Gli obiettivi del Manchester City, in queste situazioni, sono cambiare gioco verso il lato debole e sfruttare gli spazi disponibili all'interno dello schieramento difensivo avversario, che, in questa prima situazione, è schierato con l'1-4-4-2; per questo motivo, c'è spazio disponibile tra le linee. Se il centrocampista centrale rosso (Num.8) si abbassa per chiudere la linea di passaggio interna, lo spazio a disposizione del centrocampista difensivo **Fernandinho (25)** si amplia.

Le possibilità, per l'esterno alto **Bernardo (20)**, sono le seguenti:

1. Muovere palla verso il **Num. 25**, attraverso il laterale basso sinistro **Delph (18)** - frecce gialle.
2. Giocata diretta verso il **Num.25** - freccia blu.

Le opzioni di passaggio disponibili sono determinate dal posizionamento e dal movimento del laterale basso avversario (Num.3 rosso), lungo il lato debole.

PEP GUARDIOLA: analisi tattica - allargare la difesa avversaria e cambiare gioco

2. Cambiare gioco verso il lato debole dopo aver allargato le maglie della difesa avversaria (contro l'1-4-2-3-1)

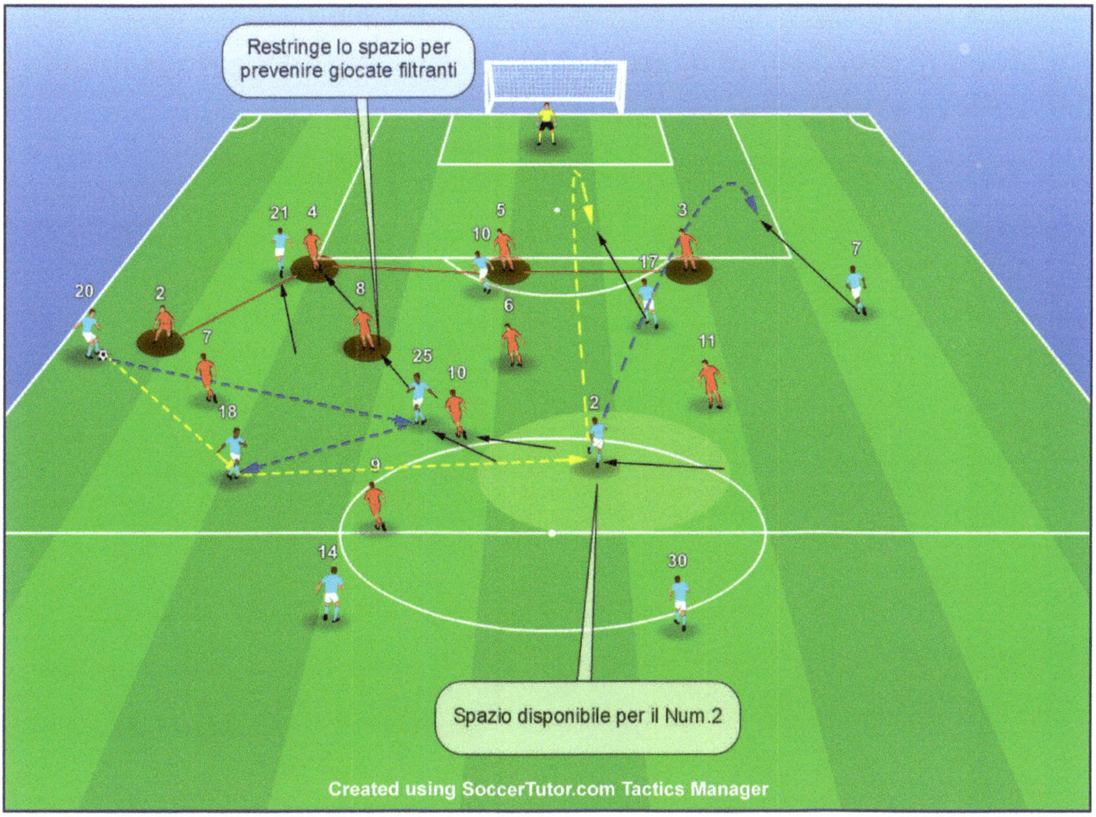

Restringe lo spazio per prevenire giocate filtranti

Spazio disponibile per il Num.2

Questa situazione tattica è una variante dell'esempio analizzato nella pagina precedente. Lo spazio tra le linee avversarie viene coperto dal Num.10, nell'1-4-2-3-1. Quindi, non sempre il centrocampista difensivo **Fernandinho (25)** riceve libero da marcatura per cambiare gioco verso il lato debole.

In questa variante, il laterale basso **Walker (2)**, posizionato lungo il lato debole, si accentra, per ricevere e cambiare gioco.

Le opzioni a disposizione dell'esterno alto **Bernardo (20)** sono le seguenti:

1. Muovere palla verso il **Num.2**, attraverso il laterale basso sinistro **Delph (18)** - frecce gialle.

2. Muovere palla verso il **Num.2**, attraverso il centrocampista difensivo **(25)** e il laterale basso sinistro **(18)**.

Il laterale basso di sinistra **Delph (18)** potrebbe anche scaricare palla verso il difensore centrale **Laporte (14)**, che, successivamente, gioca verso il **Num.2**, nello spazio disponibile.

Le opzioni di passaggio disponibili sono determinate dal posizionamento e dal movimento del laterale basso avversario, lungo il lato debole (Num.3 rosso).

PEP GUARDIOLA: analisi tattica - allargare la difesa avversaria e cambiare gioco

GIOCARE PALLA LUNGA, NELLO SPAZIO DISPONIBILE, VERSO IL LATO DEBOLE

1. Cambiare gioco verso il lato debole dopo aver allargato le maglie della difesa avversaria (contro l'1-4-4-2)

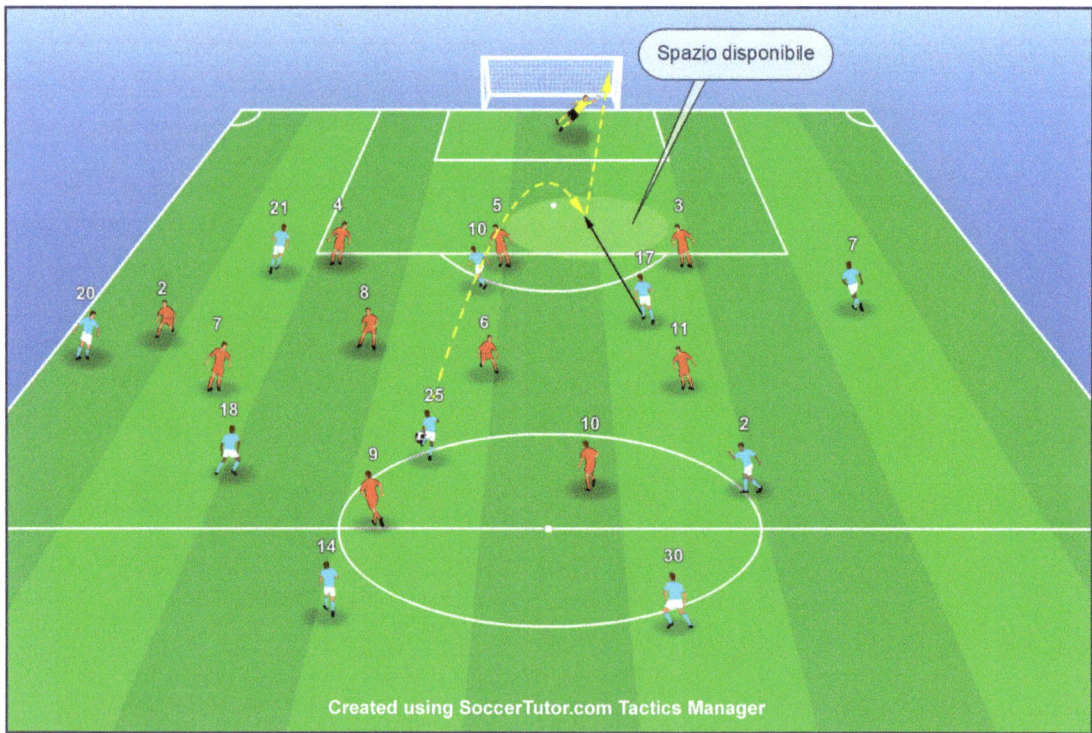

Questo esempio vede il City giocare contro un avversario schierato con l'1-4-4-2; **Fernandinho (25)** trasmette un passaggio lungo verso la zona più favorevole alla creazione di possibilità di conclusione.

Non appena il **Num.25** riceve, il centrocampista offensivo **De Bruyne (17)**, posizionato lungo il lato debole, si muove verso lo spazio tra il laterale basso (Num.3) e il difensore centrale (Num.5) avversari; se lo spazio fra i 2 è abbastanza ampio, come mostrato in figura, il **Num.25** trasmette palla lunga verso il **Num.17**, che riceve e cerca la conclusione.

 **NOTA:**

Se il Manchester City gioca contro un avversario schierato con l'1-4-2-3-1, il laterale basso **Walker (2)**, solitamente, effettua questo passaggio, anche se le opzioni possibili restano le stesse.

PEP GUARDIOLA: analisi tattica - allargare la difesa avversaria e cambiare gioco

2. Passaggio lungo verso l'esterno alto, lungo il lato debole, dopo aver allargato le maglie della difesa avversaria (contro l'1-4-4-2)

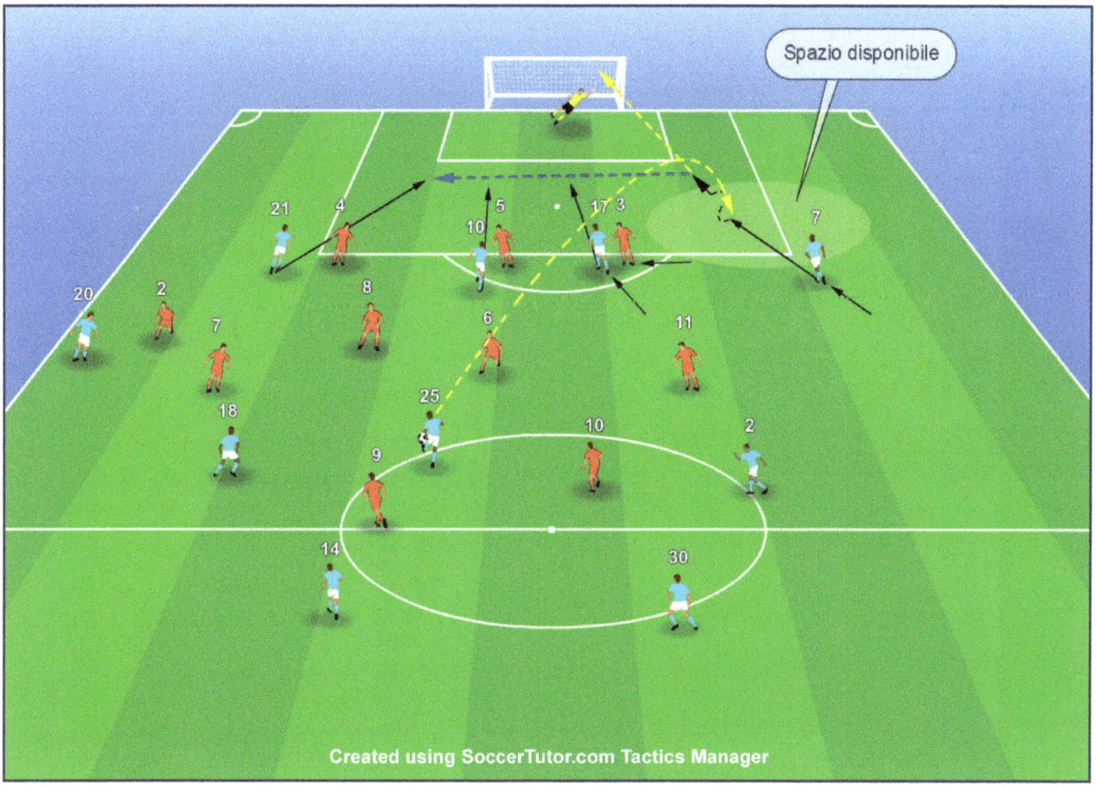

Questa situazione è una variante della precedente e mostra una seconda opzione di giocata, per il centrocampista difensivo **Fernandinho (25)**, una volta che il Manchester City ha allargato le maglie della difesa avversaria.

Se il movimento verso l'interno del centrocampista offensivo **De Bruyne (17)**, invita il laterale basso avversario (Num.3 rosso) a scivolare per chiudere lo spazio e impedire la ricezione, si crea spazio, in ampiezza, a disposizione dell'esterno alto **Sterling (7)**. Il **Num.25** gioca palla alta verso il **Num.7**, che riceve in profondità e cerca di concludere oppure crossare basso verso i compagni di squadra.

NOTA:

Il cambio di gioco non viene proposto solo nelle situazioni in cui l'avversario viene forzato ad allargare gli spazi in fase difensiva, ma anche quando i difensori scivolano forzatamente verso il lato forte per creare superiorità numerica.

La difesa avversaria che scivola crea spazi da sfruttare, dopo un rapido cambio di gioco, verso il lato debole, come in questi 2 esempi.

SESSIONE 7, BASATA SULLE SOLUZIONI TATTICHE DI PEP GUARDIOLA

Allargare la difesa avversaria e cambiare gioco

Sessione per questa situazione tattica: allargare la difesa avversaria e cambiare gioco

SESSIONE PER QUESTA SITUAZIONE TATTICA (5 ESERCITAZIONI)
Es.1: esercitazione tecnica per allargare la difesa avversaria e cambiare gioco

Situazione A: giocata lunga del centrocampista difensivo contro l'1-4-4-2

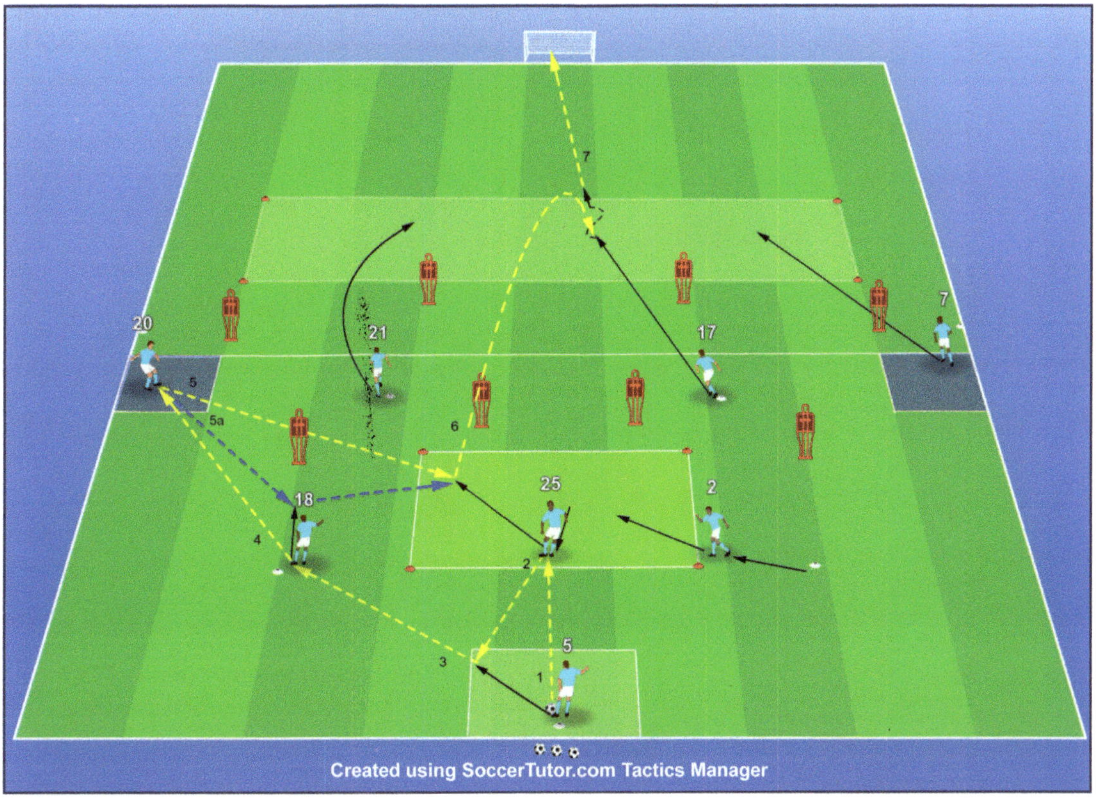

Descrizione
(Situazione A contro l'1-4-4-2)

All'interno di uno spazio 50 x 70 m, il difensore centrale **(5)** è posizionato nella zona 7 x 3 m evidenziata in bianco, il centrocampista difensivo **(25)** agisce all'interno di un'area 15 x 15 m, evidenziata in giallo, mentre gli esterni alti **(20 e 7)** agiscono nelle zone 3 x 3 m, in ampiezza.

I giocatori della squadra blu devono seguire un flusso di gioco specifico, in fase di possesso; nella "Situazione A" essi devono muovere palla verso il centrocampista difensivo **(25)**, come se giocassero contro un avversario schierato con l'1-4-4-2.

Quando l'esterno alto **(20)** riceve all'interno della zona blu, può giocare direttamente verso il **Num.25**, oppure attraverso il laterale basso **(18)**. Una volta ricevuta palla, il giocatore in possesso **(25)** ha 2 opzioni possibili:

1. Passaggio lungo verso il **Num.17** al centro.
2. Passaggio lungo in ampiezza, verso il **Num.7**.

In fase conclusiva, i giocatori devono ricevere all'interno della zona bianca della metà campo opposta, per poter segnare nella porticina. L'esercitazione riprende lungo il lato destro. E' possibile utilizzare 2 giocatori per ognuna delle 4 posizioni avanzate (esterni alti e centrocampisti offensivi), mantenendo alti i ritmi della proposta.

Sessione per questa situazione tattica: allargare la difesa avversaria e cambiare gioco

Situazione B: giocata lunga del laterale basso contro l'1-4-2-3-1

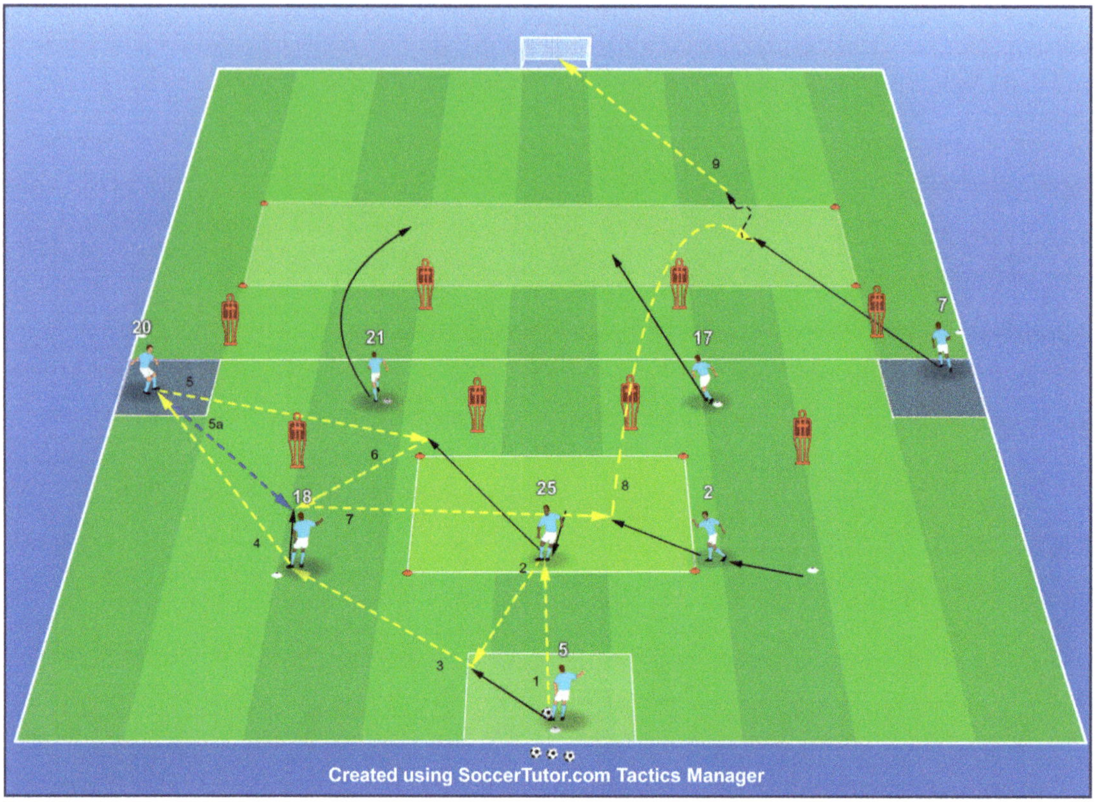

Descrizione
(Situazione B contro l'1-4-2-3-1)

Situazione B: la squadra blu si allena simulando i movimenti contro l'1-4-2-3-1 avversario.

La palla viene mossa verso il lato debole, in cui il laterale basso **(2)** si accentra per ricevere e da cui, successivamente, trasmette palla lunga. Quando l'esterno alto **(20)** riceve all'interno della zona blu, può giocare direttamente al centrocampista difensivo **(25)**, oppure verso il laterale basso **(18)**. In ogni caso, la palla viene mossa verso il **Num.2**, lungo il lato debole.

Il laterale basso **(2)** ha 2 opzioni possibili:

1. Passaggio verso il centrocampista offensivo **(17)** al centro.

2. Passaggio lungo, in ampiezza, verso l'esterno alto **(7)**.

I giocatori devono ricevere all'interno della zona bianca della metà campo opposta, per poter segnare nella porticina.

L'esercitazione riprende con la stessa sequenza eseguita lungo il lato destro.

E' possibile utilizzare 2 giocatori per ognuna delle 4 posizioni avanzate (esterni alti e centrocampisti offensivi), mantenendo alti i ritmi della proposta.

Attenzione a:

1. I potenziali riceventi (centrocampisti offensivi ed esterni alti) devono muoversi senza palla con i giusti tempi.

2. I centrocampisti difensivi e i laterali bassi devono giocare palle lunghe precise.

Sessione per questa situazione tattica: allargare la difesa avversaria e cambiare gioco

PROGRESSIONE
Es. 2: esercitazione tecnico-tattica per allargare la difesa avversaria e cambiare gioco

Situazione A: giocata lunga del centrocampista difensivo contro l'1-4-4-2

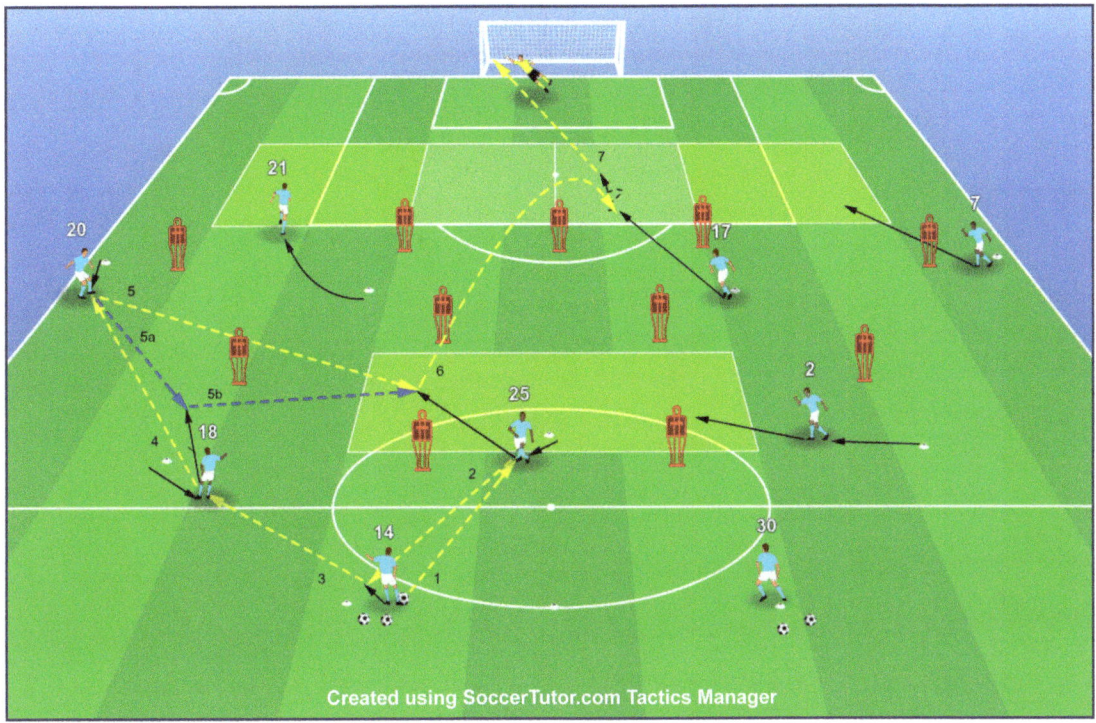

Descrizione
(Situazione A contro l'1-4-4-2)

Questa proposta è una progressione dell'esercitazione precedente, in cui tutti i giocatori blu partono dai coni dello stesso colore; le zone di campo in cui ricevere palla sono chiaramente delimitate e la squadra in possesso deve seguire un flusso di gioco specifico.

Situazione A: i giocatori devono muovere palla verso il centrocampista difensivo (25), come se affrontassero un avversario schierato con l'1-4-4-2.

Quando l'esterno alto (20) riceve, può giocare direttamente verso il Num.25, in zona centrale, oppure attraverso il laterale basso (18).

Una volta ricevuta palla nella propria zona, il centrocampista difensivo (25) ha 2 opzioni di giocata possibili:

1. Passaggio lungo verso il Num.17, all'interno della zona centrale bianca.
2. Passaggio lungo verso il Num.7, all'interno della zona gialla in ampiezza.

Il giocatore ricevente può scegliere se calciare in porta o crossare per un compagno che possa concludere. L'esercitazione riprende con la stessa sequenza eseguita lungo il lato destro. E' possibile utilizzare 2 giocatori per ognuna delle 4 posizioni avanzate (esterni alti e centrocampisti offensivi), mantenendo alti i ritmi della proposta.

Sessione per questa situazione tattica: allargare la difesa avversaria e cambiare gioco

Situazione B: giocata lunga del laterale basso contro l'1-4-2-3-1

Descrizione
(Situazione B contro l'4-2-3-1)

Situazione B: la squadra blu si allena simulando i movimenti contro l'1-4-2-3-1 avversario.

La palla viene mossa verso il lato debole, in cui il laterale basso (2) si accentra per ricevere e da cui, successivamente, trasmette palla lunga. Quando l'esterno alto (20) riceve, può trasmettere direttamente al centrocampista difensivo (25), oppure verso il laterale basso (18). In ogni caso, la palla viene mossa verso il Num.2, lungo il lato debole.

Il laterale basso (2) ha 2 opzioni di giocata possibili:

1. Passaggio lungo verso il Num.17, all'interno della zona centrale bianca.

2. Passaggio lungo verso il Num.7, all'interno della zona gialla in ampiezza.

Il giocatore che riceve può concludere in porta oppure crossare per un compagno di squadra.

L'esercitazione riprende con la stessa sequenza eseguita lungo il lato destro.

E' possibile utilizzare 2 giocatori per ognuna delle 4 posizioni avanzate (esterni alti e centrocampisti offensivi), mantenendo alti i ritmi della proposta.

Attenzione a:

1. I potenziali riceventi (centrocampisti offensivi ed esterni alti) devono muoversi senza palla con i giusti tempi.

2. Centrocampisti difensivi e laterali bassi devono giocare palle lunghe precise.

3. Cross bassi e conclusioni corretti.

4. Movimenti sincronizzati dei giocatori.

Sessione per questa situazione tattica: allargare la difesa avversaria e cambiare gioco

PROGRESSIONE
Es. 3: esercitazione funzionale ad allargare la difesa avversaria e alla lettura delle opzioni offensive

Situazione A: giocata lunga del centrocampista difensivo contro l'1-4-4-2

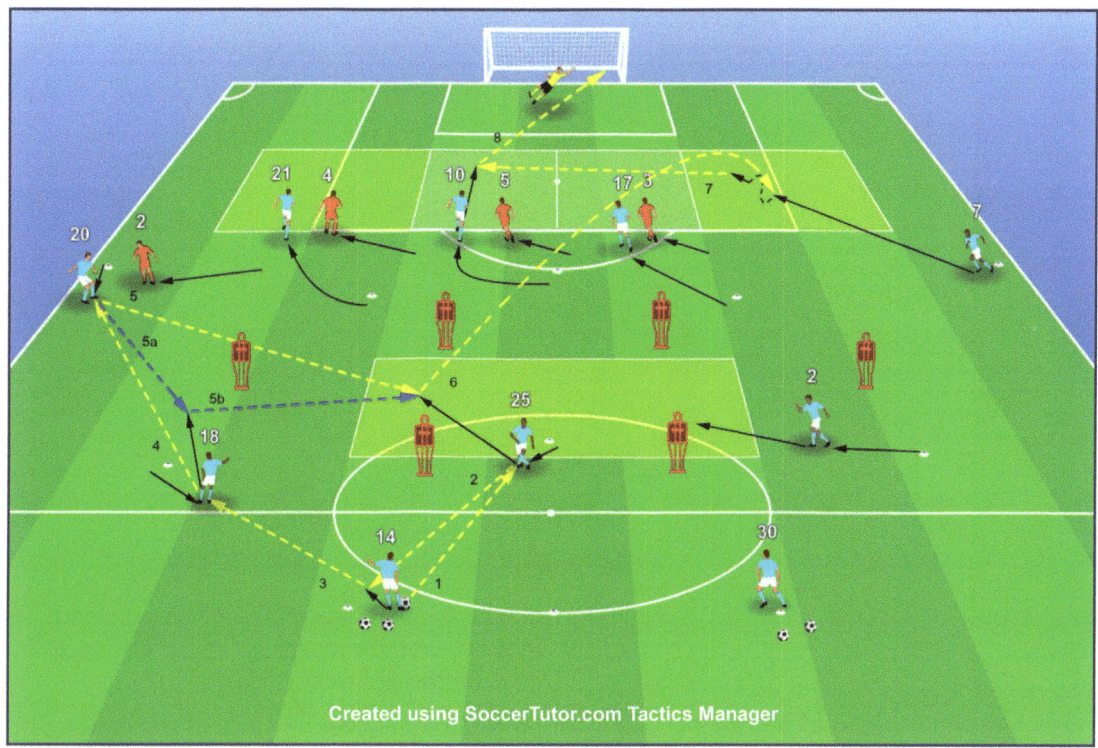

Descrizione (Situazione A contro l'1-4-4-2)

Questa proposta è una progressione dell'esercitazione precedente, in cui tutti i giocatori blu partono dai coni bianchi, agendo contro 4 difensori rossi.

Quando l'esterno alto **(20)**, lungo il lato forte, riceve palla, il laterale basso avversario (Num.2 rosso) lo chiude. Il centrocampista offensivo **(21)**, posizionato su quel lato, si muove in diagonale, alle spalle del Num.2 rosso, seguito dal difensore centrale rosso (Num.4); solo il Num.5 e il Num.3 rossi restano nelle posizioni di competenza.

I giocatori blu devono quindi cercare di cambiare gioco rapidamente; quando il centrocampista difensivo **(25)** entra in possesso palla, l'attaccante **(10)**, il centrocampista offensivo **(17)** e l'esterno alto **(7)** si portano in avanti. Il **Num.25** deve leggere i movimenti dei difensori rossi per giocare palla lunga verso la zona corretta, in cui ci sia spazio disponibile.

Situazione A: il centrocampista offensivo **(17)** invita il laterale basso, Num.3 rosso, fuori posizione, creando spazio in ampiezza per l'esterno alto **(7)**, che può ricevere nella zona gialla più esterna. Nel caso in cui il Num.3 non segua il movimento del **Num.17**, si sviluppa una differente sequenza di gioco ("Situazione B", analizzata nella pagina seguente). Il giocatore ricevente può scegliere se calciare in porta oppure crossare per un compagno di squadra che possa concludere. L'esercitazione riprende con la stessa sequenza eseguita lungo il lato destro.

Sessione per questa situazione tattica: allargare la difesa avversaria e cambiare gioco

Situazione B: giocata lunga del laterale basso contro l'1-4-2-3-1

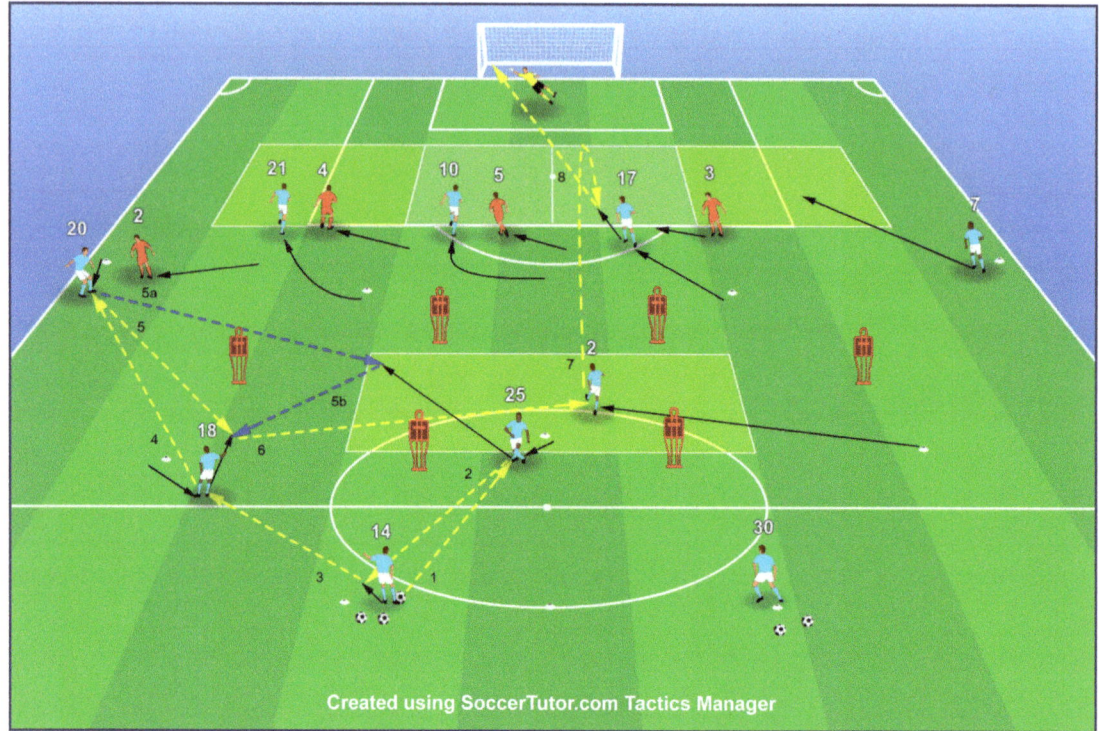

Descrizione
(Situazione B contro l'1-4-2-3-1)

Situazione B: la squadra blu si allena simulando i movimenti contro l'1-4-2-3-1 avversario.

La palla viene mossa verso il laterale basso **(2)**, posizionato lungo il lato debole, che si accentra per ricevere e da cui, successivamente, trasmette palla lunga. Il **Num.2** deve leggere i movimenti dei difensori rossi per giocare palla lunga verso la zona corretta, in cui ci sia spazio disponibile:

A. Se il centrocampista offensivo **(17)** invita il laterale basso Num.3 rosso fuori posizione, si crea spazio in ampiezza (vedere la "Situazione A" nella pagina precedente).

B. Nel caso in cui il Num.3 rosso non scivoli per accorciare le distanze, si crea spazio per il **Num.17**, che può ricevere all'interno della zona centrale bianca, come mostrato in questo esempio

Il giocatore ricevente può scegliere se calciare in porta oppure crossare per un compagno di squadra che possa concludere.

L'esercitazione riprende con la stessa sequenza eseguita lungo il lato destro.

Attenzione a:

1. Lettura della situazione tattica: dove si crea spazio disponibile, conseguentemente ai movimenti dei difensori avversari?
2. Qualità delle giocate con palla lunga.
3. Cross bassi e conclusioni corretti.

Sessione per questa situazione tattica: allargare la difesa avversaria e cambiare gioco

PROGRESSIONE
Es.4: esercitazione a zone per allargare la difesa avversaria e leggere le situazioni in fase offensiva

Situazione A: giocata lunga del centrocampista difensivo contro l'1-4-4-2

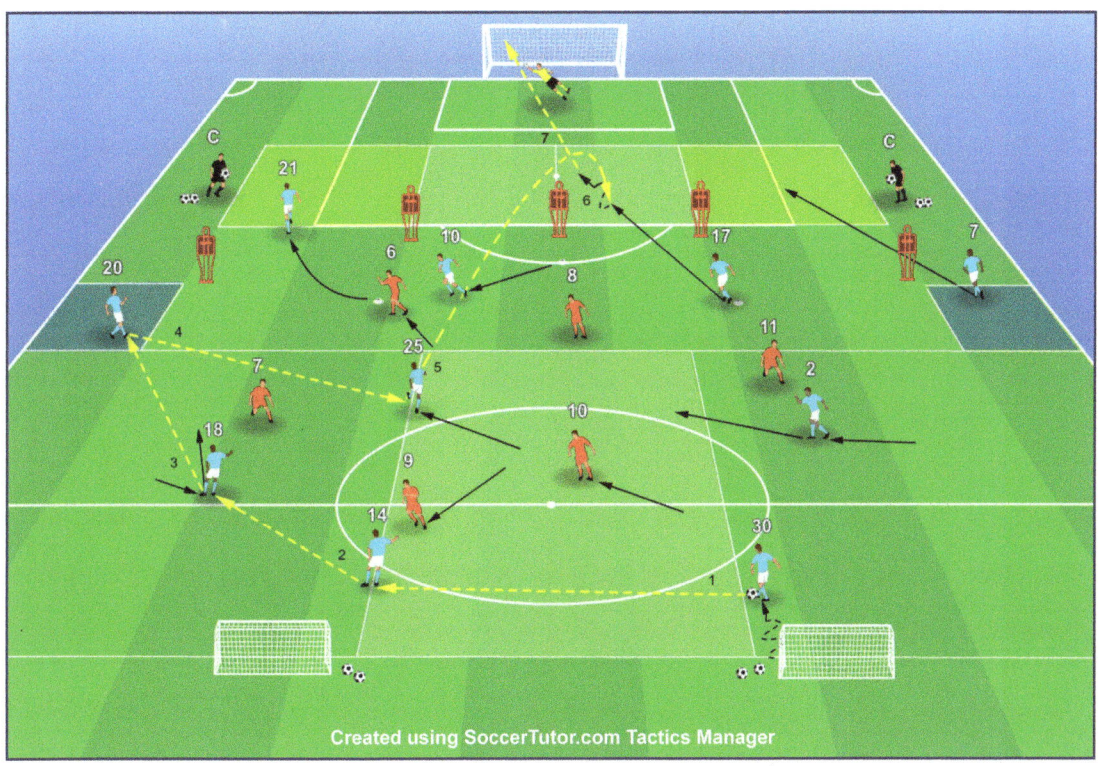

Descrizione (Situazione A contro l'1-4-4-2)

Questa proposta è una progressione dell'esercitazione precedente e la squadra blu in possesso, deve ora cambiare gioco sotto la pressione di centrocampisti e attaccanti rossi.

Vengono aggiunte 2 zone blu per gli esterni alti **(20 e 7)** ed una centrale bianca, nella quale il centrocampista esterno rosso, lungo il lato debole (Num.11, nell'esempio in figura) non può entrare.

Il difensore centrale **(30)** della squadra blu inizia il gioco, creando una situazione 5 c 4 (2 attaccanti e 2 centrocampisti esterni rossi) nella parte bassa del campo; anche i 2 centrocampisti centrali possono essere attivi in questa parte dell'esercitazione.

I giocatori blu hanno 2 opzioni di giocata possibili:

1. Cambiare gioco verso il lato debole.
2. Trasmettere internamente verso l'attaccante **(10)**.

La giocata verso il **Num.10** costringe il Num.6 rosso ad arretrare, creando spazio al centro, che il centrocampista difensivo **(25)** può sfruttare, ricevendo palla e cambiando gioco. Il ricevente può calciare in porta oppure crossare. Se i giocatori in maglia rossa conquistano il possesso, oppure il cambio di lato risulta inefficace (al di fuori delle zone di ricezione), un assistente mette in gioco una seconda palla, in favore della squadra rossa, che può concludere l'azione in una delle porticine.

PEP GUARDIOLA: SVILUPPI OFFENSIVI

Sessione per questa situazione tattica: allargare la difesa avversaria e cambiare gioco

Situazione B: giocata lunga del laterale basso contro l'1-4-2-3-1

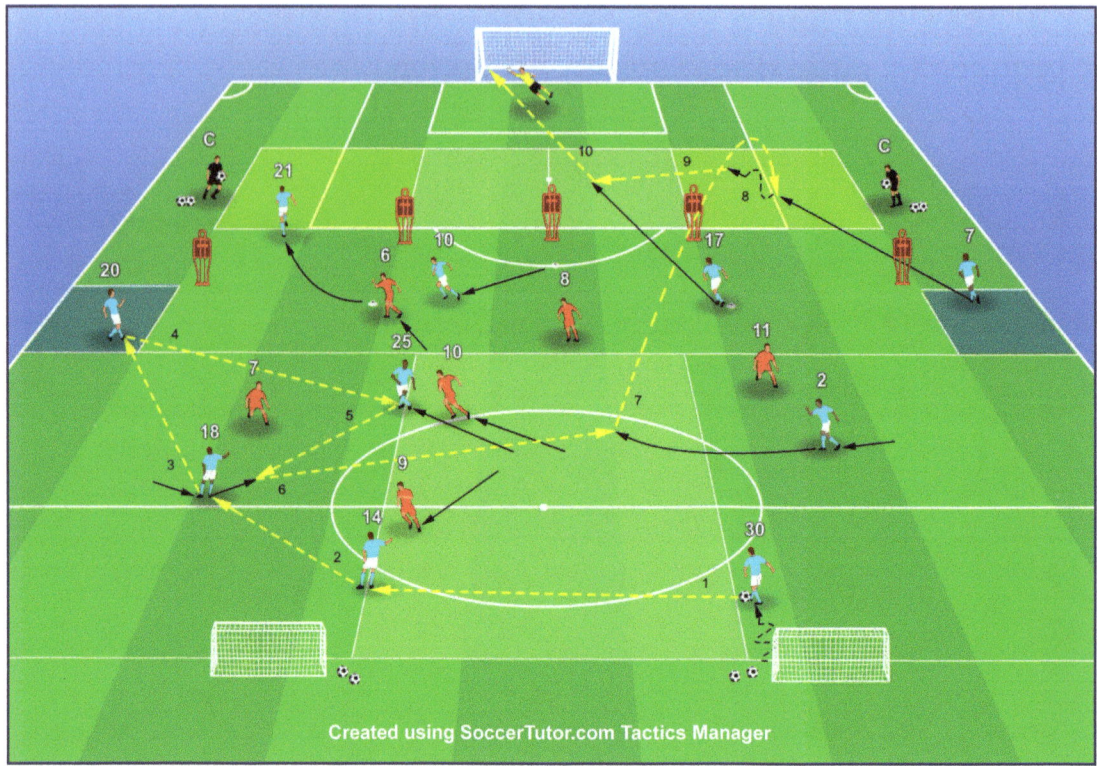

Descrizione
(Situazione B contro l'1-4-2-3-1)

Situazione B: la squadra blu si allena simulando i movimenti contro l'1-4-2-3-1 avversario.

Questa situazione è differente dalla precedente; il Num.10 avversario contrasta la ricezione nello spazio del centrocampista difensivo **(25)**.

Se il Num.6 rosso riesce a chiudere la linea di passaggio verso l'attaccante **(10)**, la palla viene mossa verso il laterale basso **(2)**, che si accentra per ricevere, lungo il lato debole, e, successivamente, trasmette palla lunga.

Il giocatore ricevente può scegliere se calciare in porta oppure crossare per un compagno di squadra che possa concludere.

Se i giocatori in maglia rossa conquistano palla, oppure il cambio di lato risulta inefficace (al di fuori delle zone di ricezione), un assistente mette in gioco una seconda palla, in favore della squadra rossa, che può concludere l'azione in una delle porticine.

Attenzione a:

1. Lettura della situazione tattica: dove si crea spazio disponibile, conseguentemente ai movimenti dei difensori avversari?
2. Trasmissioni di palla rapide (1 o 2 tocchi).
3. Qualità delle giocate con palla lunga.
4. Cross bassi e conclusioni corretti.
5. Movimenti sincronizzati dei giocatori.

Progressione: partita 10 c 10 (+ portieri), in cui si aggiungono 4 difensori rossi.

Sessione per questa situazione tattica: allargare la difesa avversaria e cambiare gioco

PROGRESSIONE

Es.5: partita a tema per allargare la difesa avversaria e leggere le situazioni in fase offensiva

Obiettivo: allargare la difesa, cambiare gioco, ricevere negli spazi disponibili e concludere.

Descrizione

2 squadre giocano una partita a tema 11 c 11, in questa proposta finale della sessione. Il gioco inizia dal portiere della squadra blu; è possibile segnare una rete, concludendo liberamente (1 punto), oppure allargando la difesa avversaria e cambiando gioco (2 punti). Per capire tutte le possibili soluzioni a disposizione della squadra blu, si possono rivedere le proposte presentate in questa sezione. Se i giocatori rossi conquistano palla, devono concludere l'azione entro 12"-15" (2 punti).

VARIANTE: scaglionare la squadra contro l'1-4-2-3-1, facendo ricevere palla al laterale basso, che, successivamente, gioca un passaggio lungo (vedere la Situazione B di tutte le proposte precedenti).

Attenzione a:

1. Lettura della situazione tattica: l'esterno alto trasmette direttamente verso il centrocampista difensivo, oppure gioca al laterale basso?

2. Lettura della situazione tattica: qual'è la migliore direzione per un passaggio lungo? Dov'è lo spazio disponibile?

SITUAZIONE TATTICA 8

Opzioni di finalizzazione quando il centrocampista offensivo riceve tra le linee

Contenuti tratti dall'analisi del Manchester City durante le stagioni 2017/2018 e 2018/2019, concluse con la vittoria in Premier League

L'analisi è basata sui flussi di gioco riscontrati nel Manchester City. Quando la stessa dinamica di gioco è stata osservata per un numero minimo di volte (almeno 10), la stessa è considerata come flusso di gioco ricorrente. L'analisi contenuta nella prossima pagina è un esempio pratico, tratto da una specifica partita, di questa situazione tattica.

Ogni azione, trasmissione di palla, movimento individuale con e senza palla e il posizionamento di ogni giocatore, incluso quello del corpo, sono inclusi in questa analisi.

Questa analisi è poi utilizzata per creare una sessione di allenamento, in progressione, per lavorare sulla situazione tattica specifica.

I CENTROCAMPISTI OFFENSIVI SI MUOVONO VERSO LE LINEE DI PASSAGGIO DISPONIBILI PER RICEVERE

Entrambi i centrocampisti offensivi si muovono verso le linee di passaggio disponibili per ricevere da quello difensivo

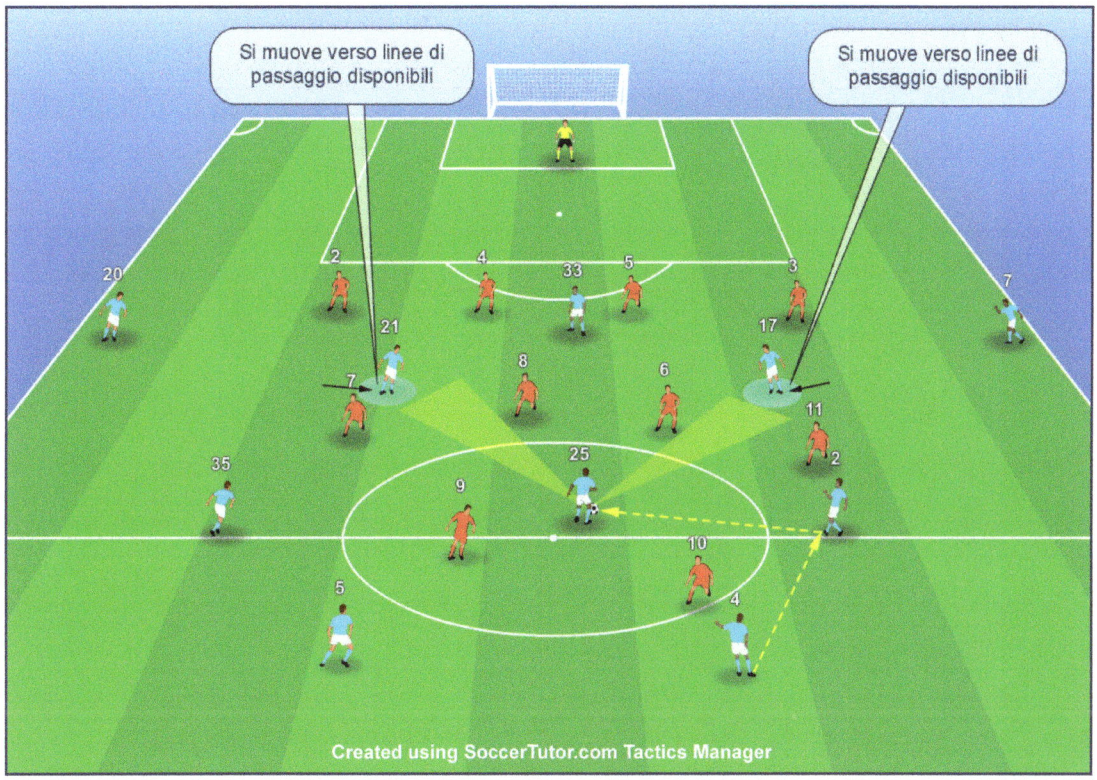

Quando il centrocampista difensivo **Fernandinho (25)** riceve palla, c'è sempre la possibilità di attaccare attraverso il centro.

Pep Guardiola chiede ai propri centrocampisti offensivi di muoversi verso le linee di passaggio disponibili per ricevere palla (al centro).

In questo esempio, **Silva (21)** e **De Bruyne (17)** sono i centrocampisti offensivi (anche **Bernardo - 20** e **Gündoğan - 8** sono stati spesso impiegati in questi ruoli); il loro posizionamento negli spazi di cui il difensore centrale e il laterale basso avversari sono responsabili, rende spesso complicata la marcatura su di loro.

In questa situazione, il **Num.25** ha tempo, spazio ed opzioni di passaggio disponibili per trasmettere palla verso entrambi i compagni di reparto (**Silva - 21 o De Bruyne - 17**).

RICEVERE PALLA APRENDO IL CONTROLLO (CORPO POSIZIONATO A MEZZO GIRO)

I centrocampisti offensivi ricevono palla in apertura tra le linee

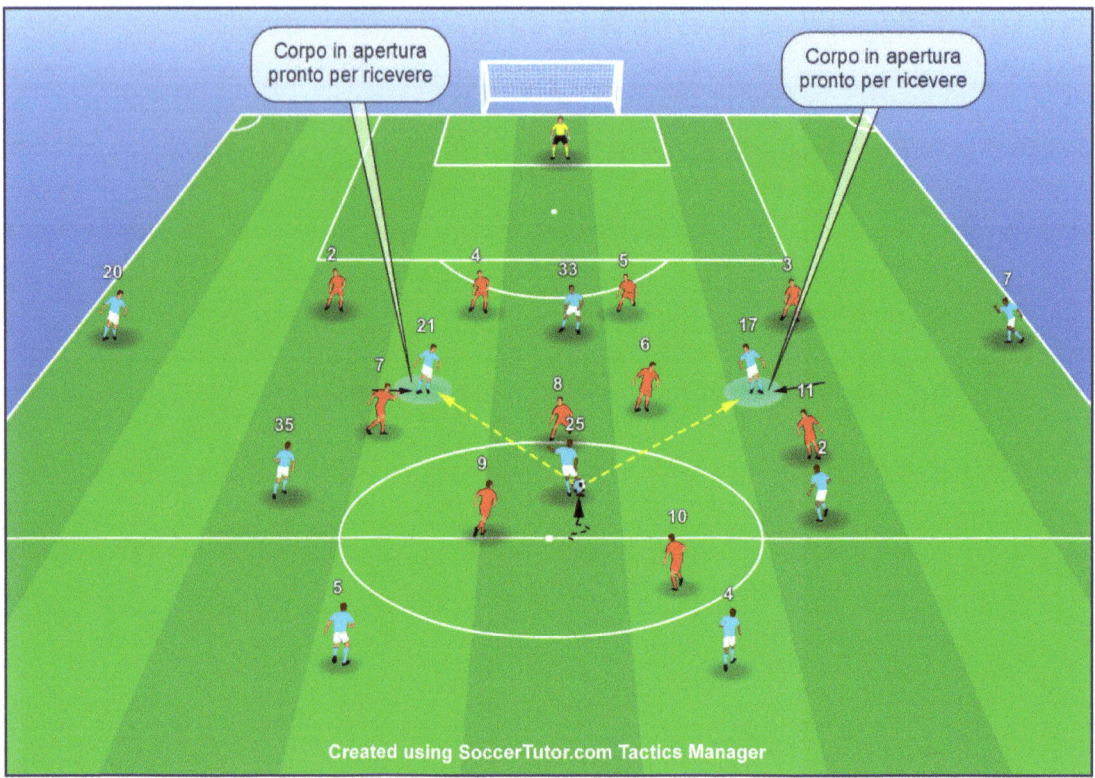

I centrocampisti offensivi del City si posizionano in modo corretto, con il corpo, muovendosi verso il centro per trovare linee di passaggio utili.

In questo modo essi possono ricevere con il corpo a mezzo giro, orientandosi rapidamente in avanti e verso la porta avversaria.

OPZIONI OFFENSIVE DOPO LA RICEZIONE TRA LE LINEE (LEGGERE IL MOVIMENTO DEL LATERALE BASSO)

1. Il laterale basso avversario resta in posizione: ricevere, girarsi e trasmettere in profondità

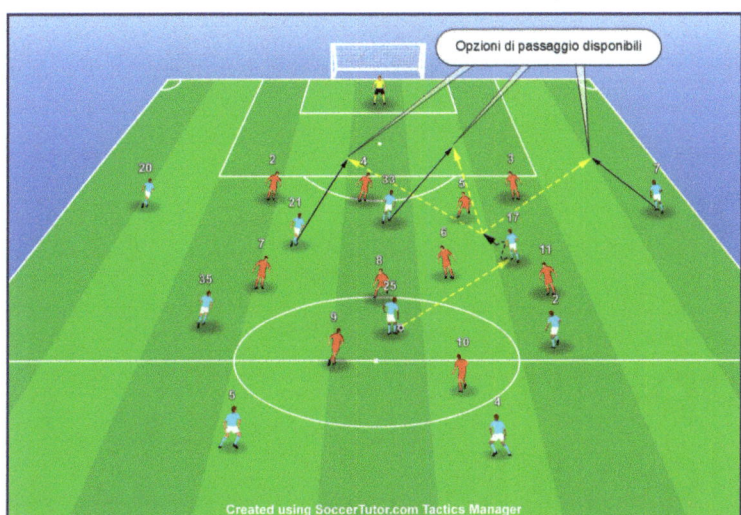

Appena **De Bruyne (17)** riceve palla, smarcato, può condurre in avanti verso la porta avversaria.

Se il laterale basso avversario (Num.3 rosso) resta in posizione, mantenendo l'equilibrio della linea difensiva, il City si trova in superiorità numerica 5 c 4.

Il **Num.17** può quindi giocare un passaggio decisivo per un compagno oppure concludere in porta.

2. Il laterale basso si muove in avanti per portare pressione contro il centrocampista offensivo: scarico sul centrocampista difensivo, che trasmette palla alta verso l'esterno alto

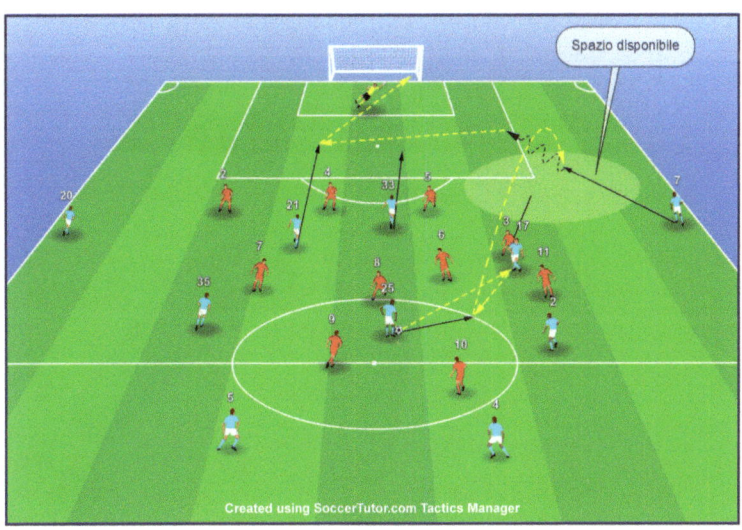

In questa variante della situazione precedente, il laterale basso avversario (Num.3 rosso) si muove in avanti per portare pressione contro il centrocampista offensivo **De Bruyne (17)**, creando spazio in profondità.

Sterling (7) riceve palla, dopo lo scarico di **De Bruyne (17)** verso il centrocampista difensivo **Fernandinho (25)**, che gioca palla alta verso lo spazio libero creato.

SESSIONE 8 BASATA SULLE SOLUZIONI TATTICHE DI PEP GUARDIOLA

Opzioni di finalizzazione quando il centrocampista offensivo riceve tra le linee

Sessione per questa situazione tattica: un centrocampista offensivo riceve tra le linee

SESSIONE PER QUESTA SITUAZIONE TATTICA (3 ESERCITAZIONI)
Es.1: esercitazione tecnica per opzioni offensive quando il centrocampista avanzato riceve tra le linee
Situazione A: il centrocampista offensivo sul lato forte riceve smarcato

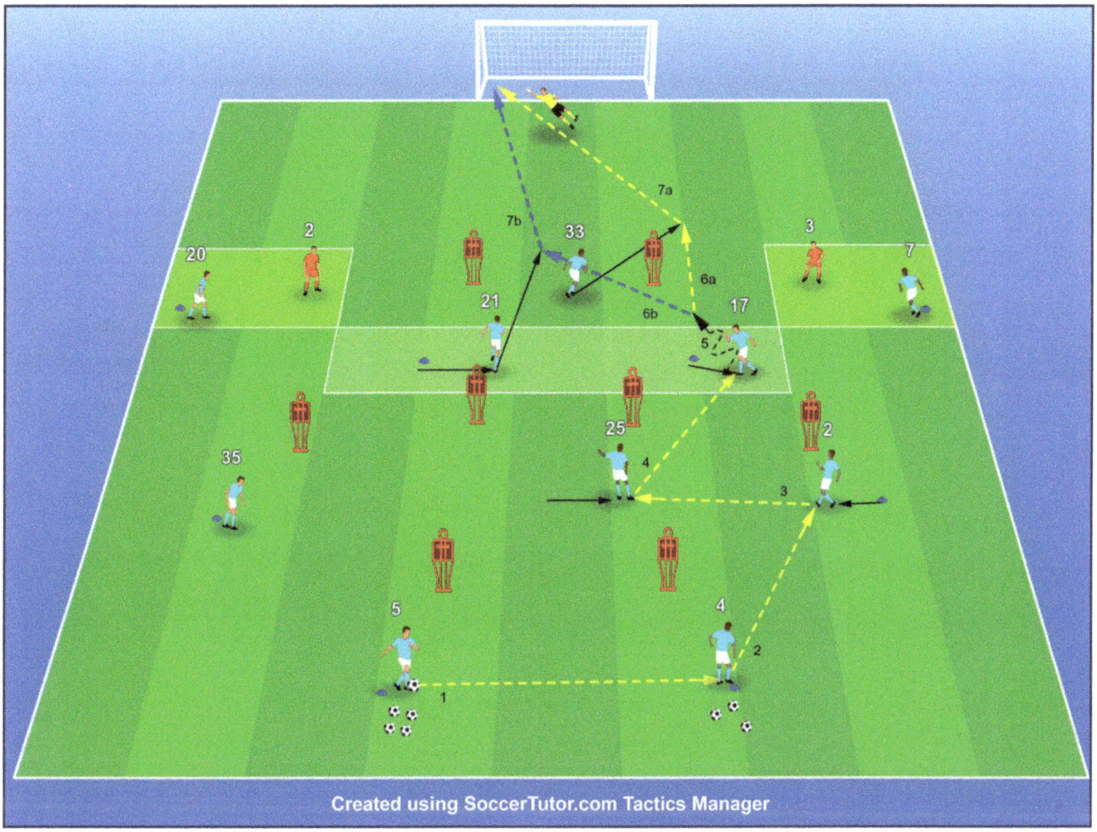

Descrizione (Situazione A)

L'esercitazione si svolge in un'area di gioco 35 x 45 m e la sequenza inizia dal difensore centrale **(5)**. Vengono delimitate una zona centrale 20 x 5 m bianca, in cui agiscono i centrocampisti offensivi **(21 e 17)** e 2 zone gialle 8 x 5 m, in ampiezza, in cui sono posizionati gli esterni alti **(20 e 7)** e i laterali bassi avversari in maglia rossa.

I 4 difensori blu scambiano palla tra loro e non appena il centrocampista difensivo **(25)** riceve tra le linee, in apertura, posizionandosi a mezzo giro, il **Num.21** e il **Num.27** si muovono verso le linee di passaggio disponibili.

Il giocatore in possesso **(25)** trasmette verso uno di loro (**Num.17**, lungo il lato forte, in figura) e il ricevente deve leggere il movimento del laterale basso avversario (Num.3 rosso).

Situazione A: il centrocampista offensivo **(17)** riceve all'interno della zona centrale bianca e il laterale basso rosso (Num.3) resta posizionato in ampiezza, all'interno della zona gialla. In questo modo, il **Num.17** riceve, si gira e può trasmettere un passaggio decisivo.

PEP GUARDIOLA: SVILUPPI OFFENSIVI

Sessione per questa situazione tattica: un centrocampista offensivo riceve tra le linee

Situazione B: il centrocampista offensivo lungo il lato debole riceve smarcato

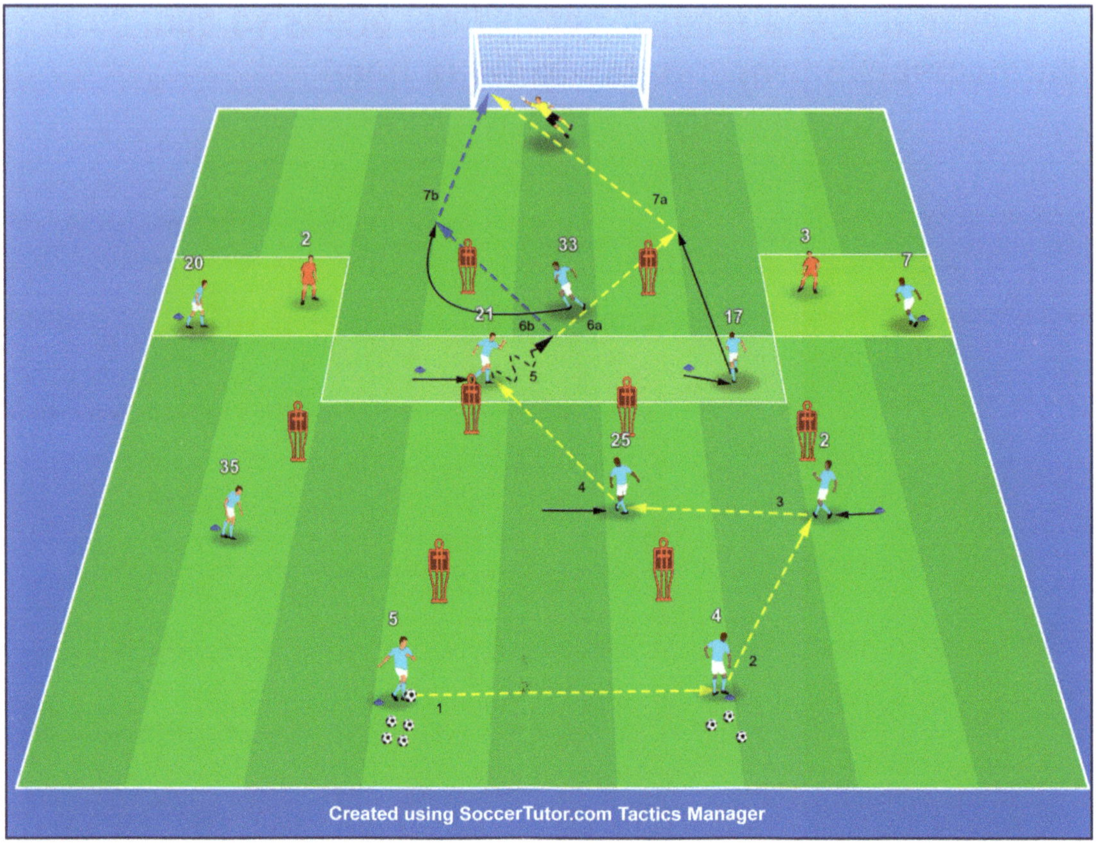

Descrizione (Situazione B)

Situazione B: il centrocampista offensivo **(21)**, lungo il lato debole, riceve palla dal centrocampista difensivo **(25)**, all'interno della zona centrale bianca; il laterale basso rosso (Num.3), posizionato lungo lo stesso lato, resta posizionato in ampiezza, all'interno della zona gialla.

Come nella situazione precedente, il **Num.21** riceve, si gira e può trasmettere un passaggio decisivo.

Sessione per questa situazione tattica: un centrocampista offensivo riceve tra le linee

Situazione C: il laterale basso avversario impedisce al centrocampista offensivo sul lato forte di girarsi

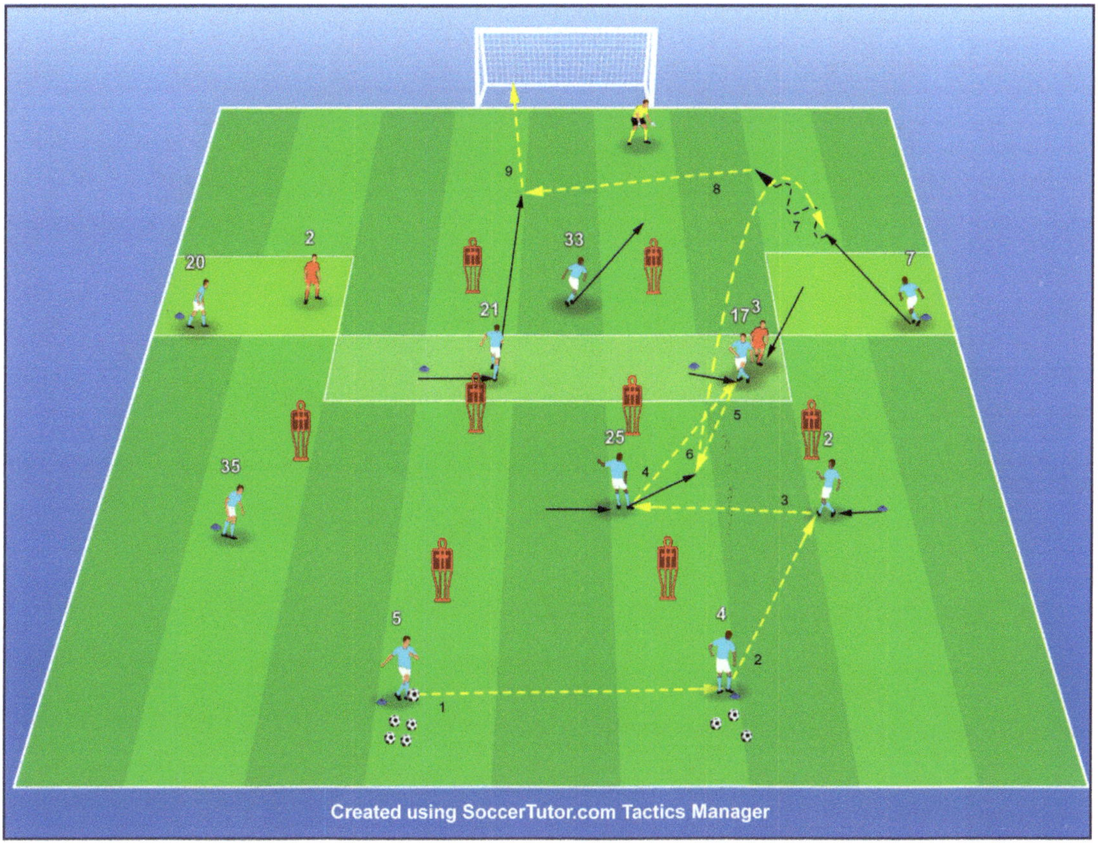

Descrizione (Situazione C)

Situazione C: il centrocampista offensivo lungo il lato forte **(17)** riceve palla dal centrocampista difensivo **(25)** e il laterale basso (Num.3) si muove in avanti, all'interno della zona centrale bianca, per impedire al portatore di palla di girarsi.

Questo movimento crea spazio in profondità, in cui l'esterno alto **(7)** può ricevere smarcato.

Il **Num.7** riceve dopo lo scarico del centrocampista offensivo **(17)** verso il **Num.25**, che gioca palla alta verso lo spazio libero creato.

Il ricevente può scegliere se calciare in porta oppure crossare per un compagno di squadra che possa concludere.

Sessione per questa situazione tattica: un centrocampista offensivo riceve tra le linee

Situazione D: il laterale basso avversario impedisce al centrocampista offensivo sul lato forte di girarsi

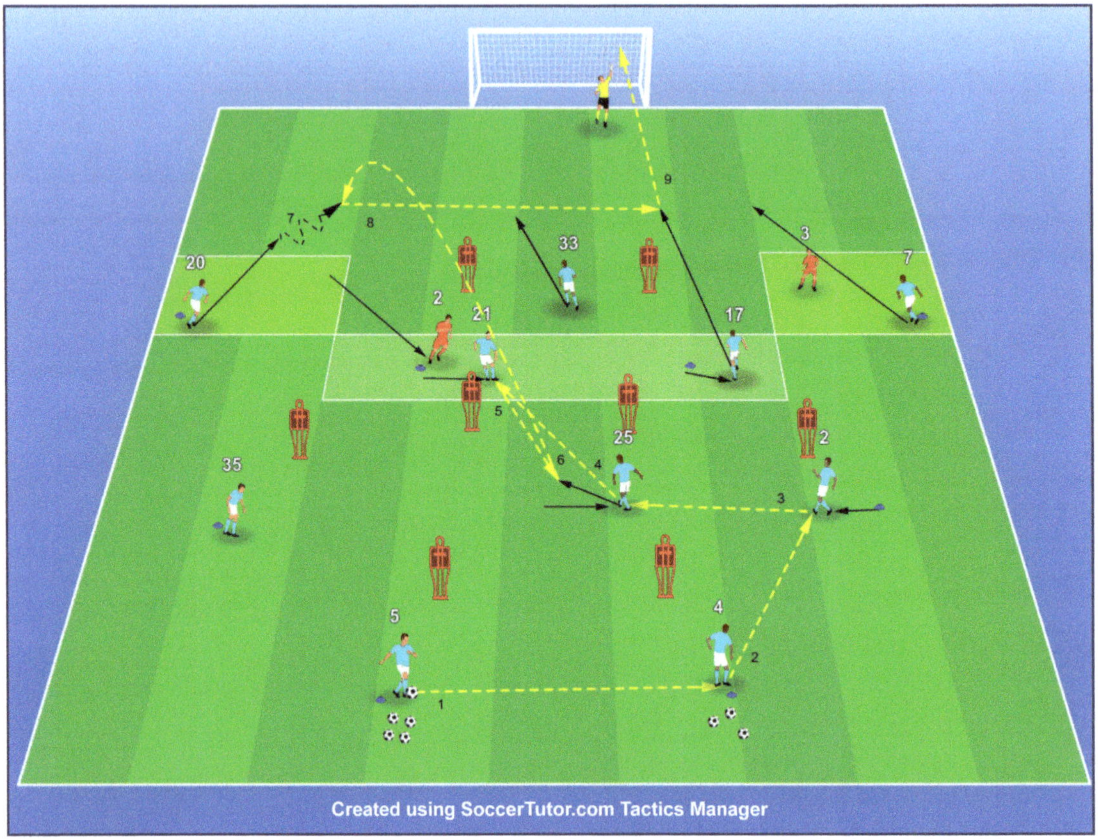

Descrizione (Situazione D)

Situazione D: il centrocampista offensivo (21), lungo il lato forte, riceve palla dal centrocampista difensivo (25) e il laterale basso (Num.3), lungo quel lato, si muove in avanti, all'interno della zona centrale bianca, per impedire al portatore di palla di girarsi. Questo movimento crea spazio in profondità, in cui l'esterno alto (20) può ricevere smarcato.

Il **Num.20** riceve dopo lo scarico del centrocampista offensivo (17) verso quello difensivo (25), che gioca palla alta verso lo spazio libero creato.

Il giocatore ricevente può scegliere se calciare in porta oppure crossare per un compagno di squadra che possa concludere.

Attenzione a:

1. Lettura della situazione tattica: il centrocampista offensivo (21 o 17) deve intuire il movimento del laterale basso avversario per capire se girarsi, oppure se scaricare palla verso il centrocampista difensivo (25).
2. Ricezione palla in apertura e con il corpo a mezzo giro.
3. Trasmissioni rapide (1 o 2 tocchi)
4. Cross bassi eseguiti correttamente e conclusioni efficaci.
5. Inserimenti in profondità con i giusti tempi (per evitare la trappola del fuorigioco).

Sessione per questa situazione tattica: un centrocampista offensivo riceve tra le linee

PROGRESSIONE
Es.2: esercitazione funzionale alle opzioni offensive quando il centrocampista avanzato riceve tra le linee

Situazione A: il centrocampista offensivo riceve smarcato

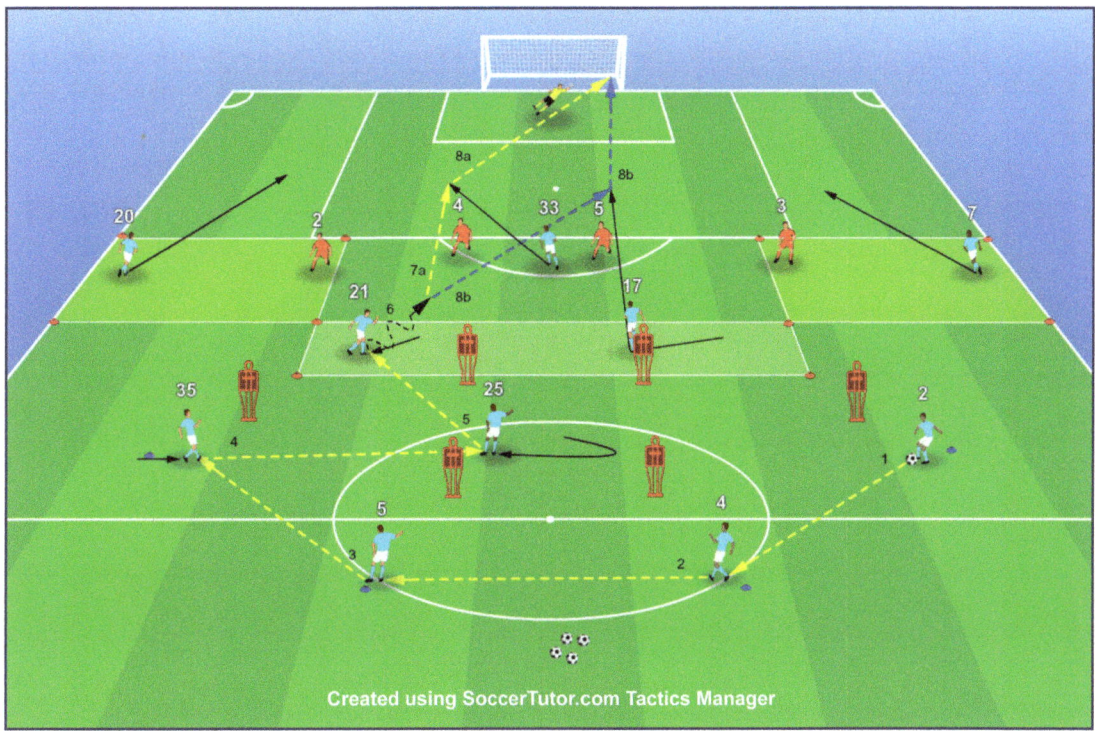

Obiettivo: opzioni d'attacco quando il centrocampista offensivo riceve tra le linee.

Descrizione (Situazione A)

Questa proposta è una progressione dell'esercitazione precedente; la squadra blu gioca ora contro 4 difensori attivi, in maglia rossa. Viene delimitata una zona centrale 30 x 5 m bianca, in cui agiscono i centrocampisti offensivi **(21 e 17)** e 2 zone gialle 12 x 8 m, in ampiezza, in cui sono posizionati gli esterni alti **(20 e 7)** e i laterali bassi avversari in maglia rossa (Num.2 e Num.3).

I 4 difensori blu scambiano palla tra loro; non appena il centrocampista difensivo **(25)** riceve tra le linee, in apertura, i centrocampisti offensivi **(21 e 17)** si muovono verso le linee di passaggio disponibili.

Il **Num.25** trasmette verso uno di loro **(Num.21, lungo il lato forte, in figura)** e deve leggere il movimento del laterale basso avversario (Num.2 rosso).

Situazione A: il centrocampista offensivo **(21)** riceve all'interno della zona centrale bianca e il laterale basso rosso (Num.2), lungo quel lato, resta posizionato in ampiezza, all'interno della zona gialla. In questo modo, il portatore di palla **(21)** riceve, si gira e può trasmettere un passaggio decisivo.

Sessione per questa situazione tattica: un centrocampista offensivo riceve tra le linee

Situazione B: il laterale basso avversario impedisce al centrocampista offensivo di girarsi

Descrizione (Situazione B)

Situazione B: il centrocampista offensivo lungo il lato debole **(21)** riceve palla dal centrocampista difensivo **(25)** e il laterale basso (Num.2) si muove in avanti, all'interno della zona centrale bianca, per impedire al portatore di palla di girarsi.

Questo movimento crea spazio in profondità, in cui l'esterno alto **(20)** può ricevere smarcato, dopo lo scarico del centrocampista offensivo **(21)** a quello difensivo **(25)**, che gioca palla alta verso lo spazio libero creato. Il giocatore ricevente crossa per un compagno di squadra che conclude.

Attenzione a:

1. Lettura della situazione tattica: il centrocampista offensivo **(21 o 17)** deve intuire il movimento del laterale basso avversario per capire se girarsi, oppure se scaricare palla verso il centrocampista difensivo **(25)**.
2. Ricezione palla in apertura e con il corpo a mezzo giro.
3. Trasmissioni rapide (1 o 2 tocchi)
4. Cross bassi eseguiti correttamente e conclusioni efficaci.
5. Inserimenti in profondità con i giusti tempi (per evitare la trappola del fuorigioco).

Sessione per questa situazione tattica: un centrocampista offensivo riceve tra le linee

PROGRESSIONE
Es.3: partita a tema per opzioni offensive quando il centrocampista avanzato riceve tra le linee

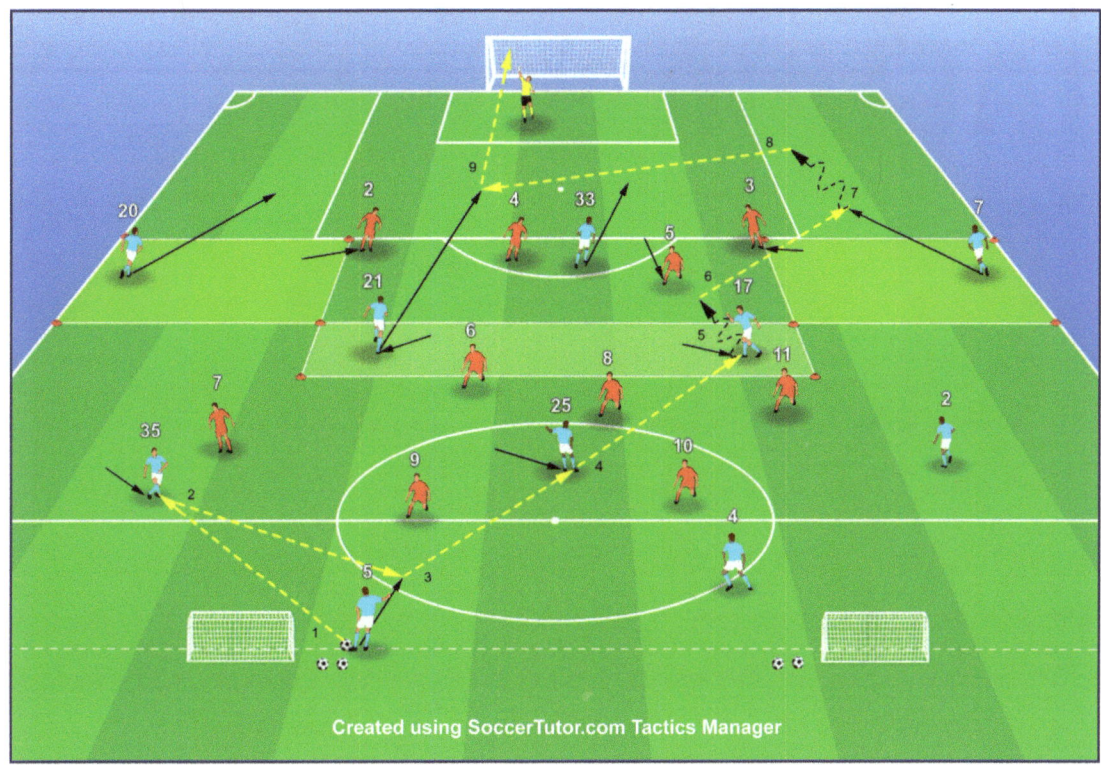

Obiettivo: opzioni d'attacco quando il centrocampista offensivo riceve tra le linee.

Descrizione

Questa partita 10 c 10 (+ portieri) è una progressione dell'esercitazione precedente. Il difensore centrale **(5)** della squadra blu inizia il gioco, trasmettendo palla dalla linea di fondo.

La squadra in possesso può segnare una rete liberamente (1 punto); se il centrocampista difensivo **(25)** riesce a giocare palla, con successo, verso uno dei compagni offensivi tra le linee **(21 o 17)**, il goal vale 2 punti.

Vedere l'analisi tattica e le esercitazioni per valutare situazioni, movimenti e opzioni possibili. Se i giocatori rossi conquistano palla, devono concludere nelle porticine entro 10"-12" (2 punti).

Le aree delimitate vengono utilizzate per facilitare la lettura della situazione tattica, ma i coni possono essere rimossi.

Regole/Limitazioni: solamente i laterali bassi rossi possono agire all'interno della zona centrale bianca, per impedire ai centrocampisti offensivi **(21 o 17)** di girarsi.

SITUAZIONE TATTICA 9

Sfruttare lo spazio creato dal difensore centrale avversario, quando rompe la linea per portare pressione in zona palla

Contenuti tratti dall'analisi del Manchester City durante le stagioni 2017/2018 e 2018/2019, concluse con la vittoria in Premier League

L'analisi è basata sui flussi di gioco riscontrati nel Manchester City. Quando la stessa dinamica di gioco è stata osservata per un numero minimo di volte (almeno 10), la stessa è considerata come flusso di gioco ricorrente. L'analisi contenuta nella prossima pagina è un esempio pratico, tratto da una specifica partita, di questa situazione tattica.

Ogni azione, trasmissione di palla, movimento individuale con e senza palla e il posizionamento di ogni giocatore, incluso quello del corpo, sono inclusi in questa analisi.

Questa analisi è poi utilizzata per creare una sessione di allenamento, in progressione, per lavorare sulla situazione tattica specifica.

PEP GUARDIOLA: analisi tattica - il difensore avversario rompe la linea per portare in zona palla

SFRUTTARE LO SPAZIO CREATO DAL DIFENSORE CENTRALE AVVERSARIO, QUANDO ROMPE LA LINEA, PER PORTARE PRESSIONE IN ZONA PALLA

1. **Il difensore centrale avversario rompe la linea per portare pressione contro il centrocampista offensivo in ampiezza: trasmettere palla verso lo spazio disponibile per l'attaccante**

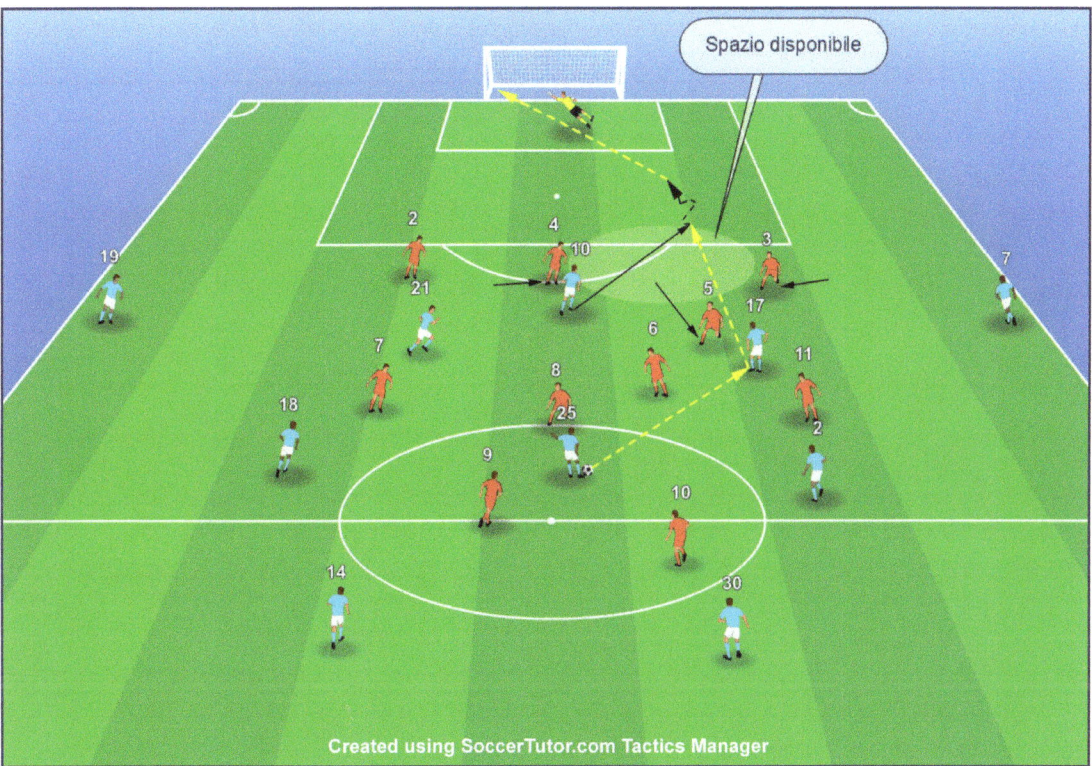

In questa situazione, il centrocampista difensivo **Fernandinho (25)** è in possesso palla e cerca di trasmettere verso uno dei compagni offensivi, tra le linee, come in precedenza ("Situazione tattica 8").

In figura, **De Bruyne (17)**, riceve in ampiezza; se il difensore centrale (Num.5 rosso) rompe la linea per chiudere lo spazio, la propria posizione permette al ricevente di leggere il movimento del diretto avversario.

Dato che la linea di passaggio in diagonale verso **Agüero (10)** viene chiusa e il difensore centrale in maglia rossa (Num.4) è anch'egli posizionato in diagonale, rispetto al centrocampista offensivo **(17)**; l'opzione migliore diventa quindi un passaggio verticale, in profondità, nello spazio creato.

La rapida reazione alla situazione e la capacità di comunicazione tra **Agüero (10)** e **De Bruyne (17)** permette al **Num.10** di ricevere in profondità e concludere.

2. Il difensore centrale avversario rompe la linea per portare pressione contro il centrocampista offensivo in posizione centrale: combinazione 1-2 per ricevere all'interno dello spazio disponibile

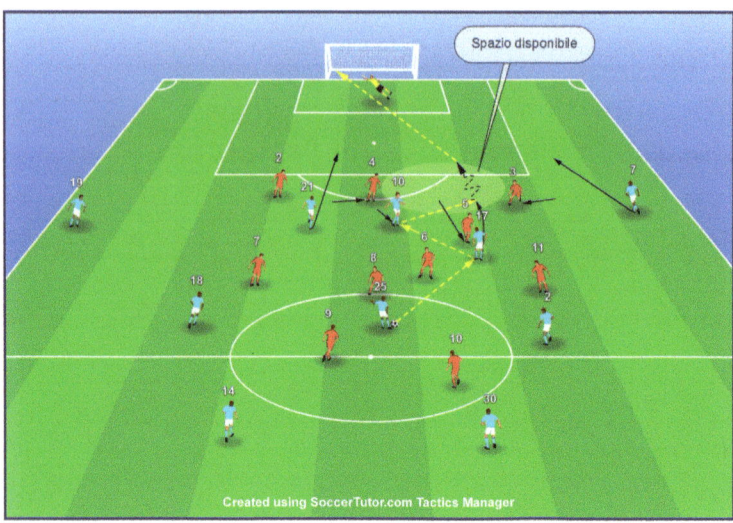

Se il centrocampista offensivo **De Bruyne (17)** si trova in posizione più interna, il difensore centrale avversario (Num.5 rosso) scala in avanti e in verticale per chiuderlo, prevenendo una giocata in profondità verso l'attaccante **Agüero (10)**, che, invece, è già stata analizzata in precedenza. In questa situazione, il centrocampista offensivo **De Bruyne (17)** può:

1. Ricevere e girarsi, se possibile.
2. Combinare 1-2 con l'attaccante **Aguero (10)**, ricevendo il passaggio di ritorno nello spazio creato (come mostrato in figura).

3. Il difensore centrale avversario rompe la linea per portare pressione contro il centrocampista offensivo in posizione centrale: giocata interna per un compagno che trasmette verso l'attaccante

In questa variante dell'esempio precedente, **De Bruyne (17)** trasmette internamente, verso l'altro centrocampista offensivo **Silva (21)**, e non direttamente verso l'attaccante. **Agüero (10)** arcua la propria corsa per portarsi all'interno dello spazio disponibile, alle spalle del Num.5 rosso.

Silva (21) gioca palla di prima intenzione verso il **Num.10**, che riceve sulla corsa e può concludere in porta.

SESSIONE 9 BASATA SULLE SOLUZIONI TATTICHE DI
PEP GUARDIOLA

Sfruttare lo spazio creato, quando il difensore centrale avversario rompe la linea, per portare pressione in zona palla

Sessione per questa situazione tattica: il difensore avversario rompe la linea per portare in zona palla

SESSIONE PER QUESTA SITUAZIONE TATTICA (4 ESERCITAZIONI)

Es.1: sfruttare lo spazio creato dal difensore centrale avversario, quando rompe la linea, per portare pressione in zona palla (esercitazione analitica)

Situazione A: il centrocampista offensivo riceve in ampiezza

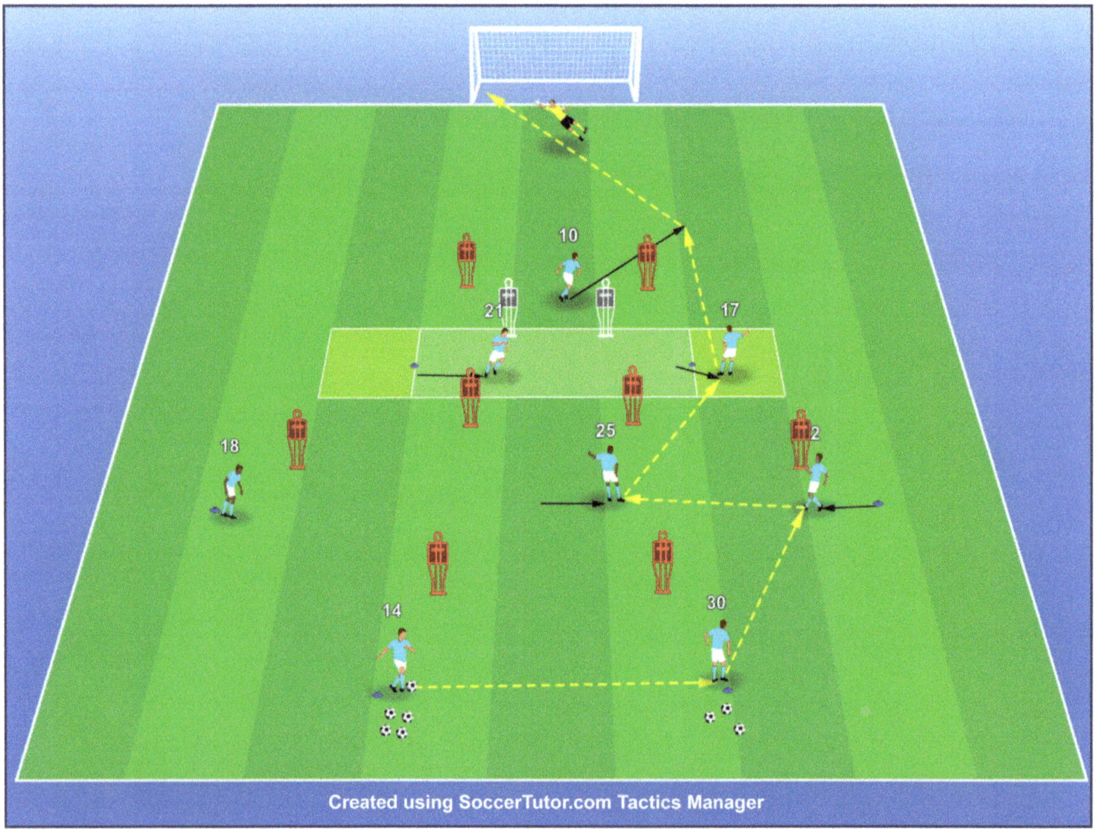

Descrizione (Situazione A)

L'esercitazione si svolge in un'area di gioco 35 x 45 m e la sequenza inizia dal difensore centrale (14); vengono anche delimitate una zona centrale bianca (12 x 5 m) e 2 aree gialle in ampiezza (4 x 5 m), in cui agiscono i centrocampisti offensivi.

I 4 difensori blu giocano palla tra loro; non appena il centrocampista difensivo (25) riceve tra le linee, aprendo il controllo e posizionandosi a mezzo giro, i compagni di reparto offensivi (21 e 17) si muovono verso le linee di passaggio disponibili. Il Num.25 trasmette palla verso uno di loro.

Situazione A: immaginando che il difensore centrale avversario rompa la linea per portare pressione verso il centrocampista offensivo (17), all'interno della zona in ampiezza, posizionandosi in diagonale, si apre una linea di passaggio in verticale verso l'attaccante (10), che si porta all'interno dello spazio creato, riceve e conclude.

Il Num.17 deve giocare a 2 tocchi (ricezione e passaggio).

PEP GUARDIOLA: SVILUPPI OFFENSIVI

Sessione per questa situazione tattica: il difensore avversario rompe la linea per portare in zona palla

Situazione B: il centrocampista offensivo riceve in posizione centrale

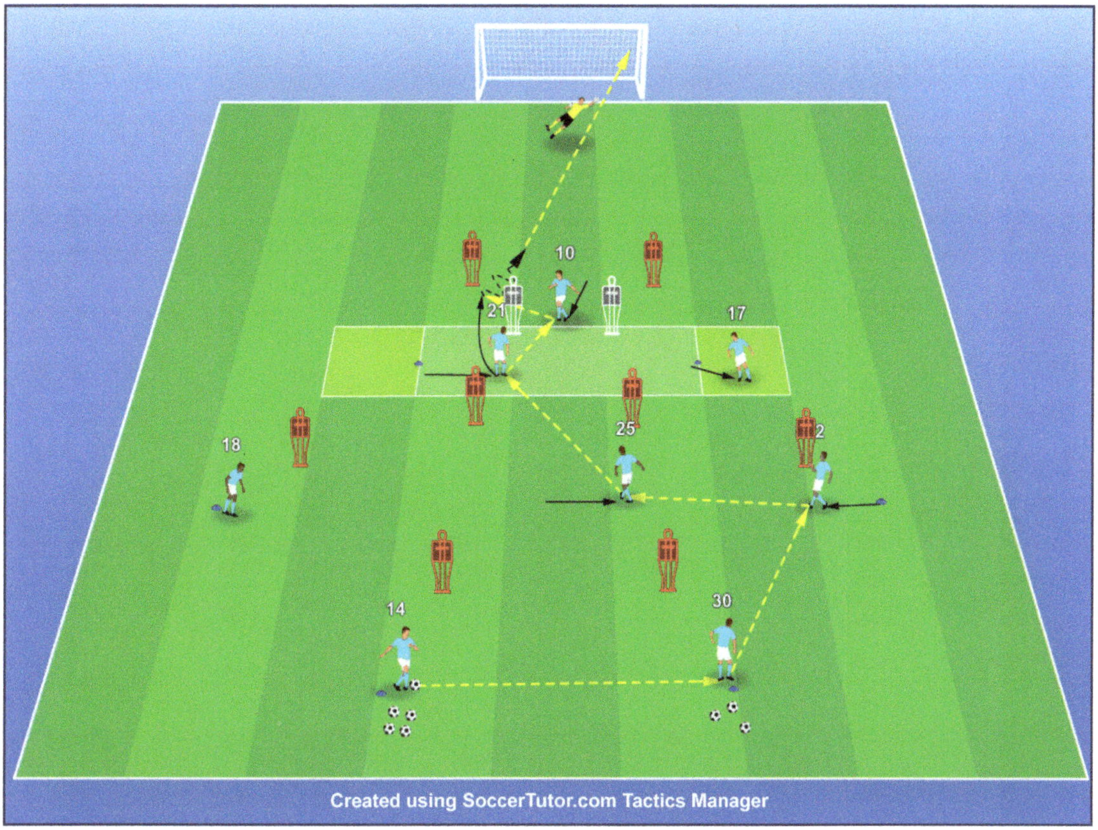

Descrizione (Situazione B)

Situazione B: il centrocampista offensivo **(Num.21, nell'esempio in figura)** riceve palla all'interno della zona centrale bianca.

Immaginando che il difensore centrale avversario rompa la linea per portare pressione verso il centrocampista offensivo **(21)**, muovendosi in verticale al centro, la linea di passaggio verso l'attaccante **(10)** viene chiusa, al contrario di quanto analizzato nella situazione precedente.

Per questo motivo, il **Num.21** combina 1-2 con il **Num.10**, ricevendo il passaggio di ritorno al di là della sagoma, e conclude in porta.

Attenzione a:

1. Lettura della situazione tattica: l'attaccante si deve muovere in relazione al punto di ricezione del centrocampista offensivo (al centro, oppure in ampiezza).
2. Ricezione palla in apertura e con il corpo a mezzo giro.
3. Trasmissioni rapide (1 o 2 tocchi).
4. Attenzione ed accuratezza delle conclusioni.
5. Giusti tempi dei movimenti di tutti i giocatori.

Sessione per questa situazione tattica: il difensore avversario rompe la linea per portare in zona palla

PROGRESSIONE

Es.2: sfruttare lo spazio creato dal difensore centrale avversario, quando rompe la linea per portare pressione in zona palla (esercitazione con avversari)

Situazione A: il centrocampista offensivo riceve in ampiezza

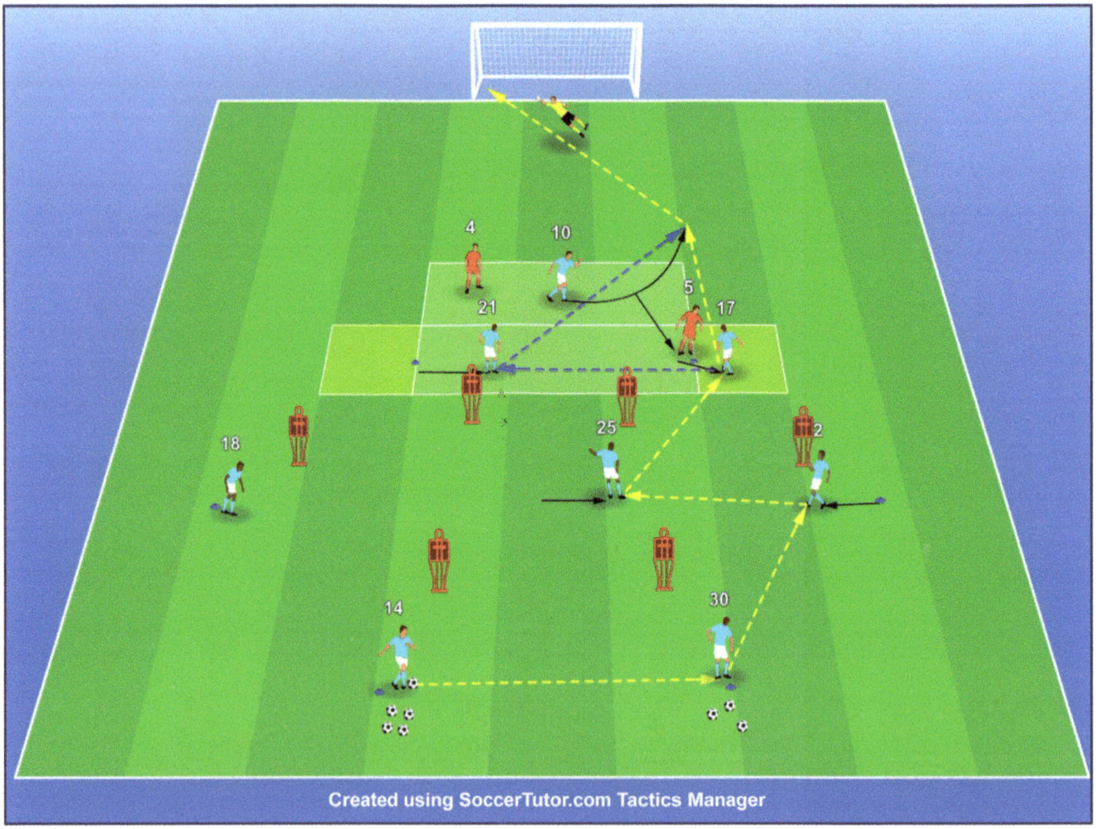

Descrizione (Situazione A)

Questa proposta è una progressione dell'esercitazione precedente, in cui vengono aggiunti 2 difensori centrali rossi (Num.4 e Num.5).

I 4 difensori blu giocano palla tra loro; non appena il centrocampista difensivo **(25)** riceve, i compagni di reparto offensivi **(21 e 17)** si muovono verso le linee di passaggio disponibili, al centro, oppure in ampiezza. Il difensore centrale avversario, nella zona del ricevente, si muove in avanti per chiudere il **Num.17**.

Situazione A: il difensore centrale (Num.5 rosso) rompe la linea per portare pressione verso il ricevente **(17)**, in ampiezza, posizionandosi in diagonale. Il giocatore in possesso ha 2 opzioni possibili:

1. Nel caso ci siano tempo e spazio disponibili, riceve e trasmette palla in verticale e in profondità, verso l'attaccante **(10)**, a 2 tocchi.

2. Se la linea di passaggio in verticale viene chiusa, può trasmettere internamente al **Num.21**, che, successivamente, gioca verso l'attaccante **(10)** - seguire le frecce blu.

Sessione per questa situazione tattica: il difensore avversario rompe la linea per portare in zona palla

Situazione B: il centrocampista offensivo riceve in posizione centrale

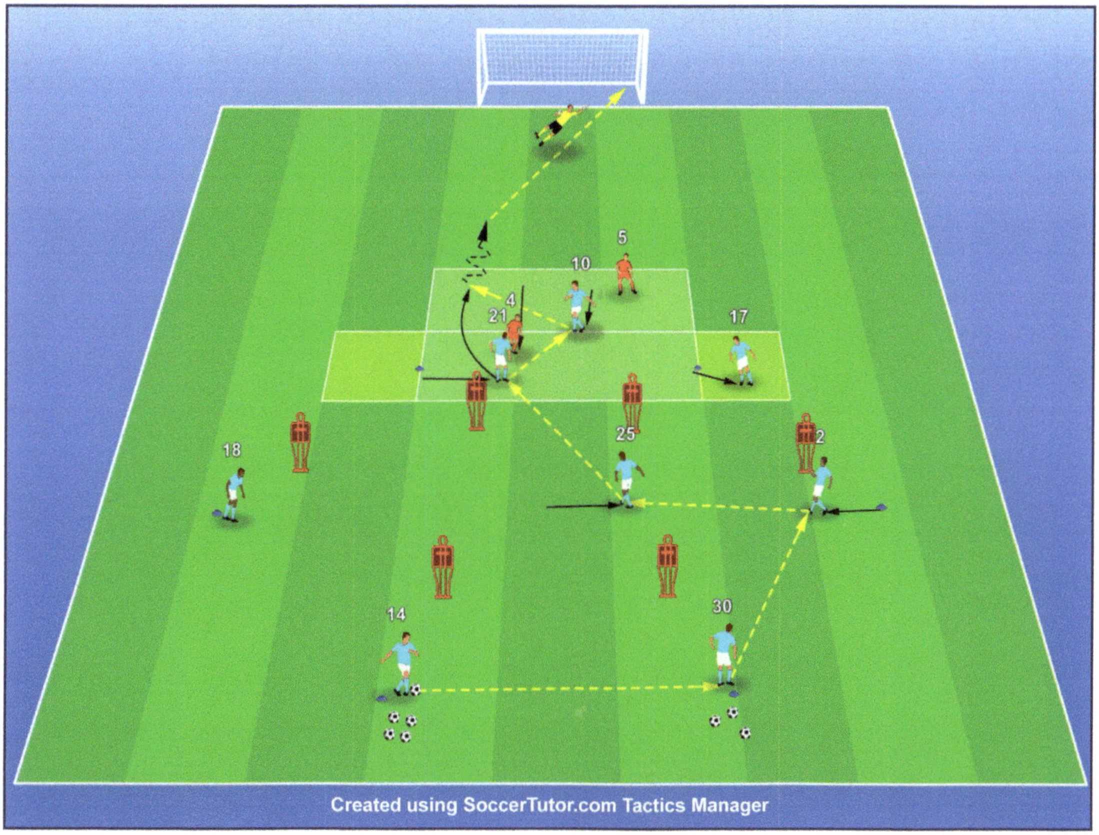

Descrizione (Situazione B)

Situazione B: il difensore centrale (Num.4 rosso) rompe la linea per portare pressione verso il centrocampista offensivo **(21)** al centro, muovendosi in verticale.

La linea di passaggio verso l'attaccante **(10)** viene chiusa, al contrario di quanto analizzato nella situazione precedente. Il giocatore in possesso **(21)** combina 1-2 con l'attaccante **(10)**, riceve il passaggio di ritorno nello spazio creato in profondità e conclude in porta.

Attenzione a:

1. Lettura della situazione tattica: l'attaccante si deve muovere in relazione al punto di ricezione del centrocampista offensivo (al centro, oppure in ampiezza) e al movimento del difensore centrale avversario.
2. Ricezione palla in apertura e con il corpo a mezzo giro.
3. Trasmissioni rapide (1 o 2 tocchi)
4. Attenzione ed accuratezza delle conclusioni.
5. Giusti tempi dei movimenti di tutti i giocatori.

Sessione per questa situazione tattica: il difensore avversario rompe la linea per portare in zona palla

PROGRESSIONE
Es.3: esercitazione funzionale allo sfruttamento dello spazio creato dal difensore centrale avversario, quando rompe la linea, per portare pressione in zona palla

Situazione A: il centrocampista offensivo riceve in ampiezza

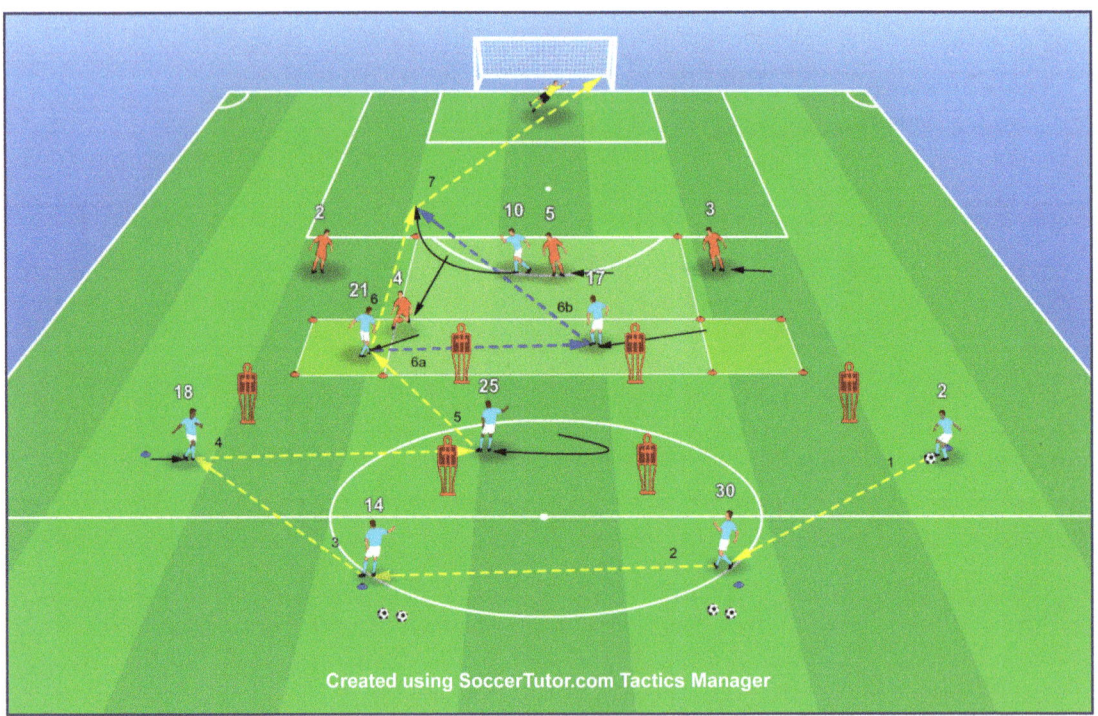

Descrizione (Situazione A)

Questa proposta è una progressione dell'esercitazione precedente; la squadra blu gioca ora contro 4 difensori avversari attivi, in maglia rossa. I 4 difensori blu giocano palla tra loro; non appena il centrocampista difensivo (25) riceve, i compagni di reparto offensivi (21 e 17) si muovono verso le linee di passaggio disponibili, nella zona centrale bianca, oppure nelle aree gialle, in ampiezza. Il difensore centrale avversario, in zona palla, si muove in avanti per chiudere il **Num.21**.

Regole/Limitazioni: i laterali bassi in maglia rossa (Num.2 e Num.3) non possono agire all'interno delle aree delimitate.

Situazione A: il difensore centrale (Num.4 rosso) rompe la linea per portare pressione verso il centrocampista offensivo (21) in ampiezza, posizionandosi in diagonale. Il **Num.21** ha ora ha 2 opzioni di giocata:

1. Nel caso ci siano tempo e spazio disponibili, riceve e trasmette palla in verticale e in profondità, verso l'attaccante (10), giocando con massimo 2 tocchi.

2. Se la linea di passaggio in verticale viene chiusa, può trasmettere internamente al **Num.17**, che, successivamente, gioca verso l'attaccante (10) - seguire le frecce blu.

PEP GUARDIOLA: SVILUPPI OFFENSIVI

Sessione per questa situazione tattica: il difensore avversario rompe la linea per portare in zona palla

Situazione B: il centrocampista offensivo riceve in posizione centrale

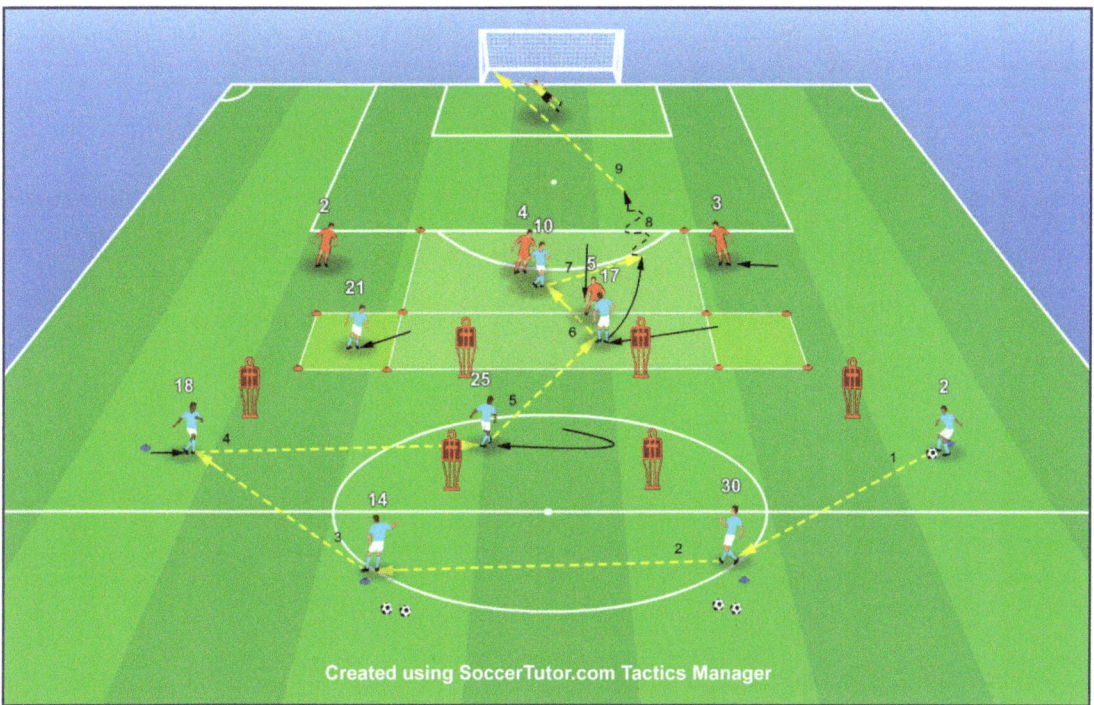

Descrizione (Situazione B)

Situazione B: il difensore centrale (Num.4 rosso) rompe la linea per portare pressione verso il centrocampista offensivo (**17**) al centro, muovendosi in verticale.

La linea di passaggio verso l'attaccante (**10**) viene chiusa, al contrario di quanto analizzato nella situazione precedente.

Il centrocampista offensivo (**17**) combina 1-2 con l'attaccante (**10**) e riceve il passaggio di ritorno nello spazio creato in profondità e conclude in porta.

Attenzione a:

1. Lettura della situazione tattica: l'attaccante si deve muovere in relazione al punto di ricezione del centrocampista offensivo (al centro, oppure in ampiezza) e al movimento del difensore centrale avversario.
2. Ricezione palla in apertura e con il corpo a mezzo giro.
3. Trasmissioni rapide (1 o 2 tocchi)
4. Attenzione ed accuratezza delle conclusioni.
5. Giusti tempi dei movimenti di tutti i giocatori.

Sessione per questa situazione tattica: il difensore avversario rompe la linea per portare in zona palla

PROGRESSIONE

Es.4: partita a tema per sfruttare lo spazio creato dal difensore centrale avversario, quando rompe la linea, per portare pressione in zona palla

Descrizione

Questa partita 10 c 10 (+ portieri) è una progressione dell'esercitazione precedente. Il difensore centrale (30) della squadra blu inizia il gioco, trasmettendo palla dalla linea di fondo.

La squadra in possesso può segnare una rete, concludendo liberamente (1 punto); se il centrocampista difensivo (25) trasmette palla verso uno dei compagni di reparto offensivi (21 o 17), che sfrutta lo spazio creato dal movimento in uscita del difensore centrale, il goal vale 2 punti.

Vedere l'analisi tattica e le esercitazioni per valutare situazioni, movimenti e opzioni possibili.

Se i giocatori rossi conquistano palla, devono concludere nelle porticine entro 10"-12" (2 punti). Le aree delimitate blu vengono utilizzate per facilitare la lettura della situazione tattica, ma i coni possono essere rimossi.

Regole/Limitazioni

1. I laterali bassi in maglia rossa (Num.2 e Num.3) non possono mai agire all'interno delle aree delimitate.
2. I difensori centrali in maglia rossa (Num.4 e Num.5) devono portare pressione contro i centrocampisti offensivi, all'interno delle zone delimitate, come indicato dall'allenatore.

Progressione

Partita 11 c 11 in 2/3 del campo con gli stessi obiettivi e senza zone delimitate.

SITUAZIONE TATTICA 10

Fase offensiva attraverso spazi centrali in cui l'attaccante si muove incontro per ricevere

Contenuti tratti dall'analisi del Manchester City durante le stagioni 2017/2018 e 2018/2019, concluse con la vittoria in Premier League

L'analisi è basata sui flussi di gioco riscontrati nel Manchester City. Quando la stessa dinamica di gioco è stata osservata per un numero minimo di volte (almeno 10), la stessa è considerata come flusso di gioco ricorrente. L'analisi contenuta nella prossima pagina è un esempio pratico, tratto da una specifica partita, di questa situazione tattica

Ogni azione, trasmissione di palla, movimento individuale con e senza palla e il posizionamento di ogni giocatore, incluso quello del corpo, sono inclusi in questa analisi.

Questa analisi è poi utilizzata per creare una sessione di allenamento, in progressione, per lavorare sulla situazione tattica specifica.

analisi tattica - fase offensiva attraverso spazi centrali con il movimento incontro a ricevere dell'attaccante

FASE OFFENSIVA ATTRAVERSO SPAZI CENTRALI, IN CUI L'ATTACCANTE SI MUOVE INCONTRO PER RICEVERE

1. L'attaccante si muove incontro per agire come giocatore di collegamento e creare spazio per muovere palla verso il centrocampista offensivo in profondità

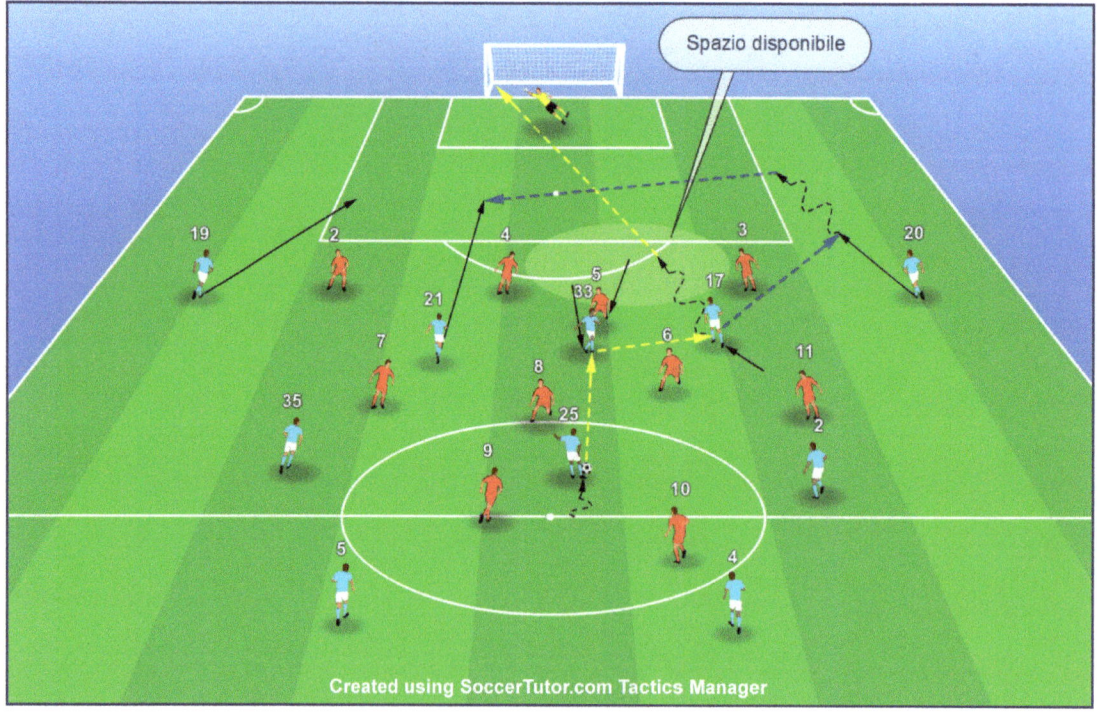

Quando il centrocampista difensivo **Fernandinho (25)** non riesce a trasmettere verso un centrocampista offensivo **(21 e 17)**, l'attaccante **(Jesus - 33, nell'esempio in figura)**, si muove incontro per agire come giocatore di collegamento e muovere palla verso di loro.

L'attaccante **Jesus (33)** intuisce che il passaggio verso **De Bruyne (17)** è difficile, così si muove qualche metro incontro, fornendo una linea di passaggio e diventando il giocatore di collegamento per giocare verso i centrocampisti offensivi, lungo il lato forte.

De Bruyne (17) riceve con il corpo orientato verso la porta e si crea un duello 2 c 1 sulla destra, con **De Bruyne (17)** e l'esterno alto **Bernardo (20)** contro il laterale basso Num.3 rosso.

Il centrocampista offensivo **De Bruyne (17)** ha 2 opzioni di giocata:

1. Condurre palla in avanti per sfruttare lo spazio libero alle spalle del difensore centrale (Num.5) e concludere.

2. Trasmettere in ampiezza verso l'esterno alto destro **Bernardo (20)**, che riceve e può trasmettere un cross basso verso un compagno - seguire le frecce blu.

PEP GUARDIOLA: SVILUPPI OFFENSIVI

analisi tattica - fase offensiva attraverso spazi centrali con il movimento incontro a ricevere dell'attaccante

2. L'attaccante si muove incontro per agire come giocatore di collegamento e il Manchester City crea un'opportunità di ricezione in profondità attraverso una combinazione di gioco con il 3° uomo

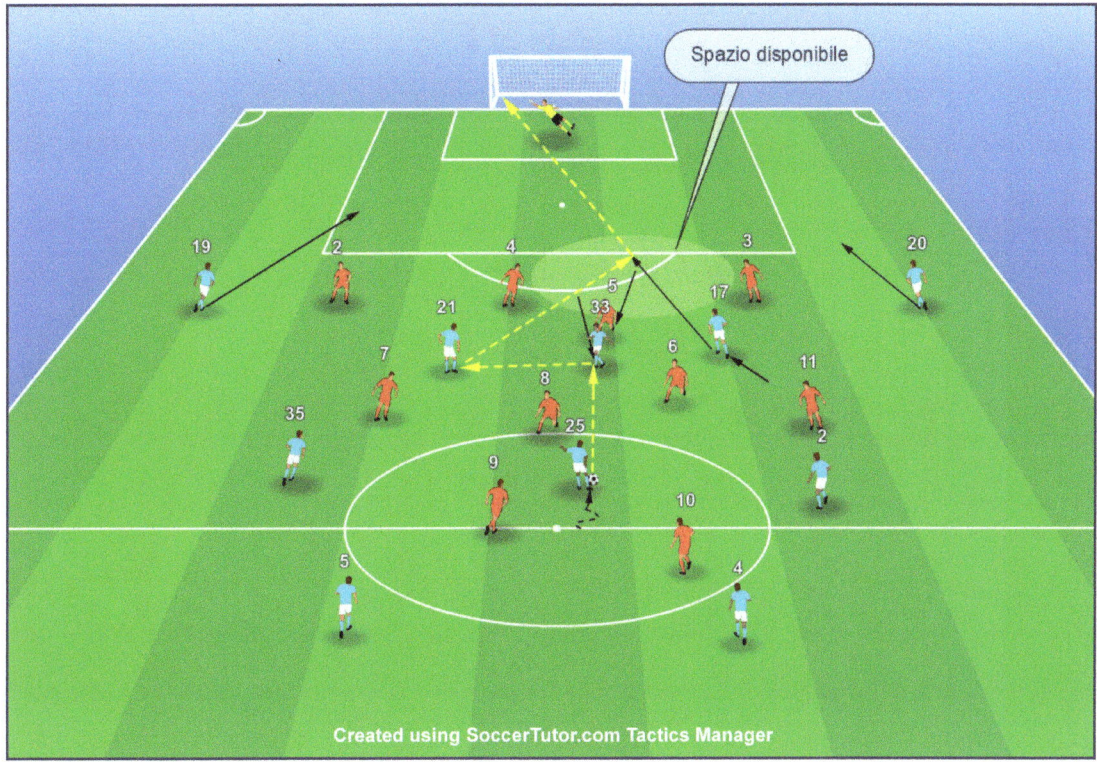

Se l'attaccante **Jesus (33)** trasmette palla verso il centrocampista offensivo lungo il lato debole, **Silva (21)**, si crea una situazione 2 c 2 sulla sinistra. In questa situazione, c'è spazio disponibile alle spalle del difensore centrale (Num.5 rosso), che può essere sfruttato al meglio attraverso una combinazione con **De Bruyne (17)** come 3° uomo.

Non appena **Jesus (33)** gioca palla verso **Silva (21)**, **De Bruyne (17)** si muove in avanti e verso lo spazio disponibile, alle spalle del Num.5 rosso, riceve un passaggio in diagonale sulla corsa, di prima intenzione dal compagno **(21)**, e conclude.

NOTA:

La posizione del corpo dell'attaccante e il lato verso cui è girato determinano quale centrocampista offensivo giochi palla.

Se l'attaccante è orientato verso il centrocampista offensivo, lungo il lato debole **(21)**, quello lungo il lato forte **(17)** si deve muovere in diagonale, appena l'attaccante **(33)** entra in possesso palla.

SESSIONE 10 BASATA SULLE SOLUZIONI TATTICHE DI PEP GUARDIOLA

Fase offensiva attraverso spazi centrali, in cui l'attaccante si muove incontro per ricevere

Sessione: fase offensiva attraverso spazi centrali con il movimento incontro dell'attaccante

SESSIONE PER QUESTA SITUAZIONE TATTICA (2 ESERCITAZIONI)
Es.1: esercitazione funzionale alla fase offensiva attraverso spazi centrali, in cui l'attaccante si muove incontro per ricevere

Situazione A: l'attaccante trasmette palla verso il centrocampista offensivo lungo il lato forte

Descrizione (Situazione A)

L'esercitazione si svolge in un'area di gioco 35 x 45 m e la sequenza inizia dal difensore centrale **(5)**. Vengono delimitate un'area centrale inferiore bianca (20 x 5 m) ed una superiore (12 x 5 m), anch'essa di colore bianco; entrambe sono divise a metà in verticale.

Inoltre, vengono marcate anche 2 zone di campo in ampiezza (12 x 20 m), di colore giallo, in cui agiscono gli esterni alti blu **(19 e 20)** e i laterali bassi rossi (Num.2 e Num.3).

I 4 difensori blu giocano palla tra loro; dato che tutte le linee di passaggio verso i centrocampisti offensivi **(21 e 17)** sono chiuse, non appena il centrocampista difensivo **(25)** riceve, l'attaccante **(33)** si muove incontro, all'interno della zona centrale inferiore bianca, diventando il giocatore di collegamento che muove palla verso di loro.

Situazione A: l'attaccante trasmette palla verso il centrocampista offensivo lungo il lato forte **(17)**, che, ora, ha 2 opzioni di giocata:

1. Condurre palla in avanti per sfruttare lo spazio libero alle spalle del difensore centrale (Num.5) e concludere.

2. Trasmettere in ampiezza, verso l'esterno alto destro **(20)**, che riceve all'interno di una zona gialla in ampiezza, crossa basso per i compagni, che si inseriscono - vedere l'esempio in figura.

Sessione: fase offensiva attraverso spazi centrali con il movimento incontro dell'attaccante

Situazione B: l'attaccante trasmette palla verso il centrocampista offensivo lungo il lato debole

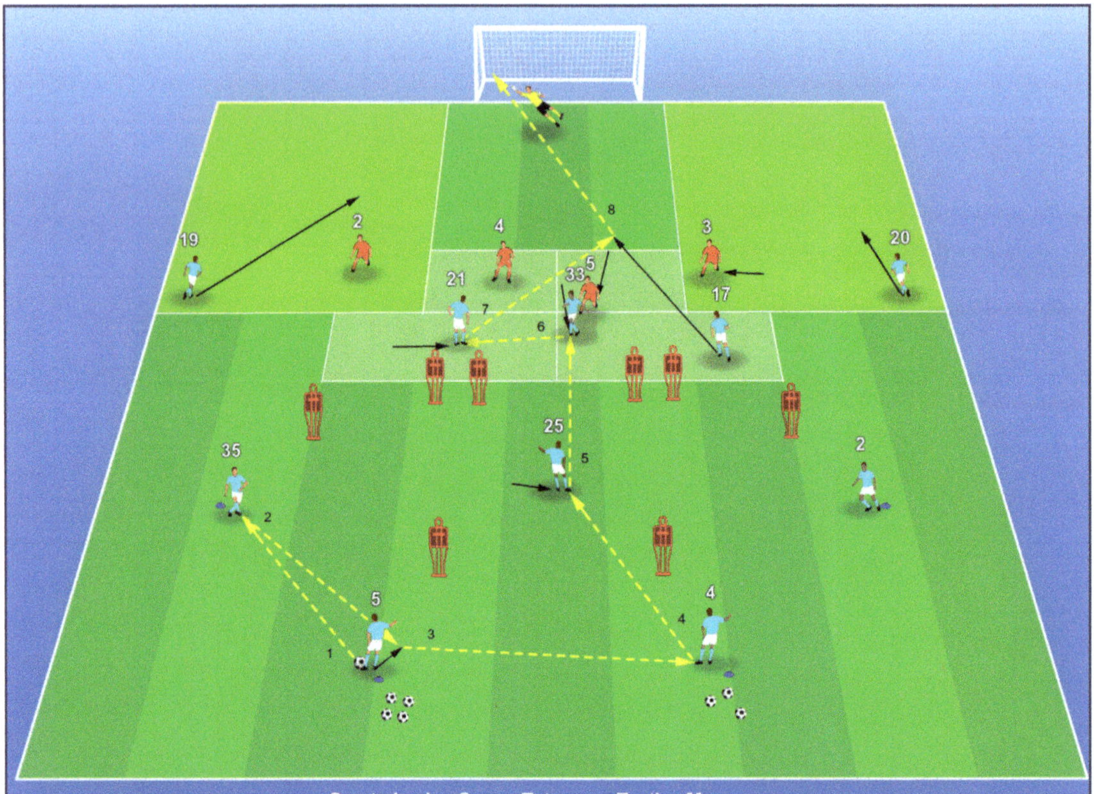

Descrizione (Situazione B)

Situazione B: l'attaccante **(33)** trasmette palla verso il centrocampista offensivo, lungo il lato debole **(21)** e si crea una situazione 2 c 2 sulla sinistra.

Lo spazio disponibile, alle spalle del difensore centrale (Num.5 rosso), può essere sfruttato al meglio con il movimento, come 3° uomo, del centrocampista offensivo **(17)** opposto.

Non appena l'attaccante **(33)** trasmette palla verso il **Num.21**, lungo il lato debole, il compagno di reparto opposto, lungo il lato forte **(17)**, si muove in avanti, verso lo spazio disponibile, alle spalle del Num.5 rosso. Il giocatore in possesso trasmette palla in diagonale, di prima intenzione, verso il **Num.17**, che riceve sulla corsa e conclude in porta.

La proposta deve essere ripetuta con la ricezione dell'attaccante **(33)** lungo il lato opposto e il movimento, in chiusura, del secondo difensore centrale avversario (Num.4 rosso). Il **Num.21** diventa il centrocampista offensivo lungo il nuovo lato forte e il **Num.17** si posiziona lungo il lato debole.

Attenzione a:

1. Lettura della situazione tattica: la palla viene giocata verso il centrocampista lungo il lato forte, oppure verso quello sul lato debole?
2. Ricezione palla in apertura e con il corpo a mezzo giro.
3. Trasmissioni rapide (1 o 2 tocchi)
4. Attenzione ed accuratezza delle conclusioni.
5. Giusti tempi dei movimenti di tutti i giocatori.

Sessione: fase offensiva attraverso spazi centrali con il movimento incontro dell'attaccante

PROGRESSIONE

Es.2: partita a tema funzionale alla fase offensiva attraverso spazi centrali, con il movimento incontro dell'attaccante

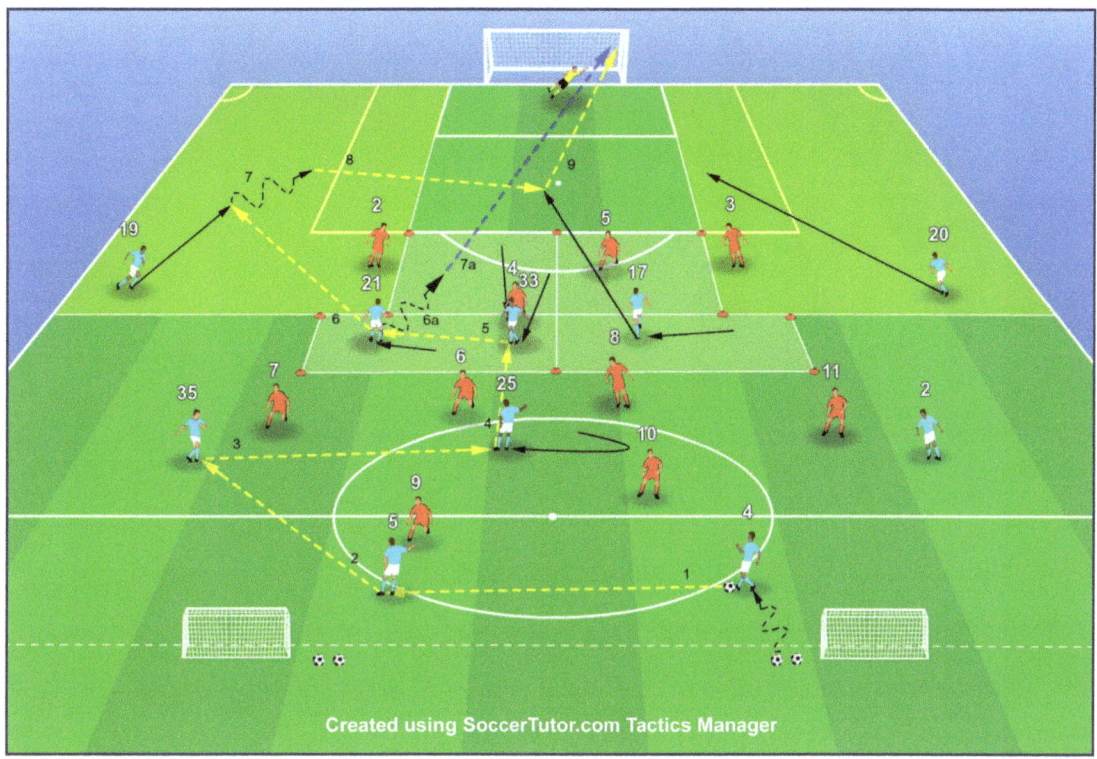

Descrizione

Questa partita 10 c 10 (+ portiere) è una progressione dell'esercitazione precedente. Il difensore centrale **(4)** della squadra blu inizia il gioco, trasmettendo palla dalla linea di fondo.

La squadra in possesso può segnare una rete, concludendo liberamente (1 punto), oppure, se l'attaccante si muove incontro e da il via ad una combinazione di gioco per superare il difensore centrale avversario, il goal vale doppio. Vedere l'analisi tattica e le esercitazioni per valutare situazioni, movimenti ed opzioni possibili.

In questo esempio, l'attaccante **(33)** trasmette palla verso il centrocampista offensivo lungo il lato forte **(21)**, che riceve e può sia condurre in avanti per concludere, sia giocare verso l'esterno alto **(19)**. Se i giocatori rossi conquistano palla, devono concludere nelle porticine entro 10"-12" (2 punti).

Le aree delimitate blu vengono utilizzate per facilitare la lettura della situazione tattica, ma i coni possono essere rimossi.

Regole/Limitazioni

1. I laterali bassi in maglia rossa non possono mai agire all'interno delle aree centrali.
2. I difensori centrali in maglia rossa devono portare pressione contro i centrocampisti offensivi, all'interno delle zone delimitate, come indicato dall'allenatore.

Progressione: partita 11 c 11 in 2/3 di campo con gli stessi obiettivi e senza zone delimitate.

FASE OFFENSIVA CONTRO L'1-4-3-3

Fase offensiva contro l'1-4-3-3

FASE OFFENSIVA CONTRO L'1-4-3-3

Quando un centrocampista offensivo del Manchester City **(Num.17, nella figura sotto)** si muove in diagonale, in profondità, e alle spalle del laterale basso avversario (Num.2 rosso) di uno schieramento 1-4-3-3, il centrocampista difensivo (Num.6) scivola in ampiezza per chiudere la potenziale linea di passaggio interna, verso l'esterno alto **(Num.19, in figura)**.

I 2 centrocampisti offensivi avversari (Num.8 e Num.10) restringono gli spazi tra le linee, marcando **Fernandinho (25)**; oppure il Num.8 chiude la linea di passaggio, lungo il lato forte. L'esterno alto quindi non può giocare direttamente verso il **Num.25**, che cerca comunque spazio per ricevere palla, tra i 2 centrocampisti offensivi, giocando contro avversari schierati con l'1-4-3-3.

Cambiare gioco verso il lato debole dopo aver allargato le maglie della difesa avversaria (contro l'1-3-4-3)

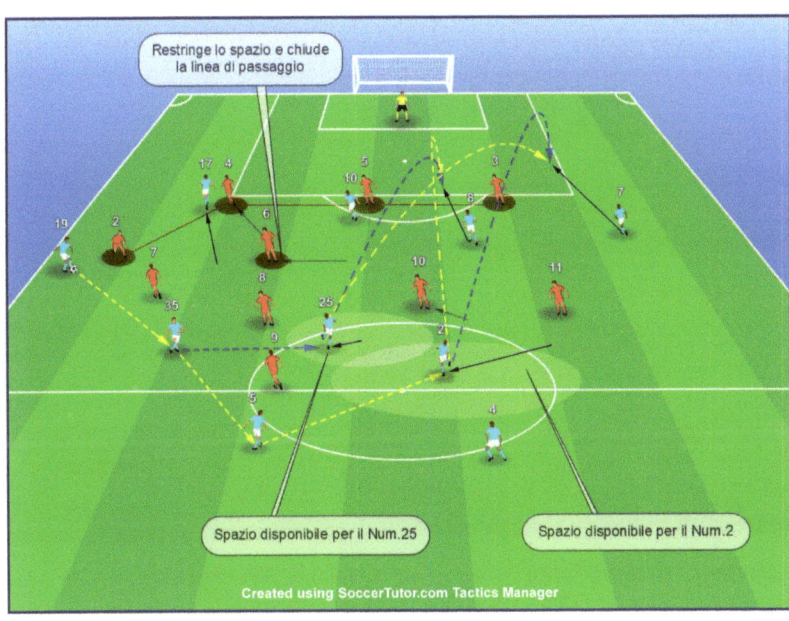

L'esterno alto **(19)** scarica palla verso il laterale basso **(35)**, dato che le linee di passaggio interne sono chiuse. Sia il centrocampista difensivo **(25)**, sia il laterale basso **(2)** opposto possono ricevere dal difensore centrale **(5)**, una volta che è entrato in possesso. Il **Num.25**, oppure il **Num.2**, riceve e cambia gioco con palla alta, verso il lato debole, per il centrocampista offensivo **(8)**, oppure verso l'esterno alto **(7)**, secondo lo spazio disponibile fra il difensore centrale (Num.5) e il laterale basso (Num.3) rossi.

 **NOTA:**
La sessione di allenamento, fatta di 5 esercitazioni, "Situazione tattica 7: allargare la difesa avversaria e cambiare gioco (contro l'1-4-4-2 o l'1-4-2-3-1)" può essere adattata ad avversari schierati con l'1-4-3-3. Le opzioni di passaggio possono essere visualizzate nelle figura sopra.

PEP GUARDIOLA: SVILUPPI OFFENSIVI

SITUAZIONE TATTICA 11

Cambiare gioco verso il lato debole in caso di contrasto della superiorità numerica contro l'1-4-3-3

Contenuti tratti dall'analisi del Manchester City durante le stagioni 2017/2018 e 2018/2019, concluse con la vittoria in Premier League

L'analisi è basata sui flussi di gioco riscontrati nel Manchester City. Quando la stessa dinamica di gioco è stata osservata per un numero minimo di volte (almeno 10), la stessa è considerata come flusso di gioco ricorrente. L'analisi contenuta nella prossima pagina è un esempio pratico, tratto da una specifica partita, di questa situazione tattica

Ogni azione, trasmissione di palla, movimento individuale con e senza palla e il posizionamento di ogni giocatore, incluso quello del corpo, sono inclusi in questa analisi.

Questa analisi è poi utilizzata per creare una sessione di allenamento, in progressione, per lavorare sulla situazione tattica specifica.

analisi tattica - cambiare gioco verso il lato debole in caso di contrasto della superiorità numerica

SPAZI DISPONIBILI PER MUOVERE PALLA IN CASO DI CONTRASTO DELLA SUPERIORITÀ NUMERICA CONTRO L'1-4-3-3

Spazi disponibili lungo il lato debole quando gli avversari contrastano le superiorità numerica lungo il lato forte (contro l'1-4-3-3)

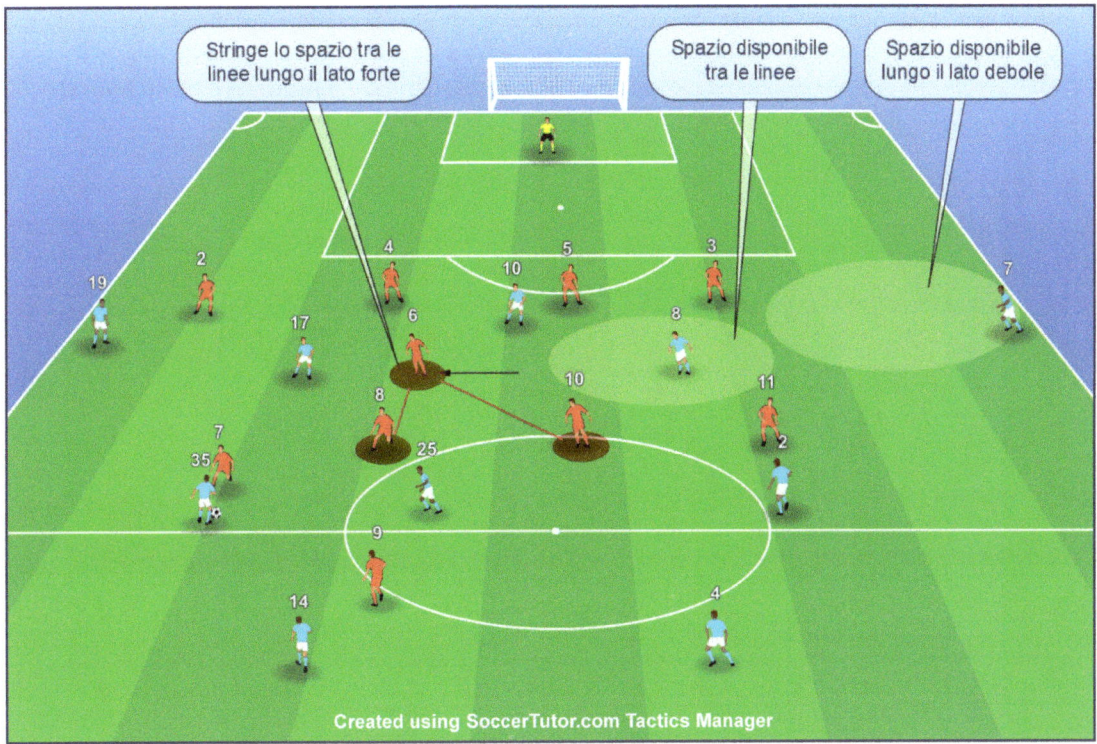

Giocando contro l'1-4-3-3, il centrocampista difensivo avversario (Num.6 rosso) marca il centrocampista offensivo lungo il lato forte del Manchester City **(De Bruyne-17, in figura)**.

Per questo motivo non è possibile creare superiorità numerica 2 c 1 all'interno della zona di responsabilità del laterale basso avversario.

Il centrocampista difensivo (Num.6 rosso) scivola verso l'esterno per marcare quello offensivo del Manchester City **(17)** e contrastare la potenziale situazione di inferiorità numerica 2 c 1.

Anche nel caso in cui **De Bruyne (17)** fosse in grado di ricevere e girarsi, sarebbe chiuso dal Num.6 in maglia rossa, la cui azione mantiene bilanciata la propria squadra.

Tuttavia, lo scaglionamento avversario lascia spazi in zone specifiche del campo in cui il City può creare situazioni favorevoli (vedere, in figura, gli spazi disponibili tra le linee e lungo il lato debole).

Il secondo centrocampista offensivo **Gündoğan (8)** e l'esterno alto **Sterling (7)** lungo il lato debole creano un duello 2 c 1 contro il laterale basso Num.3 e diventano, per questo motivo, gli obiettivi delle giocate successive.

analisi tattica - cambiare gioco verso il lato debole in caso di contrasto della superiorità numerica

MUOVERE PALLA VERSO IL CENTROCAMPISTA OFFENSIVO LUNGO IL LATO DEBOLE

1. Muovere palla verso il centrocampista offensivo lungo il lato debole

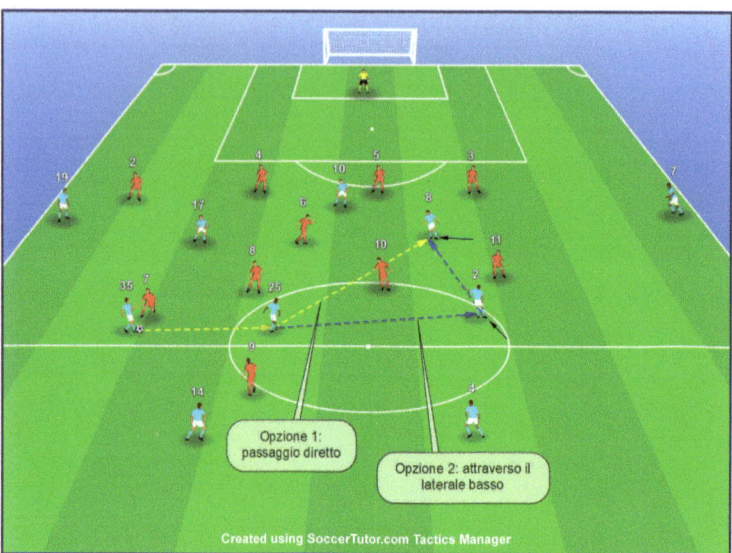

Il Manchester City di Pep Guardiola, solitamente, muove palla verso il centrocampista offensivo **(Gündoğan - 8, in figura)**, lungo il lato debole, con giocate rapide.

Il centrocampista difensivo **Fernandinho (25)** cerca soluzioni dirette, in diagonale, verso il **Num.8**, oppure attraverso il laterale basso, lungo il lato debole **(Walker - 2, in figura)**, che si accentra per ricevere.

2. Il centrocampista offensivo riceve e si gira (2 opzioni di passaggio)

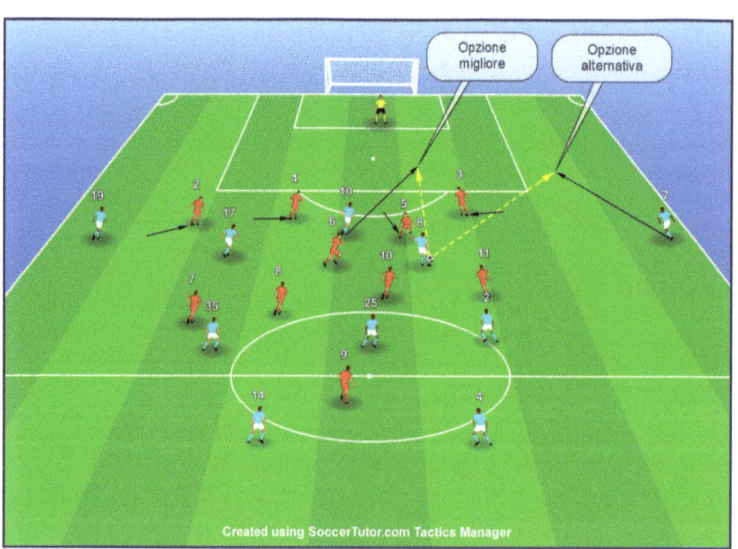

Quando il centrocampista offensivo **Gündoğan (8)** riceve, si può girare smarcato, dato che il laterale basso (Num.3 rosso) deve controllare l'esterno alto **Sterling (7)**, all'interno della zona di competenza.

Gündoğan (8) ha ora 2 opzioni di passaggio disponibili, di cui, la giocata verso l'attaccante **Agüero (10)** è quella che da più possibilità di conclusione.

analisi tattica - cambiare gioco verso il lato debole in caso di contrasto della superiorità numerica

CAMBIARE GIOCO VERSO L'ESTERNO ALTO LUNGO IL LATO DEBOLE (IN AMPIEZZA)

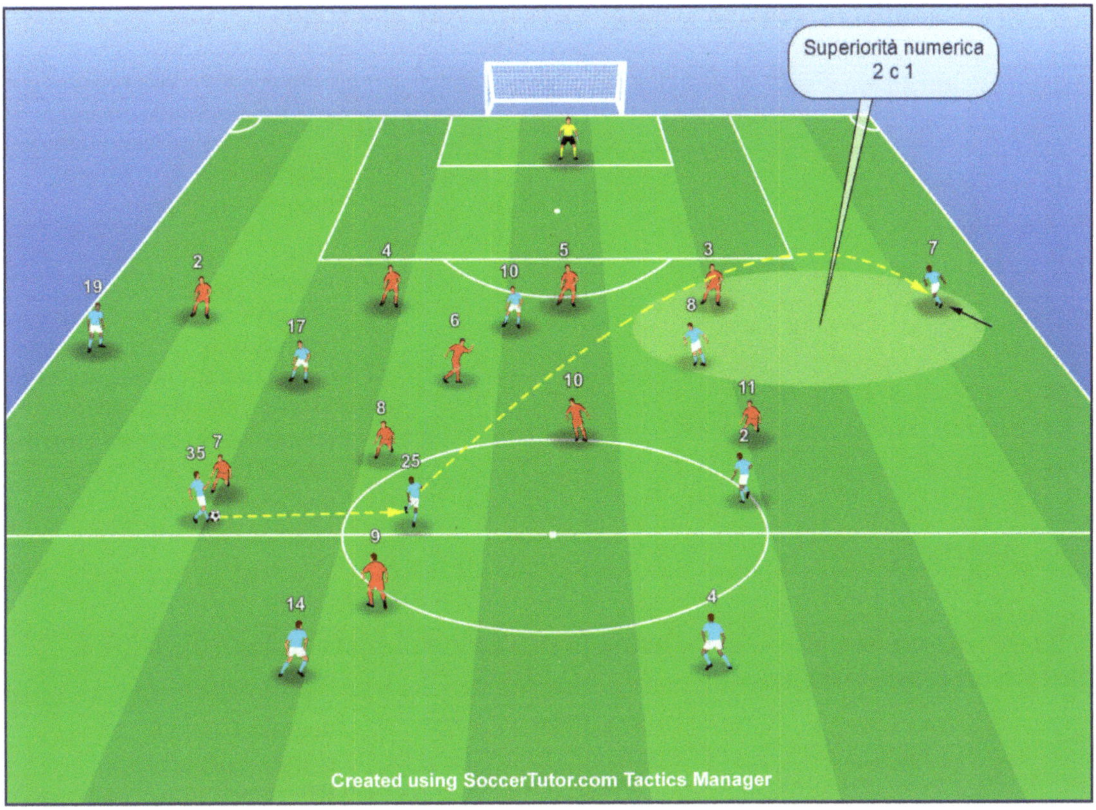

In questa situazione, l'esterno alto (**Sterling - 7, in figura**), lungo il lato debole, riceve palla dopo un cambio di gioco.

Questa giocata crea una situazione 2 c 1, data la presenza del centrocampista offensivo (**Gündoğan - 8 in figura**) nella zona di competenza del laterale basso avversario (Num.3 rosso).

Il Manchester City di Pep Guardiola si scaglia attraverso movimenti specifici e codificati, dipendenti da:

1. Posizionamento dei difensori avversari.
2. Zona di campo in cui l'esterno alto riceve (in ampiezza oppure al centro).

PEP GUARDIOLA: SVILUPPI OFFENSIVI

analisi tattica - cambiare gioco verso il lato debole in caso di contrasto della superiorità numerica

CENTROCAMPISTA OFFENSIVO A SOSTEGNO DELL'ESTERNO ALTO, DOPO IL CAMBIO DI GIOCO IN AMPIEZZA

1. Il centrocampista offensivo si muove per ricevere alle spalle del laterale basso

Subito dopo il cambio di gioco, il centrocampista offensivo lungo il lato debole (**Gündoğan - 8, in figura**) legge la situazione.

Dato che il difensore centrale avversario (Num.5 rosso) è troppo lontano per marcare il **Num.8**, quest'ultimo si muove in diagonale per ricevere da **Sterling (7)**, alle spalle del laterale basso in maglia rossa (Num.3); dopo la ricezione, il giocatore in possesso crossa basso in area di rigore.

2. Il centrocampista offensivo si porta in posizione di sostegno per ricevere e giocare un cross anticipato

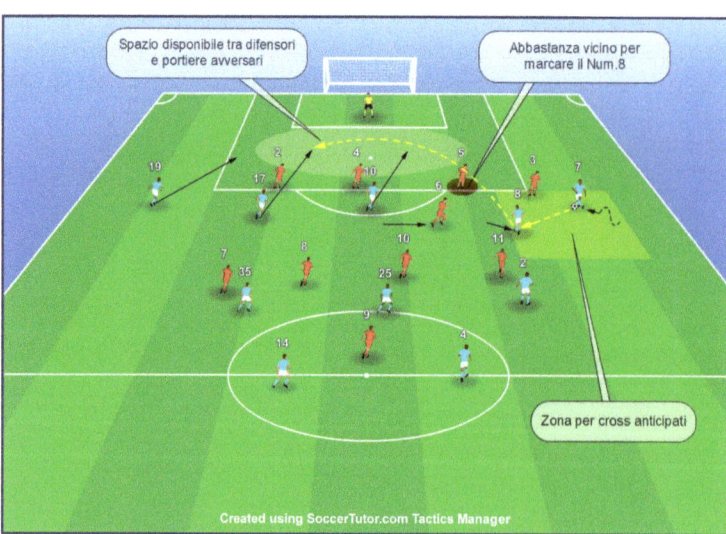

In questa variante dell'esempio precedente, il difensore centrale avversario (Num.5 rosso) si trova posizionato abbastanza vicino da poter marcare il centrocampista offensivo del City, lungo il lato debole (**Gündoğan - 8, in figura**).

Il **Num.8** resta posizionato a supporto dell'esterno alto **Sterling (7)** e riceve lo scarico palla. Quando un centrocampista offensivo del City si trova in questa posizione, solitamente, gioca un cross anticipato nello spazio tra i difensori e il portiere avversari.

analisi tattica - cambiare gioco verso il lato debole in caso di contrasto della superiorità numerica

LATERALE BASSO A SOSTEGNO DELL'ESTERNO ALTO DOPO IL CAMBIO DI GIOCO IN AMPIEZZA

1. Il laterale basso avanza a sostegno dell'esterno alto quando il centrocampista offensivo non può creare superiorità numerica in ampiezza

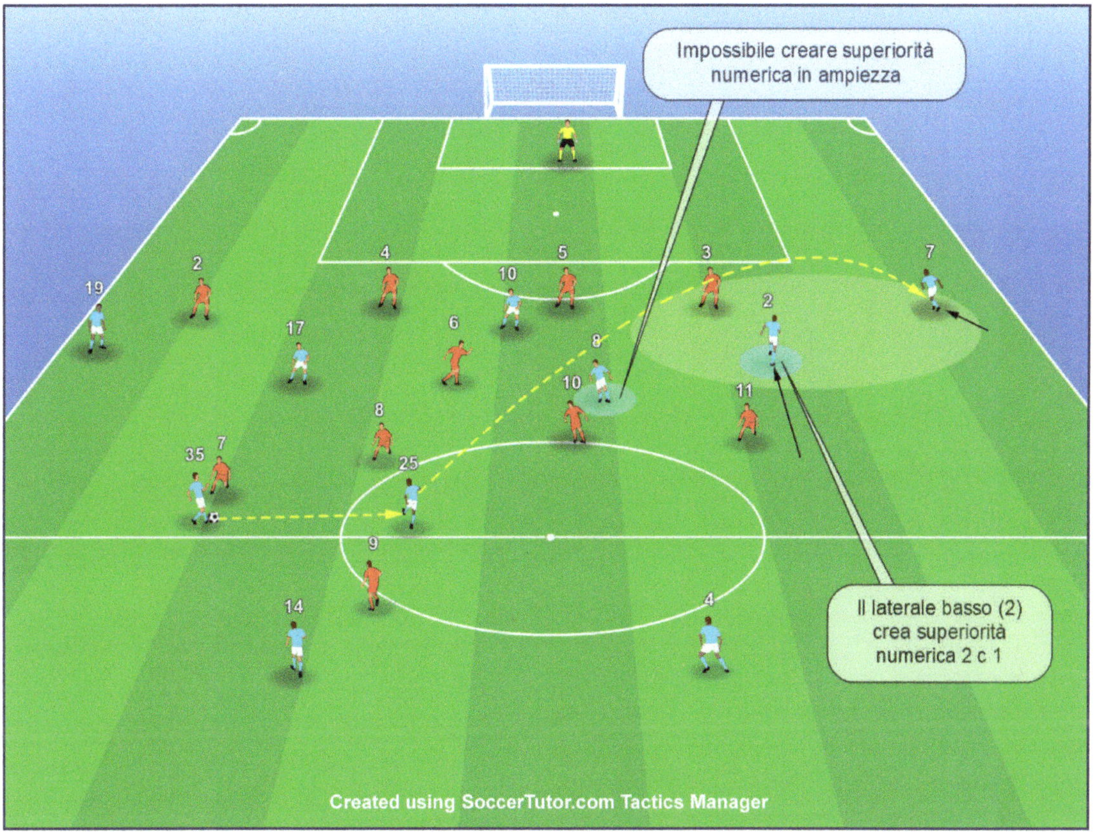

Quando il centrocampista offensivo sul lato debole (**Gündoğan - 8, nell'esempio in figura**) si trova in posizione più centrale e non può creare superiorità numerica in ampiezza, il Manchester City cerca di sfruttare situazioni 2 c 1 lungo il lato debole, avanzando il laterale basso (**Walker - 2, in figura**).

Il **Num. 2** lungo il lato debole, intuisce che il **Num.8** non può creare superiorità numerica in ampiezza. Di conseguenza, si porta in posizione avanzata nel momento in cui il centrocampista difensivo **Fernandinho (25)** cambia gioco.

L'avanzamento del laterale basso (**2**) crea, insieme all'esterno alto destro **Sterling (7)**, una situazione 2 c 1 contro il laterale basso avversario (Num.3).

PEP GUARDIOLA: SVILUPPI OFFENSIVI

analisi tattica - cambiare gioco verso il lato debole in caso di contrasto della superiorità numerica

2. Il difensore centrale avversario è troppo distante per poter seguire gli inserimenti alle proprie spalle: il laterale basso si inserisce e riceve

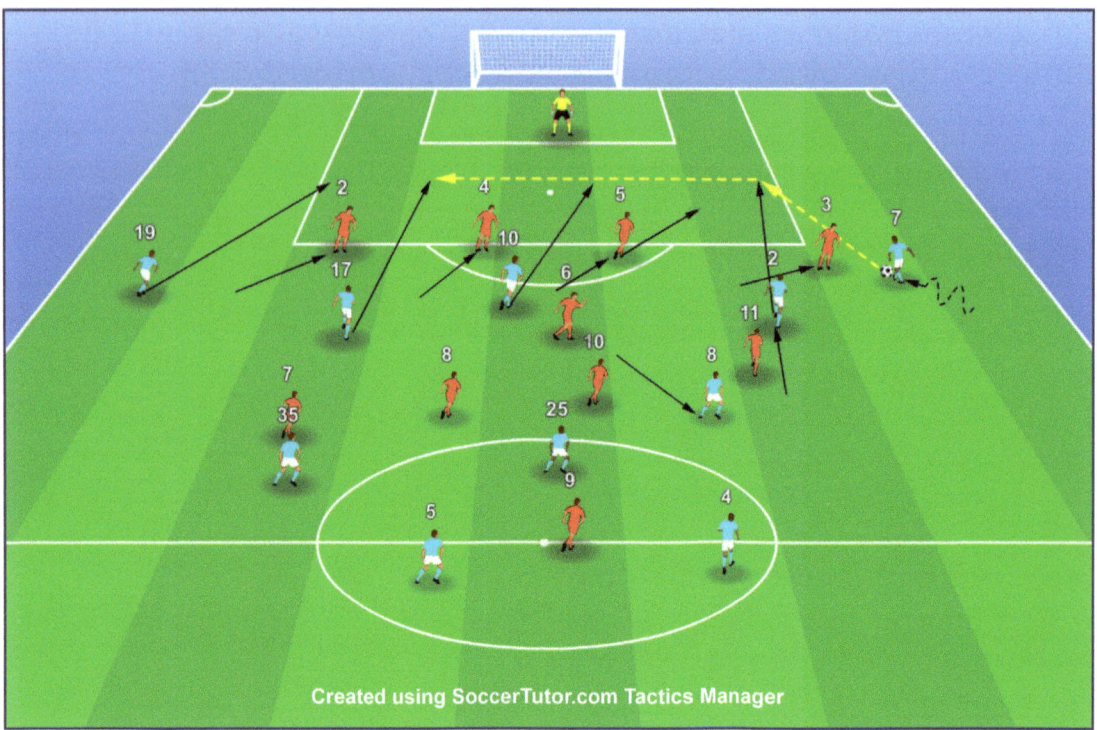

I movimenti successivi del City dipendono dal posizionamento del difensore centrale avversario lungo lo stesso lato (Num.5 rosso, nell'esempio in figura); nel caso in cui si trovi posizionato troppo distante da poter seguire i movimenti del laterale basso **Walker (2)**, oppure decide di restare in posizione centrale per difendere la zona da un potenziale cross, il **Num.2** ha spazio per inserirsi, come mostrato, dato che il laterale basso avversario (Num.3 rosso) deve chiudere l'esterno alto **Sterling (7)**.

A questo punto, il laterale basso del City **(2)** si trova in posizione favorevole per poter crossare verso i compagni di squadra, una volta ricevuta palla.

 **NOTA:**

Gli inserimenti e le sovrapposizioni sono più frequenti lungo la fascia destra con **Walker (2)**, data la sua velocità di base, che **Delph (18)** e **Zinchenko (35)**, in azione sulla sinistra, non hanno.

Questi ultimi 2 giocatori possiedono qualità da centrocampisti e sono più propensi a giocare passaggi chiave o assist, cross anticipati, solo raramente, si sovrappongono, e, ancor più difficilmente, tagliano di fronte al portatore di palla.

PEP GUARDIOLA: SVILUPPI OFFENSIVI

analisi tattica - cambiare gioco verso il lato debole in caso di contrasto della superiorità numerica

3. Il difensore centrale avversario è più vicino e riesce a seguire gli inserimenti alle proprie spalle: il laterale basso si posiziona a sostegno, riceve e gioca un cross anticipato

Se il difensore centrale (Num.5 rosso) si trova posizionato abbastanza vicino al laterale basso destro **Walker (2)**, può agire in copertura e contrastare inserimenti e sovrapposizioni nello spazio e alle spalle del compagno, (laterale basso di sinistra Num.3).

In una situazione come questa, il **Num. 2** agisce a sostegno e riceve lo scarico dall'esterno alto **Sterling (7),** all'interno di una zona di campo, evidenziata in giallo, in figura, da cui giocare cross anticipati.

Nell'esempio in figura, **Walker (2)** gioca un cross anticipato verso i compagni **(10, 17 e 19)**, che si inseriscono nello spazio tra i difensori e il portiere (area evidenziata in bianco) e cercano di concludere.

analisi tattica - cambiare gioco verso il lato debole in caso di contrasto della superiorità numerica

CAMBIARE GIOCO VERSO L'ESTERNO ALTO CHE SI ACCENTRA (STRINGENDO LA POSIZIONE)

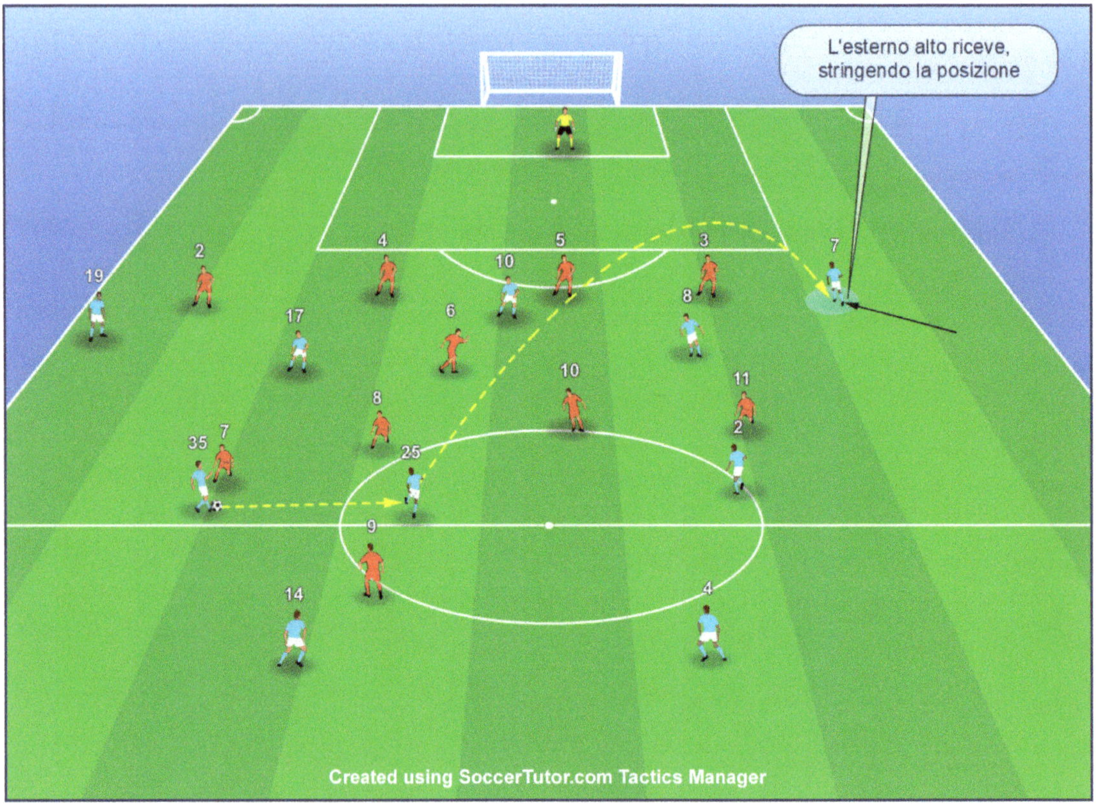

Quando l'esterno alto del City controlla il cambio di gioco, accorciando verso il centro, prima, e stringendo ulteriormente la posizione poi, diverse soluzioni sono possibili per penetrare la difesa avversaria, rispetto a quelle che derivano dalla ricezione di palla in ampiezza.

In questo esempio, l'esterno alto destro **Sterling (7)** riceve un cambio di gioco dal centrocampista difensivo **Fernandinho (25)**, in posizione centrale e così interna che il Num.5 avversario riesce a marcare più facilmente il centrocampista offensivo, lungo il lato debole (**Gündoğan - 8, nell'esempio in figura**).

La fase difensiva avversaria contro gli inserimenti dello stesso giocatore risulta più semplice (distanze brevi fra i giocatori e poco spazio sfruttabile), dato che il laterale basso Num.3 non deve scivolare in ampiezza.

analisi tattica - cambiare gioco verso il lato debole in caso di contrasto della superiorità numerica

CENTROCAMPISTA OFFENSIVO A SUPPORTO DELL'ESTERNO ALTO, CHE SI ACCENTRA, DOPO IL CAMBIO DI GIOCO

1. Il centrocampista offensivo si muove per ricevere alle spalle del laterale basso

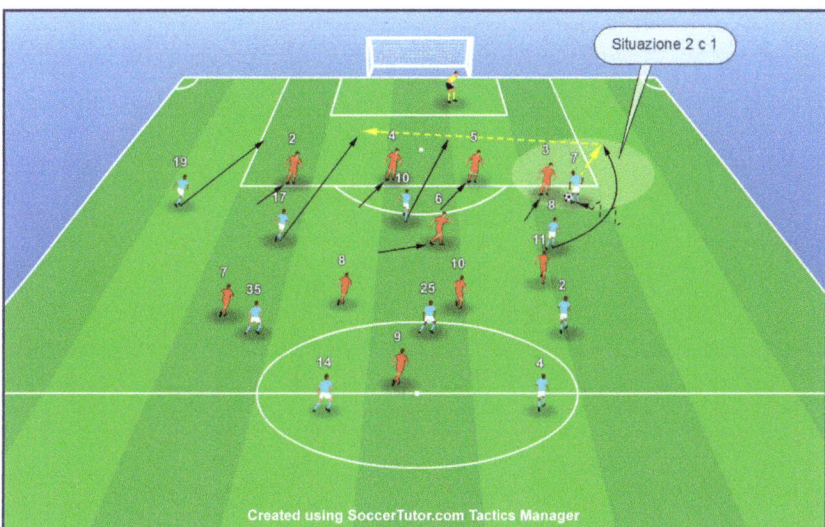

Le opzioni di penetrazione della difesa avversaria sono differenti, nel caso in cui l'esterno alto riceve palla in posizione accentrata. Il centrocampista offensivo **Gündoğan (8)** si sovrappone per sfruttare lo spazio in ampiezza, creando una situazione 2 c 1, contro il laterale basso avversario (Num.3 rosso).

2. Il laterale basso avversario segue la sovrapposizione del centrocampista offensivo: l'esterno alto ha spazio per giocare un cross anticipato

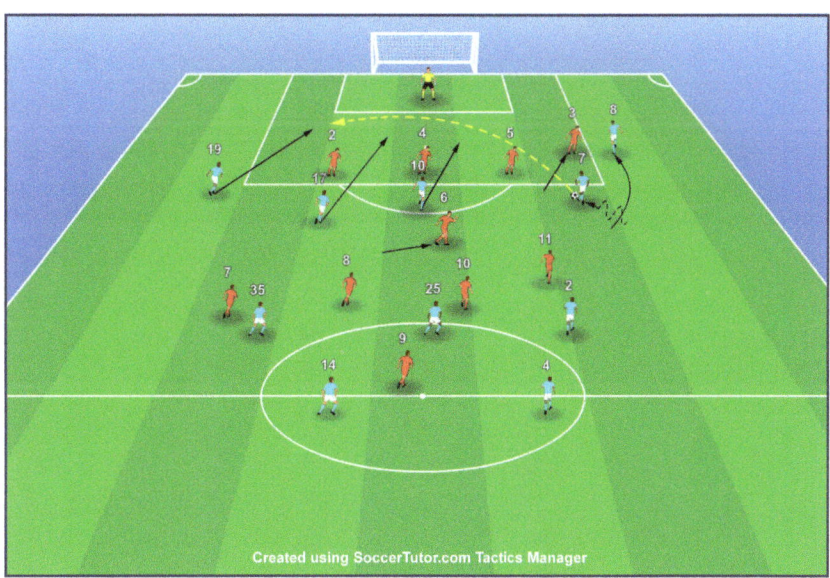

Questa situazione è una variante dell'esempio precedente, in cui il Num.3 avversario, coinvolto nel duello 2 c 1, segue il movimento di **Gündoğan (8)**. Tuttavia, l'esterno alto **Sterling (7)** resta smarcato un paio di secondi e riesce a giocare un cross anticipato nello spazio tra i difensori e il portiere avversari.

analisi tattica - cambiare gioco verso il lato debole in caso di contrasto della superiorità numerica

LATERALE BASSO A SUPPORTO DELL'ESTERNO ALTO, CHE SI ACCENTRA, DOPO IL CAMBIO DI GIOCO

1. Il laterale basso si sovrappone per ricevere in profondità

Il laterale basso **Walker (2)** si sovrappone per sfruttare lo spazio in ampiezza e il Num.3 avversario, coinvolto nel duello 2 c 1, segue il movimento.

Il Manchester City sfrutta questa situazione con uno dei seguenti sviluppi:

1. L'esterno alto gioca palla verso il laterale basso **(2)**, che riceve sulla corsa e crossa per i compagni di squadra (come mostrato in figura).

2. Se il laterale basso avversario (Num.3 rosso) segue il movimento del **Num.2**, l'esterno alto **Sterling (7)** ha tempo e spazio per giocare un **cross anticipato** (vedere la figura nella pagina seguente).

analisi tattica - cambiare gioco verso il lato debole in caso di contrasto della superiorità numerica

2. Il laterale basso avversario segue la sovrapposizione di quello la cui squadra è in possesso: l'esterno alto ha spazio per giocare un cross anticipato

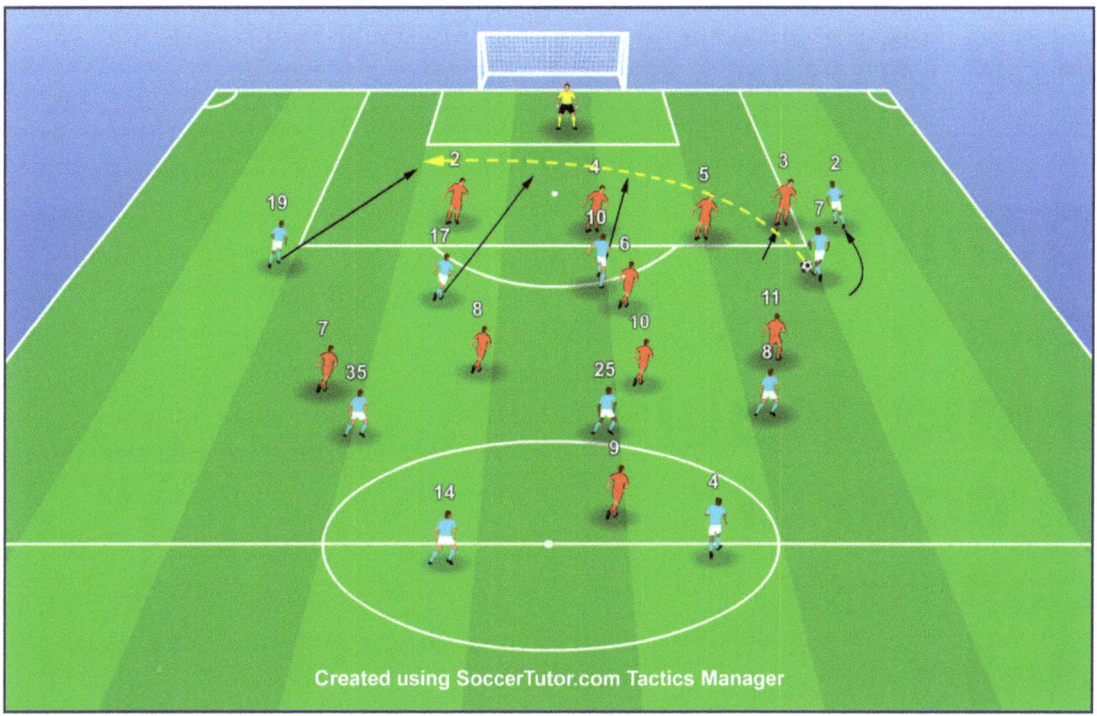

Questa situazione è una variante dell'esempio precedente, in cui il laterale basso avversario Num.3, in inferiorità numerica, segue il movimento di **Walker (2)**.

L'esterno alto **Sterling (7)** resta smarcato per un paio di secondi e riesce a giocare un cross anticipato nello spazio tra i difensori e il portiere avversari.

NOTA:

Tutte le situazioni di gioco di questa sezione riguardano sviluppi di gioco contro l'1-4-3-3. Tuttavia si possono ritrovare anche in partite in cui il Manchester City si confronta contro schieramenti diversi, 1-4-4-2 e 1-4-2-3-1, quando la difesa avversaria contrasta la superiorità numerica in ampiezza, oppure crea un lato forte verso cui molti giocatori scivolano, chiudendo lo spazio in zona palla.

SESSIONE 11 BASATA SULLE SOLUZIONI TATTICHE DI
PEP GUARDIOLA

Cambiare gioco verso il lato debole in caso di contrasto della superiorità numerica contro l'1-4-3-3

Sessione: cambiare gioco verso il lato debole in caso di contrasto della superiorità numerica

SESSIONE PER QUESTA SITUAZIONE TATTICA (3 ESERCITAZIONI)
Es.1: esercitazione funzionale al cambio di gioco verso l'esterno alto, contro un laterale basso, lungo il lato debole

Situazione A: l'esterno alto riceve palla in ampiezza e il centrocampista offensivo taglia dal centro verso la fascia

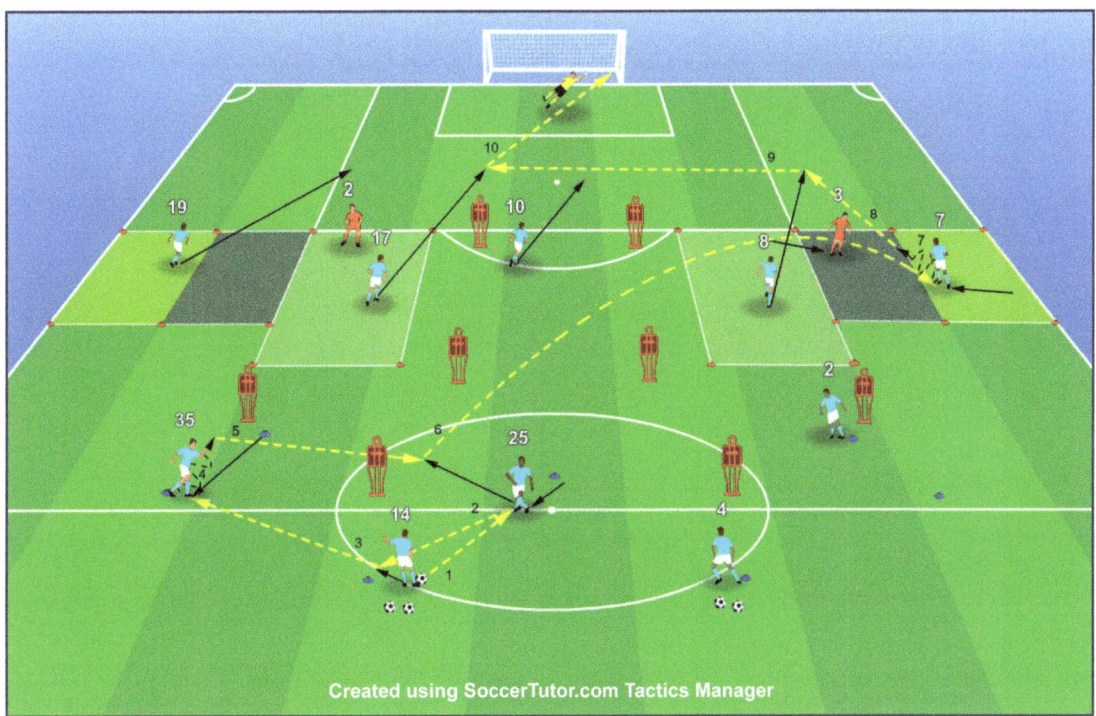

Obiettivo: cambiare gioco verso l'esterno alto, lungo il lato debole, per creare e sfruttare la superiorità numerica 2 c 1.

Descrizione (Situazione A)

2 aree in ampiezza 12 x 5 m vengono divise a metà (quelle gialle sono più esterne, mentre, quelle blu, più interne).

Inoltre, vengono delimitate 2 zone centrali bianche, 8 x 7 m, in cui agiscono i centrocampisti offensivi blu **(17 e 8)** ed i laterali bassi in maglia rossa (Num.2 e Num.3). L'esercitazione inizia con il passaggio del difensore centrale **(14)** verso il centrocampista difensivo **(25)**, che scarica palla indietro.

Il **Num.14** gioca palla, successivamente, verso il laterale basso **(35)**, che si è mosso incontro per ricevere. Il **Num.35** conduce palla in avanti e trasmette nuovamente al centrocampista difensivo **(25)**, che cambia gioco verso l'esterno alto **(7)**, lungo il lato debole.

Situazione A: il **Num.7** riceve in ampiezza, all'interno della zona gialla e il centrocampista offensivo **(8) si inserisce**, per ricevere alle spalle del laterale basso rosso (Num.3). A questo punto il Num.8 crossa basso per i compagni, che si inseriscono e concludono in porta. L'esercitazione riprende con la stessa sequenza svolta lungo il lato opposto.

Sessione: cambiare gioco verso il lato debole in caso di contrasto della superiorità numerica

Situazione B: l'esterno alto riceve palla in posizione accentrata e il centrocampista offensivo si sovrappone

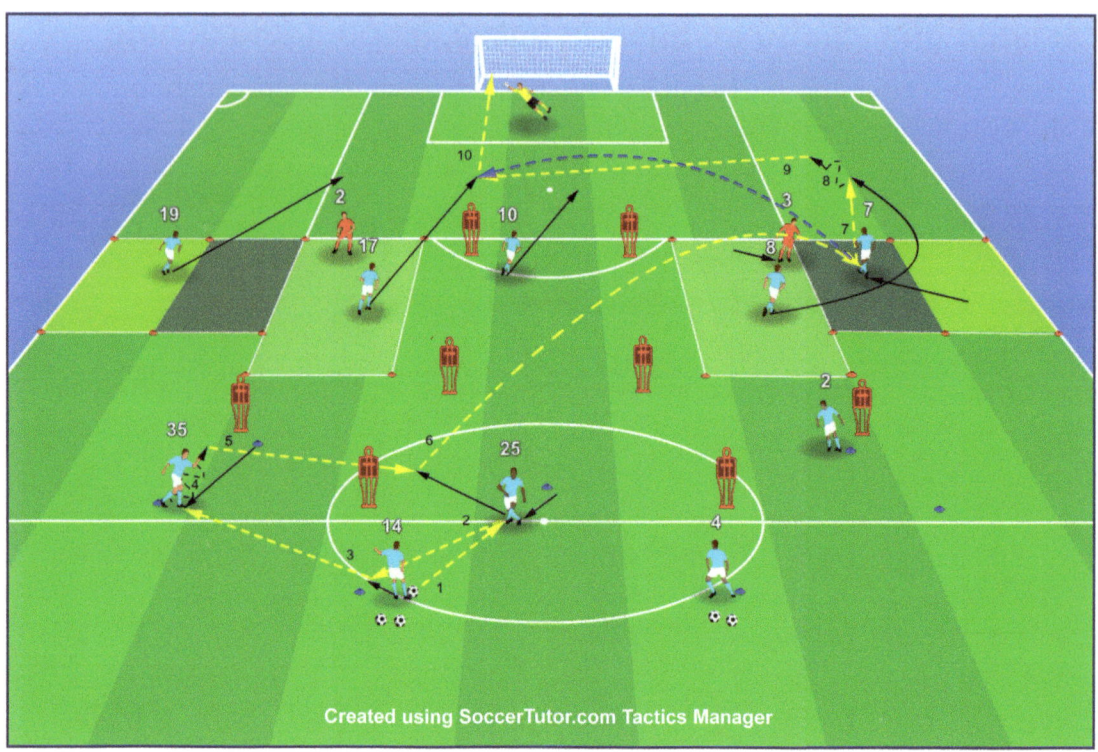

Descrizione (Situazione B)

Questa variante mostra nuovamente il **Num.25** che cambia gioco verso l'esterno alto **(7)**, lungo il lato debole.

Situazione B: l'esterno alto **(7)** riceve in posizione accentrata, all'interno della zona blu e il centrocampista offensivo **(8)** si sovrappone per ricevere alle spalle del laterale basso in maglia rossa (Num.3).

A questo punto il **Num.8** crossa basso per i compagni, che si inseriscono e concludono in porta.

Nel caso in cui il Num.3 segua la sovrapposizione del **Num.8**, l'esterno alto **(7)** ha tempo e spazio per giocare un cross anticipato nello spazio tra i difensori e il portiere avversari - seguire le frecce blu nell'esempio in figura.

L'esercitazione riprende con la stessa sequenza svolta lungo il lato opposto.

Sessione: cambiare gioco verso il lato debole in caso di contrasto della superiorità numerica

Situazione C: l'esterno alto riceve palla in ampiezza e il laterale basso si inserisce

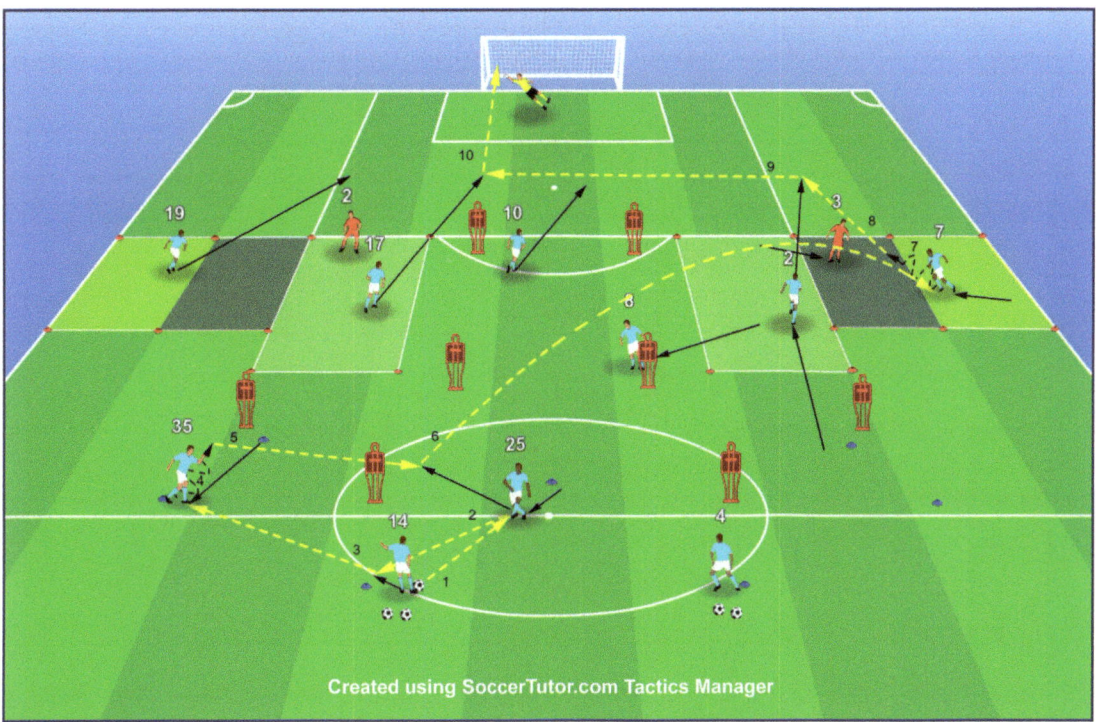

Descrizione (Situazione C)

Questa variante mostra gli sviluppi di gioco nel caso in cui il centrocampista offensivo **(8)** si trovi in posizione più centrale e non possa creare una situazione di superiorità numerica 2 c 1 lungo il lato debole.

In questa esercitazione, il centrocampista offensivo **(8)** si muove incontro, al di fuori della zona bianca. Appena il **Num.25** cambia gioco, il laterale basso **(2)**, lungo il lato debole si muove in avanti, all'interno della zona bianca, come mostrato in figura.

Situazione C: l'esterno alto **(7)** riceve in ampiezza, all'interno della zona gialla e il laterale basso **(2)** si inserisce per ricevere alle spalle del laterale basso in maglia rossa (Num.3), crossare basso per i compagni, che si inseriscono e concludono in porta.

L'esercitazione riprende con la stessa sequenza svolta lungo il lato opposto.

PEP GUARDIOLA: SVILUPPI OFFENSIVI

Sessione: cambiare gioco verso il lato debole in caso di contrasto della superiorità numerica

Situazione D: l'esterno alto riceve palla in posizione accentrata e il laterale basso si sovrappone

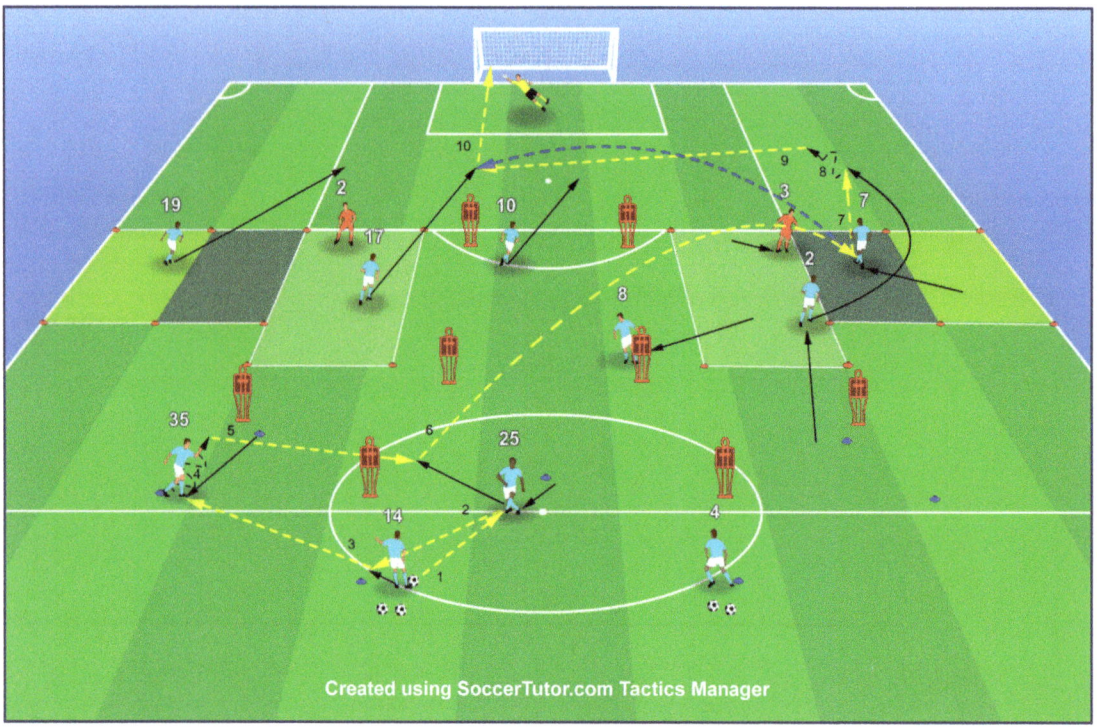

Descrizione (Situazione D)

Situazione D: l'esterno alto (**7**) riceve in posizione accentrata, all'interno della zona blu e il laterale basso (**2**) si sovrappone per ricevere alle spalle del laterale basso in maglia rossa (Num.3), crossare basso per i compagni, che si inseriscono e concludono in porta.

Tuttavia, se il laterale basso avversario (Num.3 rosso) segue il movimento in sovrapposizione del **Num.2**, l'esterno alto (**7**) ha tempo e spazio per giocare un cross anticipato nello spazio tra i difensori e il portiere avversari - seguire le frecce blu nell'esempio in figura.

L'esercitazione riprende con la stessa sequenza svolta lungo il lato opposto.

Attenzione a:

1. Lettura della situazione tattica: il centrocampista offensivo blu, oppure il laterale basso, deve intuire la zona in cui l'esterno alto riceve palla (in ampiezza, oppure più accentrata) e il posizionamento del difensore centrale in maglia rossa (Num.5).

2. I giocatori devono muoversi con i tempi giusti; ad esempio, il laterale basso blu deve trarre vantaggio del tempo in cui la palla è in movimento per portarsi in avanti, creare e sfruttare una situazione di superiorità numerica 2 c 1.

Sessione: cambiare gioco verso il lato debole in caso di contrasto della superiorità numerica

PROGRESSIONE
Es.2: esercitazione funzionale al cambio di gioco verso l'esterno alto (contro la difesa a 4), lungo il lato debole

Situazione A: il difensore centrale avversario è più vicino e riesce a seguire gli inserimenti alle spalle del laterale basso

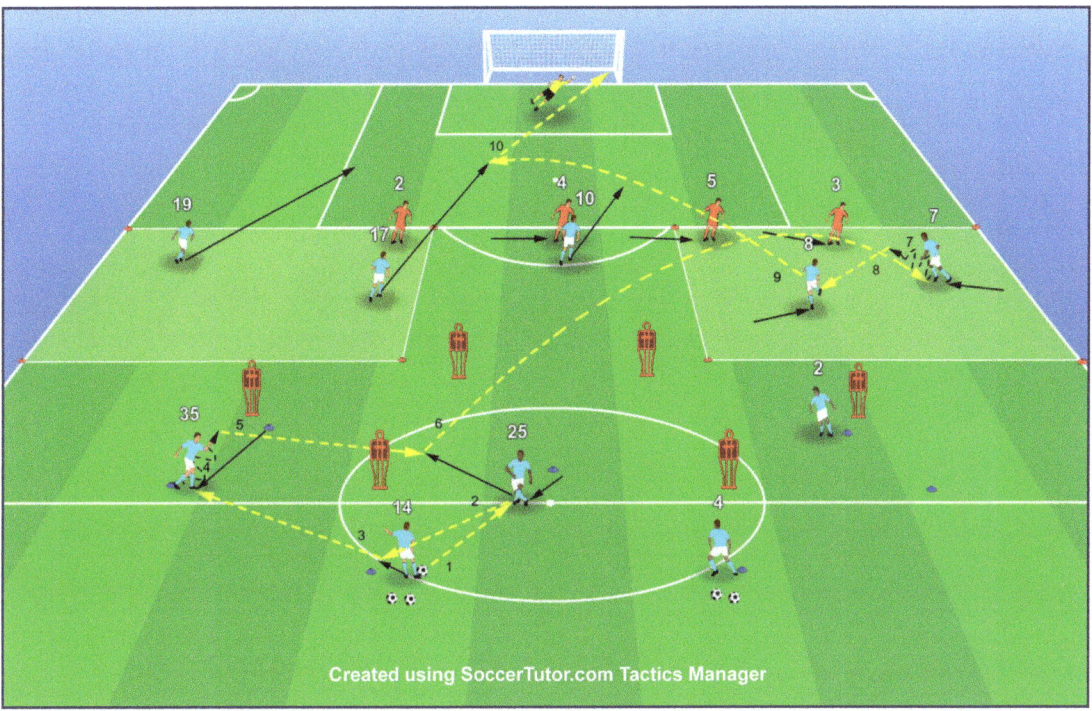

Descrizione (Situazione A)

Questa esercitazione è una progressione della proposta precedente. Vengono delimitate 2 aree, in ampiezza, in cui creare superiorità numerica 2 c 1, dopo un cambio di gioco. I giocatori blu svolgono lo stesso tipo di combinazioni e, non appena il centrocampista difensivo **(25)** cambia gioco, situazione tattica e superiorità numerica devono essere lette e sfruttate nel miglior modo possibile.

Il primo elemento importante è la zona in cui l'esterno alto **(7)** riceve palla. Vedere l'analisi tattica e le esercitazioni per valutare situazioni, movimenti ed opzioni possibili.

Il secondo fattore, di uguale importanza, è il posizionamento del difensore centrale più vicino (Num.5 rosso).

Situazione A: l'esterno alto **(7)** riceve in ampiezza e il difensore centrale avversario (Num.5 rosso) si trova abbastanza vicino da poter seguire tutti gli inserimenti alle spalle del laterale basso (Num.3 rosso).

Il centrocampista offensivo **(8)**, che si trova in posizione di sostegno per ricevere dal **Num.7**, può giocare un cross anticipato nello spazio tra i difensori e il portiere avversari.

Sessione: cambiare gioco verso il lato debole in caso di contrasto della superiorità numerica

Situazione B: il difensore centrale avversario è troppo distante per poter seguire gli inserimenti alle spalle del laterale basso

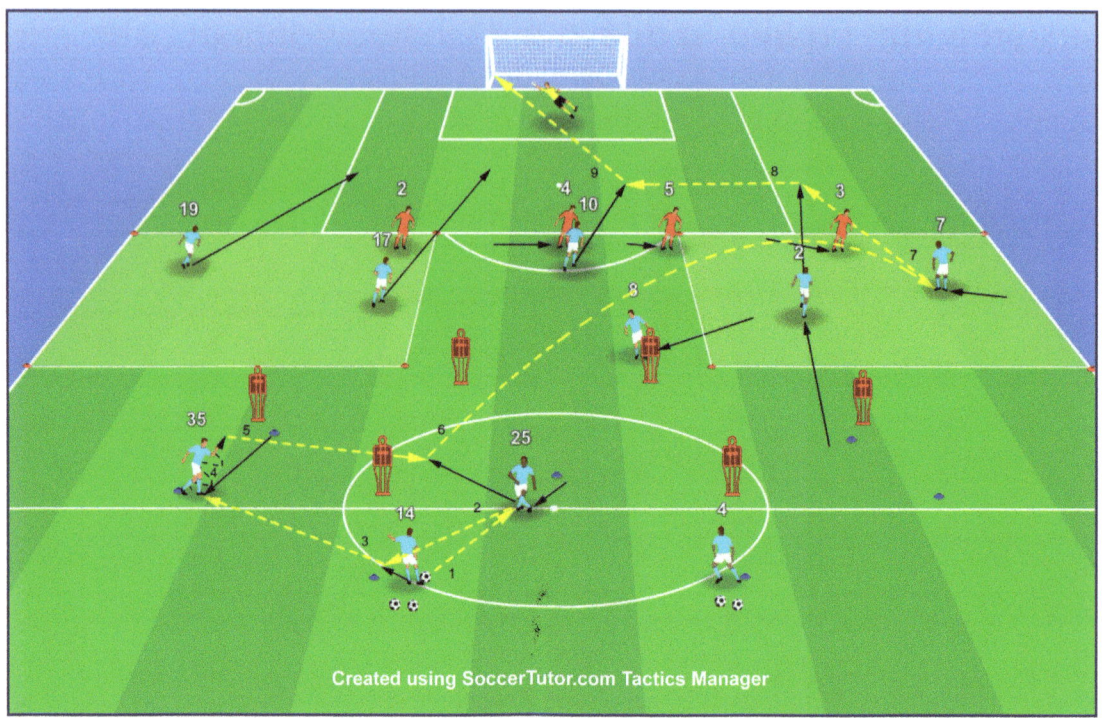

Descrizione (Situazione B)

Questa variante mostra gli sviluppi di gioco nel caso in cui il centrocampista offensivo **(8)** si trovi in posizione più centrale e non possa creare situazioni di superiorità numerica 2 c 1 lungo il lato debole.

In questa esercitazione, il **Num.8** si muove incontro e al di fuori della zona bianca. Appena il centrocampista difensivo **(25)** cambia di gioco, il laterale basso **(2)**, lungo il lato debole, si muove in avanti, all'interno della zona bianca, come mostrato in figura.

Situazione B: il difensore centrale in maglia rossa (Num.5), posizionato al di fuori della zona bianca, si trova troppo distante per poter seguire gli inserimenti alle spalle del laterale basso (Num.3 rosso).

In questo esempio, l'esterno alto **(7)** riceve in ampiezza, e il laterale basso **(2)** si inserisce per ricevere alle spalle del laterale basso in maglia rossa (Num.3) e crossare basso per i compagni, che si inseriscono e concludono in porta.

Vedere l'analisi tattica e le esercitazioni per valutare situazioni, movimenti ed opzioni possibili. L'esercitazione riprende con la stessa sequenza svolta lungo il lato opposto.

Attenzione a:

1. Lettura della situazione tattica: Il centrocampista offensivo blu, oppure il laterale basso devono capire la zona in cui l'esterno alto riceve palla (ampiezza oppure più accentrata) e il posizionamento del difensore centrale in maglia rossa (Num.5).

2. I giocatori devono muoversi con i giusti tempi; ad esempio, il laterale basso blu deve trarre vantaggio del tempo in cui la palla è in movimento per portarsi in avanti, creare e sfruttare una situazione di superiorità numerica 2 c 1.

Sessione: cambiare gioco verso il lato debole in caso di contrasto della superiorità numerica

PROGRESSIONE
Es.3: partita a tema per cambiare gioco verso l'esterno alto lungo il lato debole

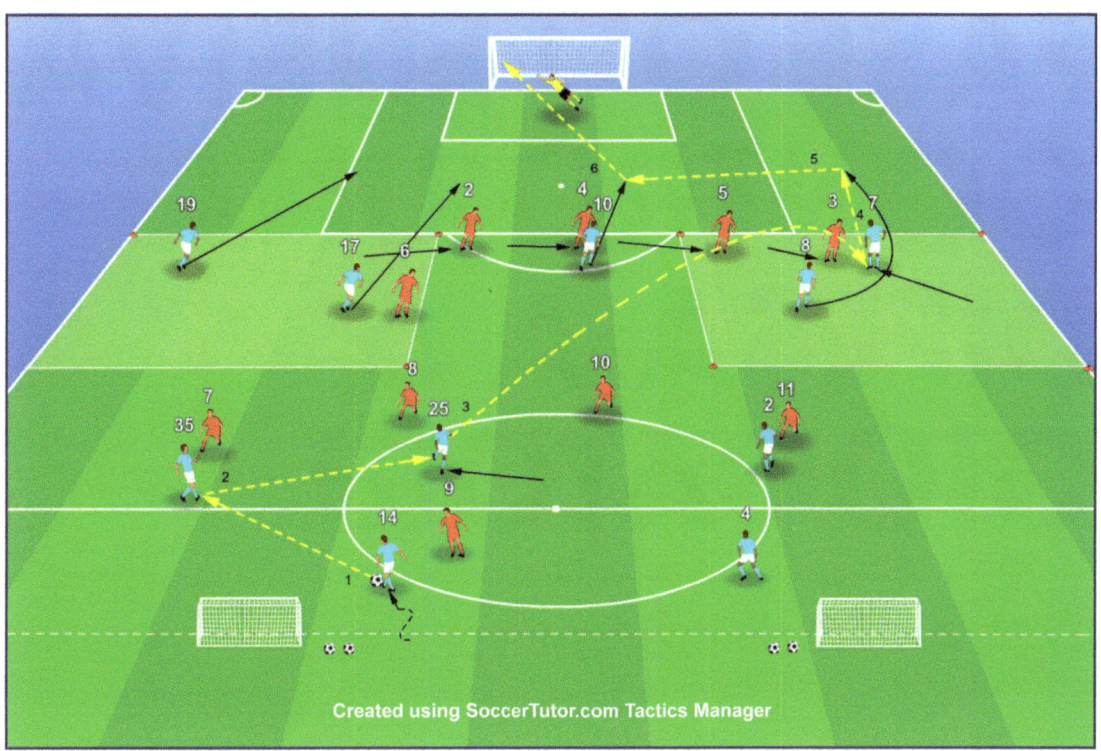

Descrizione

Questa partita 10 c 10 (+ portiere) è una progressione dell'esercitazione precedente. Il difensore centrale blu **(14)** inizia il gioco, trasmettendo palla dalla linea di fondo; la squadra in possesso può segnare una rete liberamente (1 punto), oppure dopo un cambio di gioco e sfruttando la superiorità numerica 2 c 1 in ampiezza (2 punti).

Vedere l'analisi tattica e le esercitazioni per valutare situazioni, movimenti ed opzioni possibili.

Se i giocatori rossi conquistano palla, devono concludere nelle porticine entro 10"-12" (2 punti).

Attenzione a:

1. Lettura della situazione tattica: il centrocampista offensivo, oppure il laterale basso, deve intuire la zona in cui l'esterno alto riceve palla (ampiezza oppure più accentrata) e il posizionamento del difensore centrale in maglia rossa (Num.5).

2. I giocatori devono muoversi con i giusti tempi; ad esempio, il laterale basso blu deve trarre vantaggio del tempo in cui la palla è in movimento per portarsi in avanti, creare e sfruttare una situazione di superiorità numerica 2 c 1.

Progressione

Partita 11 c 11 in 2/3 del campo con gli stessi obiettivi e senza zone delimitate.

FASE OFFENSIVA CONTRO UNA DIFESA A 5 GIOCATORI

SITUAZIONE TATTICA 12

Fase offensiva contro una difesa avversaria a 5 giocatori

Contenuti tratti dall'analisi del Manchester City durante le stagioni 2017/2018 e 2018/2019, concluse con la vittoria in Premier League

L'analisi è basata sui flussi di gioco riscontrati nel Manchester City. Quando la stessa dinamica di gioco è stata osservata per un numero minimo di volte (almeno 10), la stessa è considerata come flusso di gioco ricorrente. L'analisi contenuta nella prossima pagina è un esempio pratico, tratto da una specifica partita, di questa situazione tattica.

Ogni azione, trasmissione di palla, movimento individuale con e senza palla e il posizionamento di ogni giocatore, incluso quello del corpo, sono inclusi in questa analisi.

Questa analisi è poi utilizzata per creare una sessione di allenamento, in progressione, per lavorare sulla situazione tattica specifica.

PEP GUARDIOLA: analisi tattica - fase offensiva contro una difesa a 5 giocatori

PROBLEMATICHE DELLA FASE OFFENSIVA CONTRO UNA DIFESA AVVERSARIA A 5 GIOCATORI

1. Come una difesa a 5 giocatori contrasta la superiorità numerica in ampiezza lungo entrambe le fasce

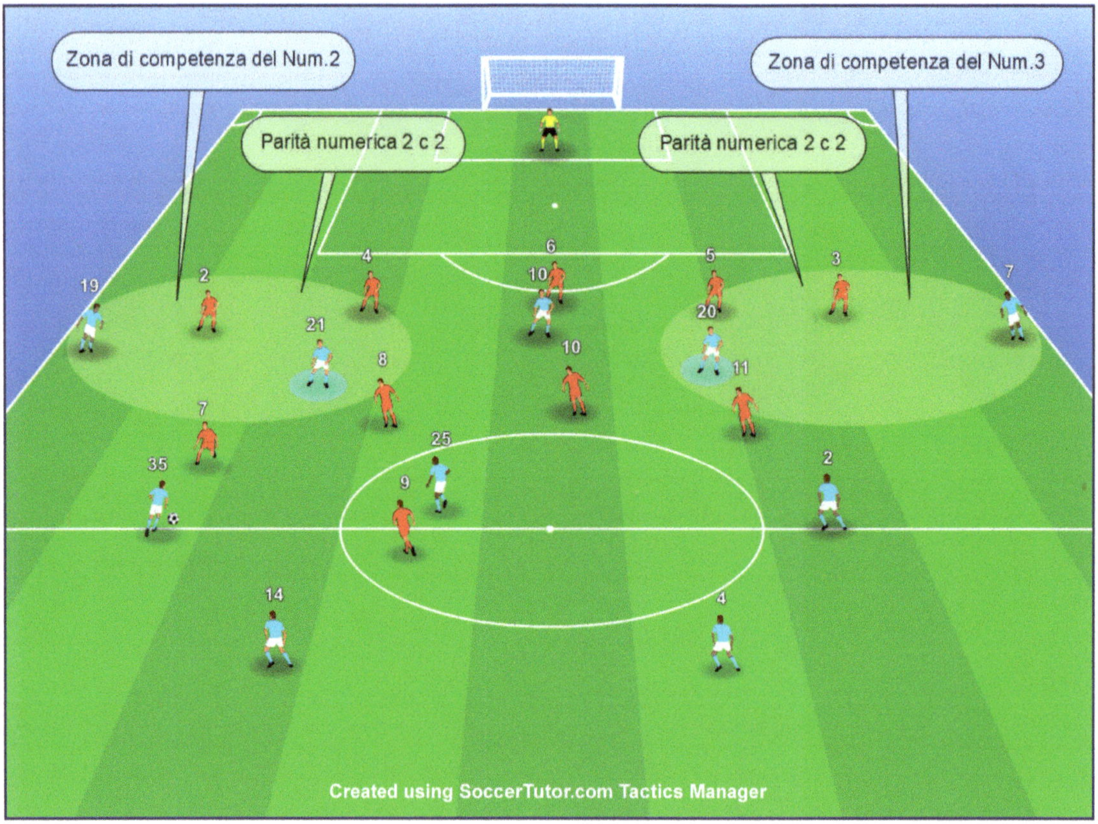

Le idee tattiche di Pep Guardiola, in fase offensiva, puntano allo sfruttamento della superiorità numerica in ampiezza, costringendo gli avversari a schierare una linea difensiva a 5 giocatori, per poter marcare i propri centrocampisti offensivi, lungo entrambe le fasce.

L'esempio in figura mostra lo scaglionamento 1-5-4-1 e le situazioni di parità numerica 2 c 2, in ampiezza.

Questo significa che i centrocampisti offensivi del Manchester City **(21 e 20, nell'esempio in figura)** potrebbero trovare difficoltà nel ricevere tra le linee, girarsi verso la porta avversaria e creare situazioni di superiorità numerica 2 c 1 in ampiezza.

2. Movimenti dei 5 giocatori avversari per impedire al Manchester City di penetrare la linea difensiva

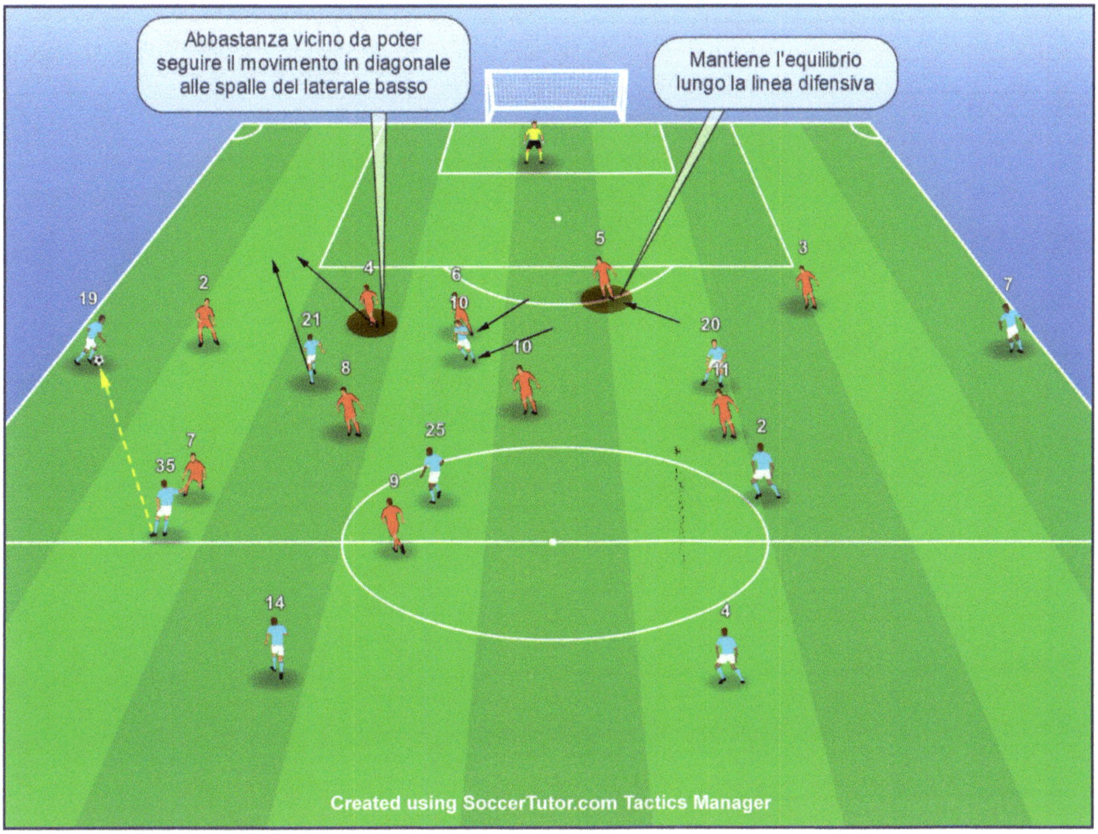

I difensori laterali avversari (Num.4 e Num.5) sono posizionati abbastanza vicini per seguire i movimenti dei centrocampisti offensivi **(21 e 20)**, in diagonale, e alle spalle dei laterali (Num.2 e Num.3).

In questo esempio, appena viene giocata palla verso l'esterno alto **Sanè (19)**, il centrocampista offensivo **Silva (21)** si muove in diagonale, alle spalle del laterale basso destro avversario (Num.2 rosso).

Come mostrato in figura, il difensore laterale destro (Num.4) si trova abbastanza vicino da poter seguire il centrocampista offensivo **(21)**; per questo motivo la linea di passaggio è chiusa.

Questo movimento apre però un'opzione interna verso **Agüero (10)**.

Tuttavia, il difensore laterale avversario lungo il lato debole (Num.5 rosso) riesce a mantenere l'equilibrio, scivolando verso il centro.

Se l'esterno alto il **Num.19** tentasse un passaggio interno, il difensore centrale avversario (Num.6) potrebbe muoversi in avanti e restringere lo spazio all'attaccante, come mostrato in figura.

NOTA: questo sviluppo non è possibile, se la difesa avversaria si schiera con 4 giocatori.

PEP GUARDIOLA: analisi tattica - fase offensiva contro una difesa a 5 giocatori

3. Il difensore laterale avversario impedisce al centrocampista offensivo di ricevere e girarsi fra le linee

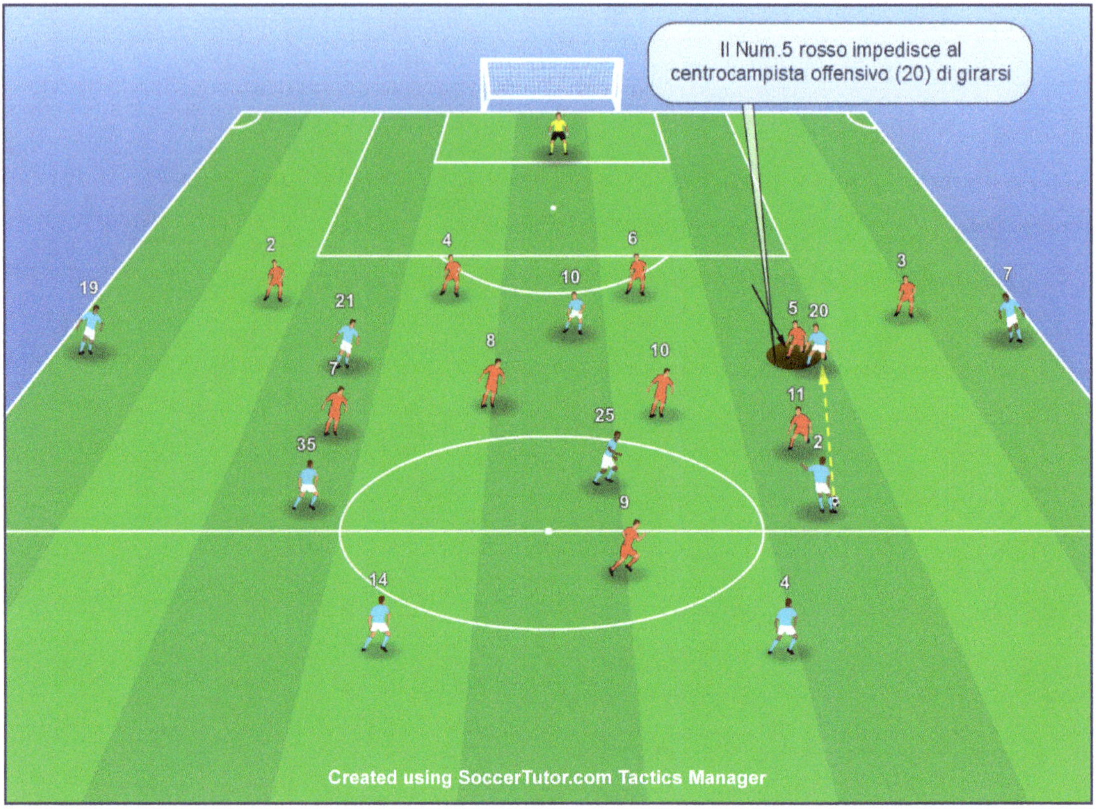

Il Num.5 rosso impedisce al centrocampista offensivo (20) di girarsi

Data la parità numerica 2 c 2 in ampiezza, è difficile che i centrocampisti offensivi del Manchester City ricevano tra le linee e possano girarsi verso la porta per concludere.

Il laterale basso avversario (Num.3 rosso, in figura) è in marcatura contro l'esterno alto **Sterling - 7**; quindi il difensore laterale (Num.5 rosso) può controllare il centrocampista offensivo **Bernardo (20)**.

Se la palla è diretta verso il **Num.20**, posizionato tra le linee, il difensore laterale in maglia rossa (Num.5) può muoversi in avanti per marcare e impedire al potenziale ricevente di girarsi.

In questo caso non è possibile far avanzare l'azione e **Bernardo (20)** può solo mantenere il possesso.

NOTA:
Nelle prossime pagine verranno analizzate le soluzioni del Manchester City di Pep Guardiola per risolvere i problemi, appena rilevati, in fase offensiva, contro una difesa a 5 giocatori; esempi pratici, esercitazioni e sessioni di allenamento completano l'analisi.

PEP GUARDIOLA: analisi tattica - fase offensiva contro una difesa a 5 giocatori

RICEVERE ALLE SPALLE DEL 5° ESTERNO AVVERSARIO

1. L'esterno alto attacca lo spazio alle spalle del 5° esterno avversario quando marcato stretto

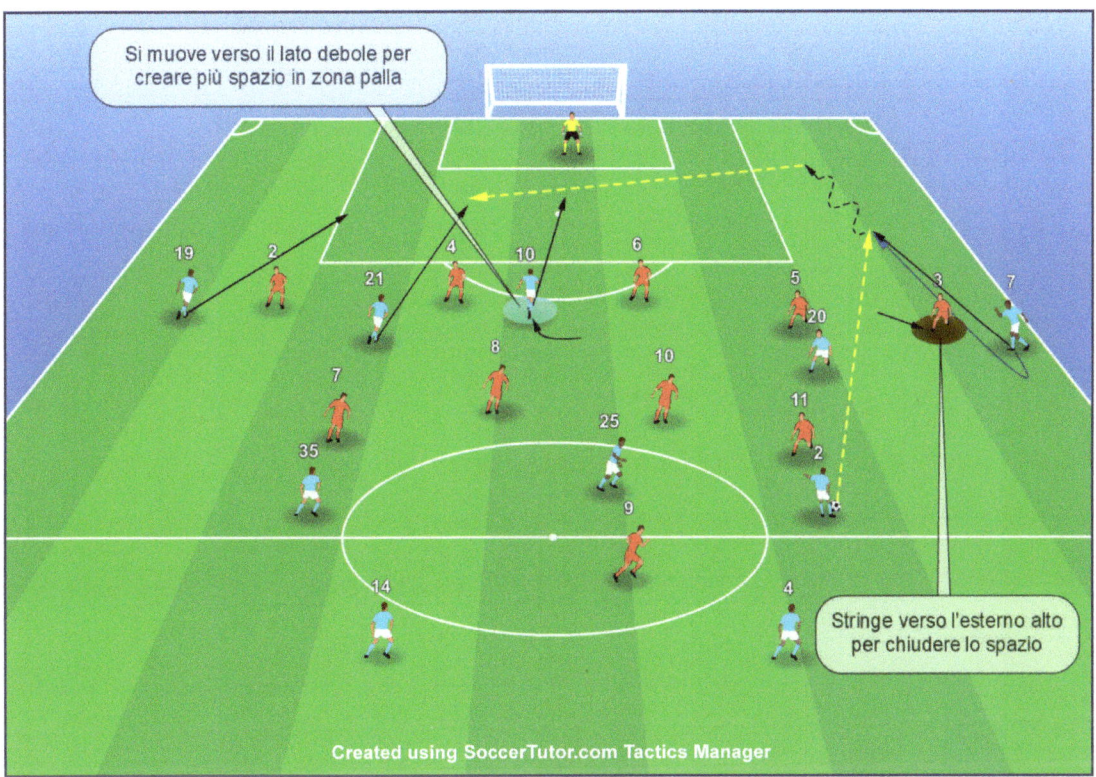

Come mostrato nella pagina precedente, è difficile che il centrocampista offensivo **(Bernardo - 20, nell'esempio in figura)** possa ricevere e girarsi tra le linee; per questo motivo il Manchester City cerca di attaccare coinvolgendo l'esterno alto, sfruttando varie opzioni per giocare palla in profondità **(verso Sterling - 7, nell'esempio in figura)**, che dipendono dal posizionamento del 5° laterale avversario.

Se il Num.3 è posizionato abbastanza vicino a **Sterling (7)** da chiudere lo spazio, oppure impedirgli la visione della porta, in fase di ricezione, allora il **Num.7** attacca lo spazio alle sue spalle, dopo un primo contro-movimento incontro, che viene seguito da un improvviso cambio di direzione, oppure un'improvvisa corsa in avanti, come mostrato in figura.

Inoltre, l'attaccante **Agüero (10)** si porta verso il lato debole, invitando il proprio marcatore (Num.6 rosso) fuori posizione e creando più spazio in zona palla.

PEP GUARDIOLA: SVILUPPI OFFENSIVI

PEP GUARDIOLA: analisi tattica - fase offensiva contro una difesa a 5 giocatori

2. Combinazione 1-2 in ampiezza per ricevere alle spalle del 5° esterno avversario

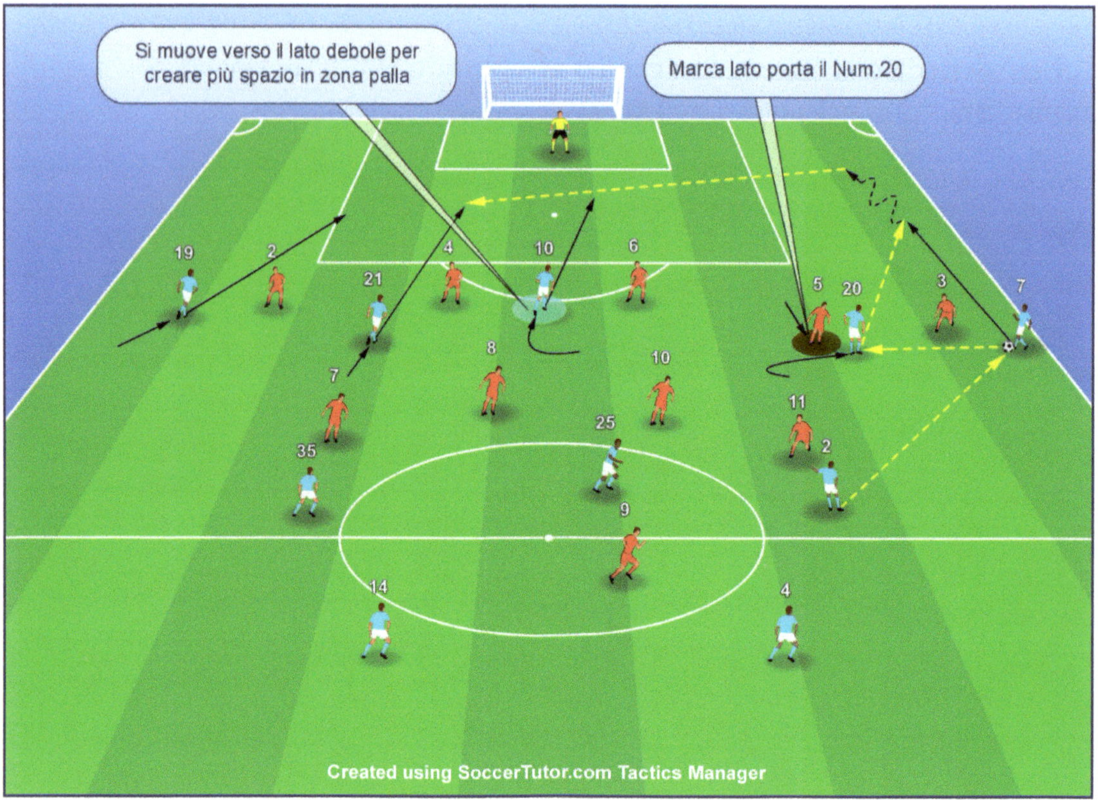

Un'altra opzione per penetrare una difesa avversaria a 5 giocatori è combinare 1-2 tra l'esterno alto e il centrocampista offensivo, nel caso in cui il 5°laterale avversario non sia posizionato nei pressi dell'esterno alto, che quindi può ricevere palla, orientando il controllo verso la porta da attaccare.

Questo esempio mostra **Sterling (7)** che riceve dal laterale basso **Walker (2)**. Il centrocampista offensivo **Bernardo (20)** si allontana dal proprio marcatore e si muove come opzione di passaggio per il **Num.7**.

Appena il difensore laterale avversario (Num.5 rosso) marca **Bernardo (20)** lato porta, la combinazione 1-2 porta **Sterling (7)** a ricevere alle spalle del 5° laterale (Num.3 rosso) e a crossare basso per i compagni che si inseriscono.

NOTA:

Il Manchester City combina spesso 1-2 in queste occasioni, per penetrare la difesa avversaria, senza però tralasciare altre soluzioni, come il "dai e vai" in ampiezza. Vedere la "Situazione tattica 6: combinazione di gioco in ampiezza in caso di contrasto della superiorità numerica.

3. Il centrocampista offensivo prima si muove incontro per creare spazio, poi si porta in profondità per ricevere

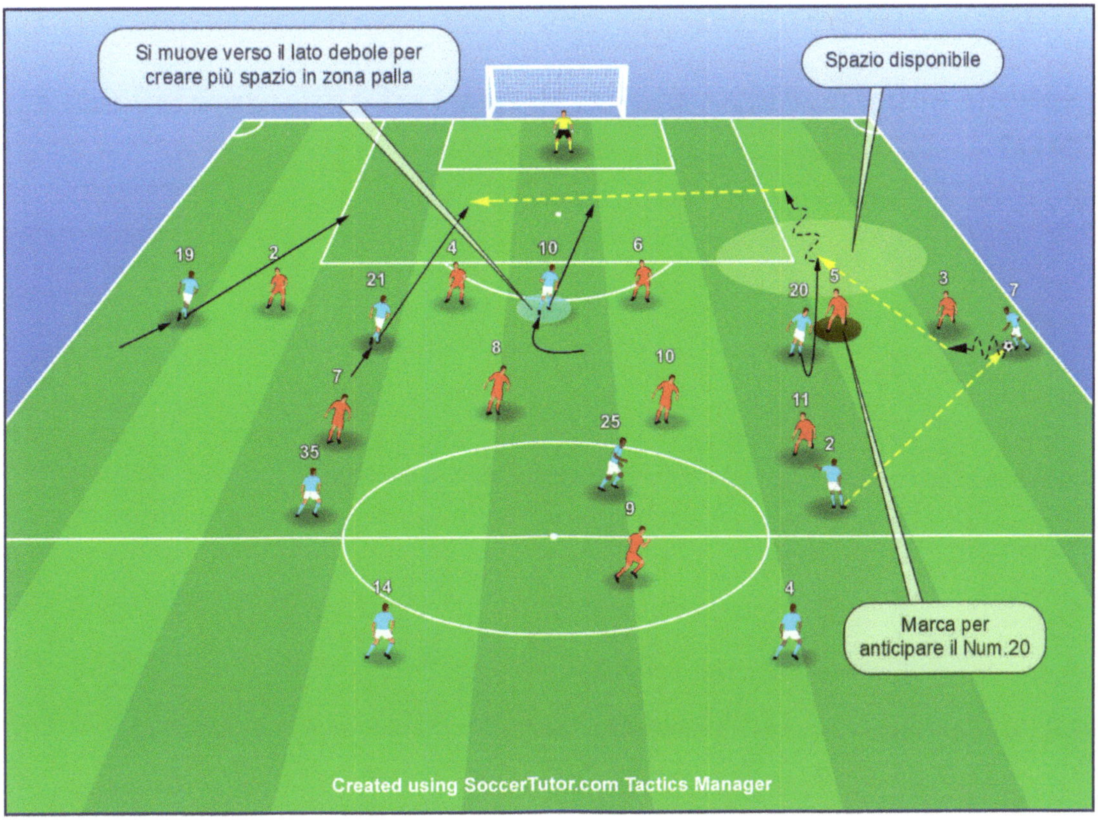

In questa variante dell'esempio precedente, il difensore laterale in maglia rossa (Num.5) riesce a marcare stretto il centrocampista offensivo **Bernardo (20)** e a impedirne la ricezione. Tuttavia, si crea spazio disponibile alle sue spalle, che il **Num.20** può sfruttare.

L'esterno alto **Sterling (7)** conduce palla verso l'interno per trovare una linea di passaggio disponibile e il centrocampista offensivo **(20)** prima si muove incontro, per poi cambiare rapidamente direzione, verso lo spazio creato in profondità.

Sterling (7) gioca palla alle spalle della linea difensiva, con i giusti tempi, sulla corsa di **Bernardo (20)**, che riceve, conduce palla in avanti e crossa.

L'attaccante **Agüero (10)** si porta verso il lato debole, invitando il proprio marcatore (Num.6 rosso) fuori posizione e creando più spazio in zona palla.

PEP GUARDIOLA: analisi tattica - fase offensiva contro una difesa a 5 giocatori

CAMBIARE GIOCO VERSO IL LATO DEBOLE E ISOLARE IL 5° ESTERNO AVVERSARIO IN UN DUELLO 1 C 1

L'esterno alto riceve in ampiezza, supera 1 c 1 il difensore laterale e crossa

Questo semplice, ma efficace, sviluppo è un'altra opzione a disposizione del Manchester City di Pep Guardiola, per penetrare una difesa a 5 giocatori.

L'esterno alto lungo il lato debole viene coinvolto perché la squadra possa trarre vantaggio dalle abilità nei duelli 1 c 1 e nei cross per i compagni di **Sané (19)**, **Sterling (7)**, **Bernardo (20)**, oppure **Mahrez (26)**.

In questo esempio, il centrocampista difensivo **Fernandinho (25)** cambia gioco verso **Sané (19)**, che supera il 5° laterale in maglia rossa (Num.2 rosso) all'esterno, conduce in avanti e crossa basso per **Bernardo (20)**, che conclude.

PEP GUARDIOLA: analisi tattica - fase offensiva contro una difesa a 5 giocatori

CAMBIARE GIOCO VERSO IL LATO DEBOLE, CREARE SUPERIORITÀ NUMERICA 2 C 1 E CROSSARE RAPIDAMENTE

Il laterale basso si porta in avanti a supporto dell'esterno alto e gioca un cross anticipato contro una difesa a 5 giocatori

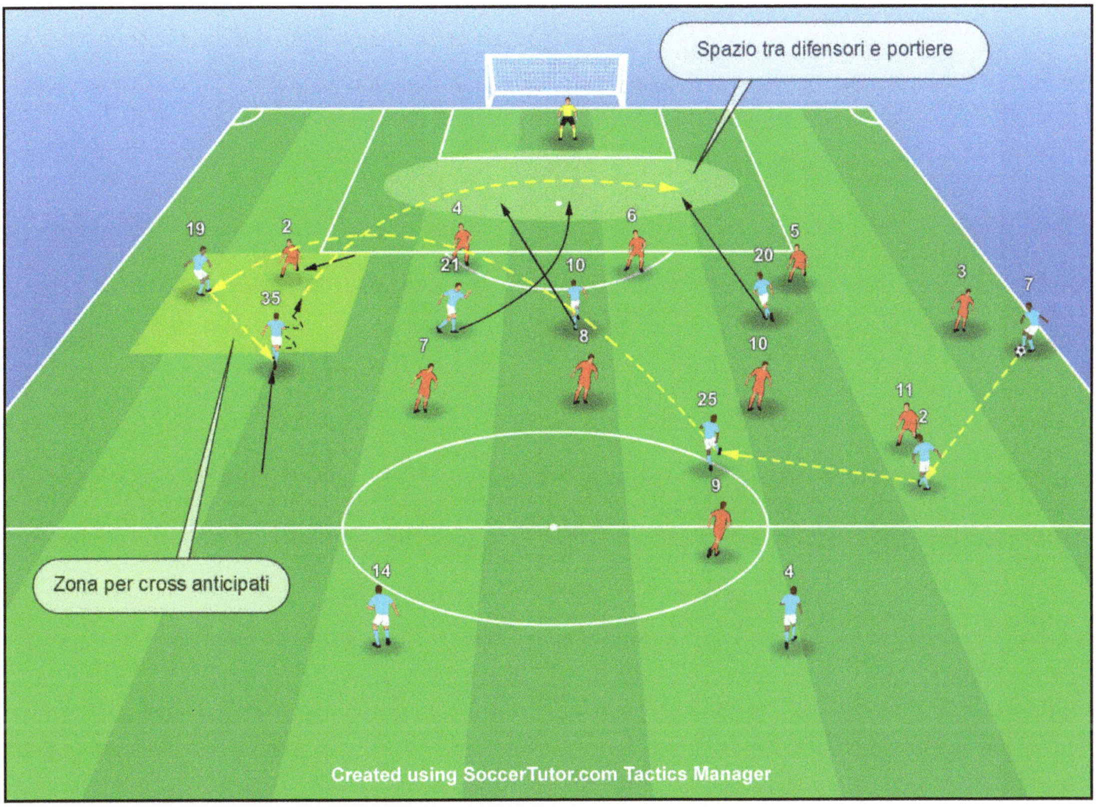

I cross anticipati sono un'altra arma a disposizione del Manchester City per creare occasioni da goal, contro una difesa a 5 giocatori.

Nel caso di rotazione a 3 giocatori in ampiezza, i cross vengono effettuati dal laterale basso, dal centrocampista offensivo e dall'esterno alto.

In questo esempio, il laterale basso **Zinchenko (35)** si porta in avanti, non appena il centrocampista difensivo **Fernandinho (25)** cambia gioco.

Il suo movimento crea superiorità numerica 2 c 1; il **Num.35** riceve palla in scarico da **Sané (19)** ed effettua un cross anticipato, nello spazio tra i difensori e il portiere avversari.

PEP GUARDIOLA: SVILUPPI OFFENSIVI

PEP GUARDIOLA: analisi tattica - fase offensiva contro una difesa a 5 giocatori

SCAGLIONAMENTO OFFENSIVO 2-2-5-1:
CREARE SITUAZIONI 2 c 1 IN AMPIEZZA

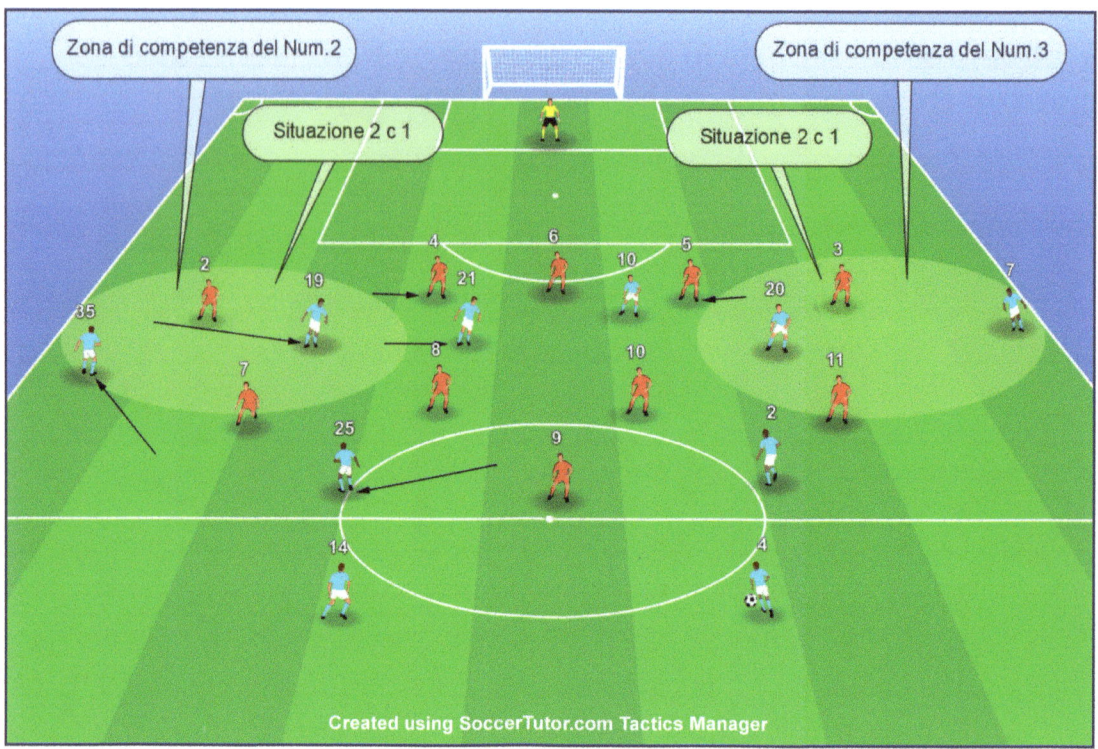

Quando Pep Guardiola nota difficoltà nella creazione di occasioni da goal contro una difesa a 5 giocatori, avvicina 1 giocatore all'attaccante, cambiando la disposizione tattica del Manchester City.

Solitamente, il centrocampista offensivo, oppure l'esterno alto, si accentra; nell'esempio in figura, **Silva (21)** è il giocatore che supporta l'attaccante centrale. Anche l'esterno alto **(Sané - 19, in questo esempio)** si accentra.

Contemporaneamente, il laterale basso, lungo la stessa fascia **(Zinchenko - 35)** si muove in ampiezza. Il centrocampista difensivo **Fernandinho (25)** scivola verso sinistra e il laterale basso destro **Walker (2)** si accentra per completare il nuovo scaglionamento 2-2-5-1.

Questa disposizione 2-2-5-1 costringe i difensori laterali (Num.4 e Num.5 rossi) a stringere centralmente, creando situazioni di superiorità numerica 2 c 1, lungo entrambe le fasce, che il City, che possono essere sfruttate seguendo gli stessi principi di gioco utilizzabili contro una difesa a 4 giocatori - vedere "Situazione 3: Creare sfruttare superiorità numeriche in ampiezza."

PEP GUARDIOLA: analisi tattica - fase offensiva contro una difesa a 5 giocatori

SCAGLIONAMENTO OFFENSIVO 2-2-5-1:
ATTACCARE ATTRAVERSO IL CENTRO

1. Il centrocampista offensivo riceve smarcato al centro e si gira

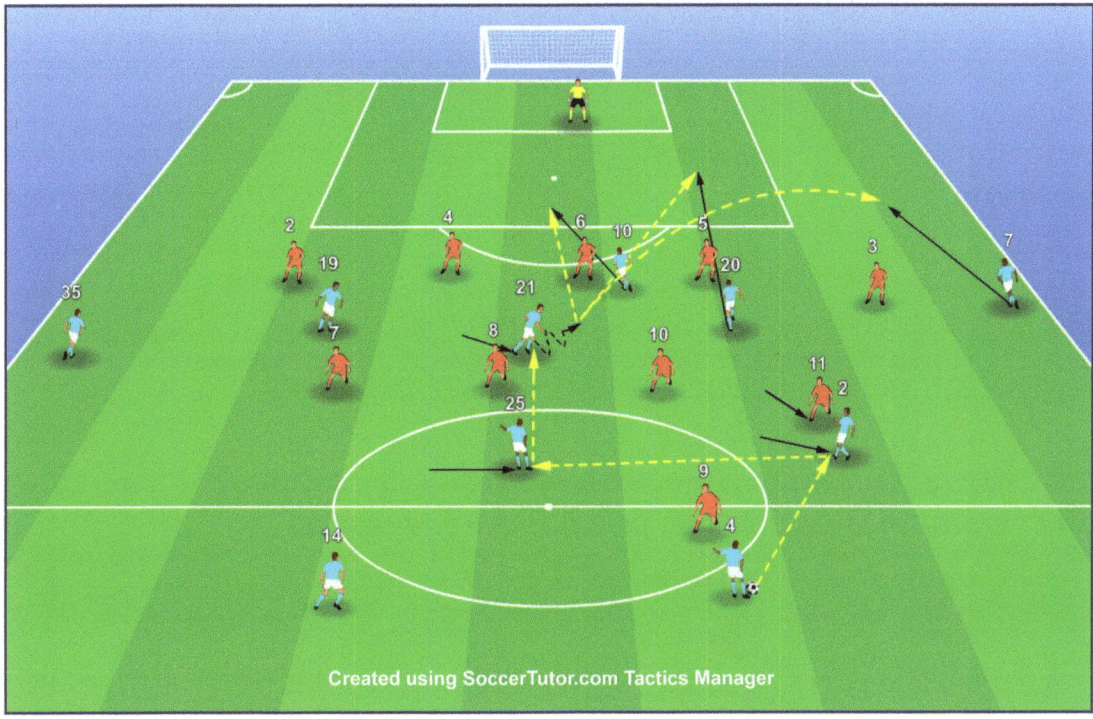

Se i difensori laterali avversari (Num.4 e Num.5 rossi) si posizionano più esternamente, per impedire la creazione dei duelli 2 c 1, il Manchester City attacca attraverso gli spazi centrali, creando una situazione di superiorità numerica 4 c 3 con i centrocampisti offensivi.

L'obiettivo principale è trasmettere palla verso uno tra loro, che possa ricevere tra le linee, girarsi orientandosi verso la porta avversaria e giocare in profondità.

In questo esempio, appena **Walker (2)** trasmette palla verso il centrocampista difensivo **Fernandinho (25)**, quello offensivo (**Silva - 21, nell'esempio in figura**), posizionato vicino all'attaccante, si muove verso una linea di passaggio per ricevere.

Se il difensore centrale avversario (Num.4 rosso) non lo chiude, **Silva (21)** riceve, si gira all'interno di uno spazio utile alla trasmissione di assist o passaggi chiave verso i compagni, che si inseriscono.

PEP GUARDIOLA: SVILUPPI OFFENSIVI

2. Il centrocampista offensivo non può ricevere al centro e muove palla verso un compagno smarcato che possa fornire un assist

In questa variante, il centrocampista offensivo **Silva (21)** viene chiuso dal difensore centrale avversario (Num.4 rosso) e trasmette di prima intenzione verso l'altro centrocampista offensivo smarcato **Bernardo (20)**. Il giocatore ora in possesso può fornire un assist al **Num.19**, che sfrutta lo spazio alle spalle del Num.4 rosso, oppure giocare sulla corsa del **Num.10** o del **Num.7**.

3. L'attaccante si muove incontro per ricevere e muove palla verso un compagno smarcato che possa fornire un assist

Nel caso in cui non ci siano linee di passaggio disponibili verso il centrocampista offensivo **Silva (21)**, l'attaccante **Agüero (10)** si muove incontro per ricevere, girarsi, se smarcato, e trasmettere palla, oppure giocare verso un compagno smarcato, nel caso venga chiuso (come mostrato in figura). Nel caso in cui il difensore avversario (Num.4 rosso) non segua **Silva (21)**, il centrocampista offensivo riceve orientato verso la porta avversaria in una zona chiave per poter fornire un assist sulla corsa dei compagni, che si inseriscono.

SESSIONE 12 BASATA SULLE SOLUZIONI TATTICHE DI PEP GUARDIOLA

Fase offensiva contro una difesa avversaria a 5 giocatori

Sessione per questa situazione tattica: fase offensiva contro una difesa a 5 giocatori

SESSIONE PER QUESTA SITUAZIONE TATTICA (3 ESERCITAZIONI)
Es.1: esercitazione funzionale alla fase offensiva in ampiezza, oppure attraverso il centro, contro una difesa a 5 giocatori

Situazione A: il laterale basso riceve e il difensore centrale è troppo distante per poter seguire il movimento alle spalle del compagno 5° esterno

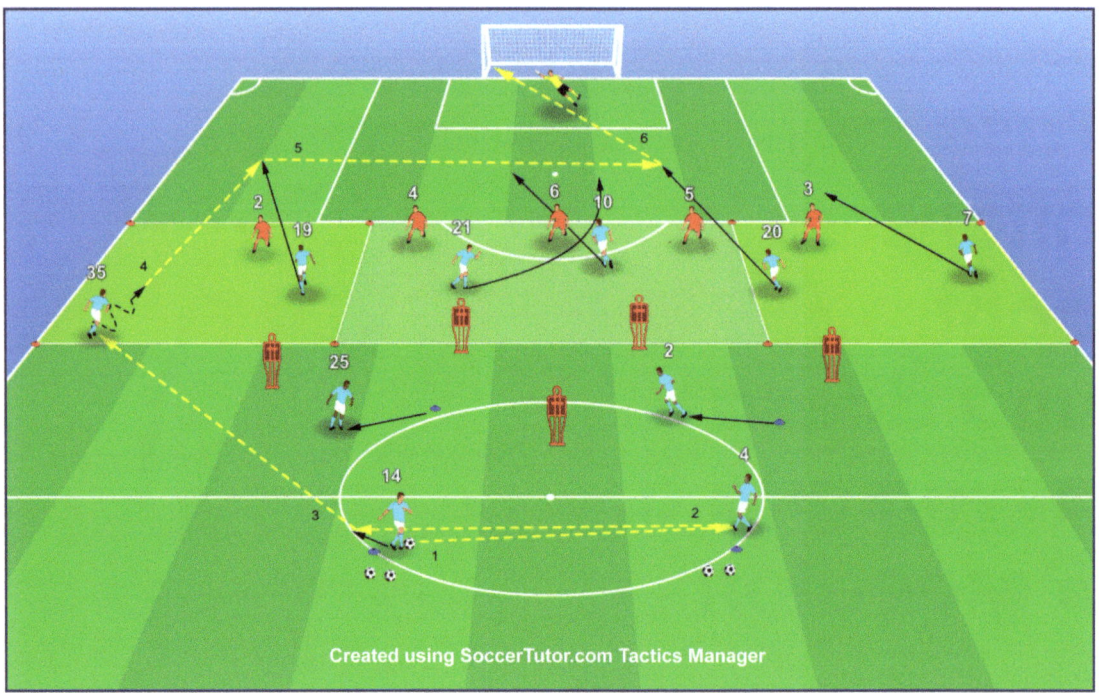

Descrizione (Situazione A)

Vengono delimitate 2 aree gialle in ampiezza, dove si creano superiorità numeriche 2 c 1 e una centrale di colore bianco. Le 5 sagome rappresentano 4 centrocampisti e 1 attaccante rossi di uno schieramento 1-5-4-1.

La squadra blu si schiera con l'1-2-2-5-1; i 2 difensori centrali blu **(14 e 4)** trasmettono palla e appena uno tra loro riceve e si gira **(14, in figura)**, i 2 giocatori a centrocampo **(25 e 2)** si muovono per ricevere.

Il difensore centrale blu **(14)** può trasmettere in ampiezza, verso il laterale basso in avanzamento **(35)**, oppure centralmente.

Situazione A: il laterale basso **(35)** riceve in posizione avanzata, all'interno della zona gialla, per cercare di sfruttare la superiorità numerica 2 c 1. Il laterale basso **(35)** deve effettuare la miglior giocata possibile, in relazione ai movimenti dei difensori avversari.

Nell'esempio in figura, il difensore laterale destro avversario (Num.4 rosso) è troppo distante per poter seguire il movimento dell'esterno alto blu **(19)**, che può quindi inserirsi alle spalle del laterale (Num.2 rosso), ricevere e crossare in area di rigore. Per valutare le possibili soluzioni a disposizione della squadra in possesso, si possono consultare nuovamente le analisi e le proposte presentate in questa sezione.

Sessione per questa situazione tattica: fase offensiva contro una difesa a 5 giocatori

Situazione B: il laterale basso riceve e il difensore laterale segue il movimento dell'esterno alto alle spalle del 5° avversario

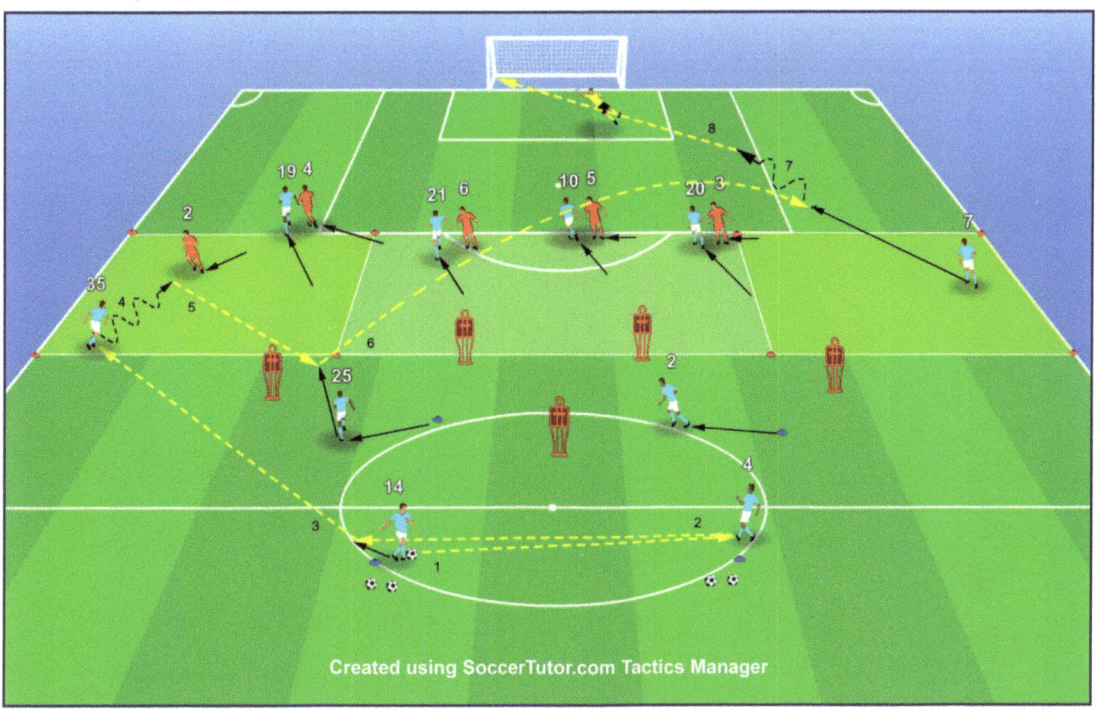

Descrizione (Situazione B)

Situazione B: il difensore laterale avversario (Num.4 rosso) segue il movimento del centrocampista offensivo (**19**).

Dato che il laterale basso (**35**) viene chiuso, scarica verso il centrocampista difensivo (**25**), che trasmette palla lunga, cambiando gioco.

Nell'esempio in figura, il centrocampista difensivo (**25**) cambia gioco verso l'esterno alto (**7**), che riceve smarcato, lungo il lato debole, dato il movimento a scivolare, verso la fascia opposta, dei 4 giocatori avversari; se c'è spazio da sfruttare, il centrocampista difensivo (**25**) può giocare palla lunga negli spazi centrali.

Per valutare le possibili soluzioni a disposizione della squadra in possesso, si possono consultare nuovamente le analisi e le proposte presentate in questa sezione.

Attenzione a:

1. Trasmissioni di palla rapide (1 o 2 tocchi)
2. Cross bassi eseguiti correttamente e conclusioni efficaci.
3. Movimenti sincronizzati dei giocatori.

Sessione per questa situazione tattica: fase offensiva contro una difesa a 5 giocatori

Situazione C: il centrocampista offensivo riceve al centro ma il difensore laterale avversario lo chiude

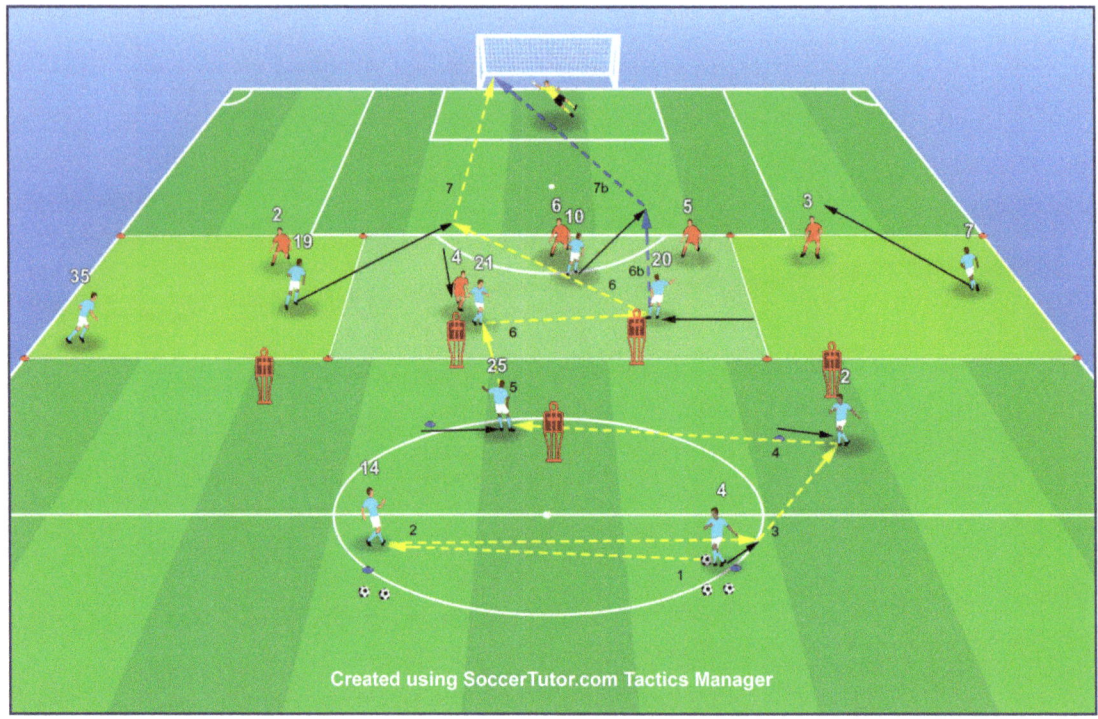

Descrizione (Situazione C)

Situazione C: il centrocampista difensivo **(25)** trasmette palla verso la zona centrale bianca.

Uno tra i giocatori in quell'area **(Num.21, in figura)** si porta verso una linea di passaggio per ricevere; le opzioni ora a disposizione dipendono dai movimenti del difensore laterale avversario (Num.4):

1. Se il Num.4 non chiude il **Num. 21**, quest'ultimo riceve, si gira all'interno di uno spazio decisivo, per fornire assist o trasmettere passaggi chiave per compagni, che si inseriscono.

2. Se il Num.4 segue il **Num.21**, allora quest'ultimo gioca di prima intenzione verso l'altro centrocampista offensivo **(Num.20)**, smarcato, che può fornire assist o trasmettere passaggi chiave per compagni, che si inseriscono, come nell'esempio in figura.

Il **Num.25** può giocare sia verso il centrocampista offensivo **(21 or 20)**, sia verso l'attaccante **(10)**, che si muove incontro per ricevere.

Per valutare le possibili soluzioni a disposizione della squadra in possesso, si possono consultare nuovamente le analisi e le proposte presentate in questa sezione.

Attenzione a:

1. Decidere la giocata in funzione dei movimenti dei difensori avversari.
2. Sfruttare la superiorità numerica in ampiezza.
3. Ricevere e girarsi rapidamente.
4. Muovere palla verso il giocatore smarcato al centro, attraverso combinazioni di gioco.

Sessione per questa situazione tattica: fase offensiva contro una difesa a 5 giocatori

PROGRESSIONE
Es.2: partita a tema per opzioni offensive contro una difesa a 5 giocatori

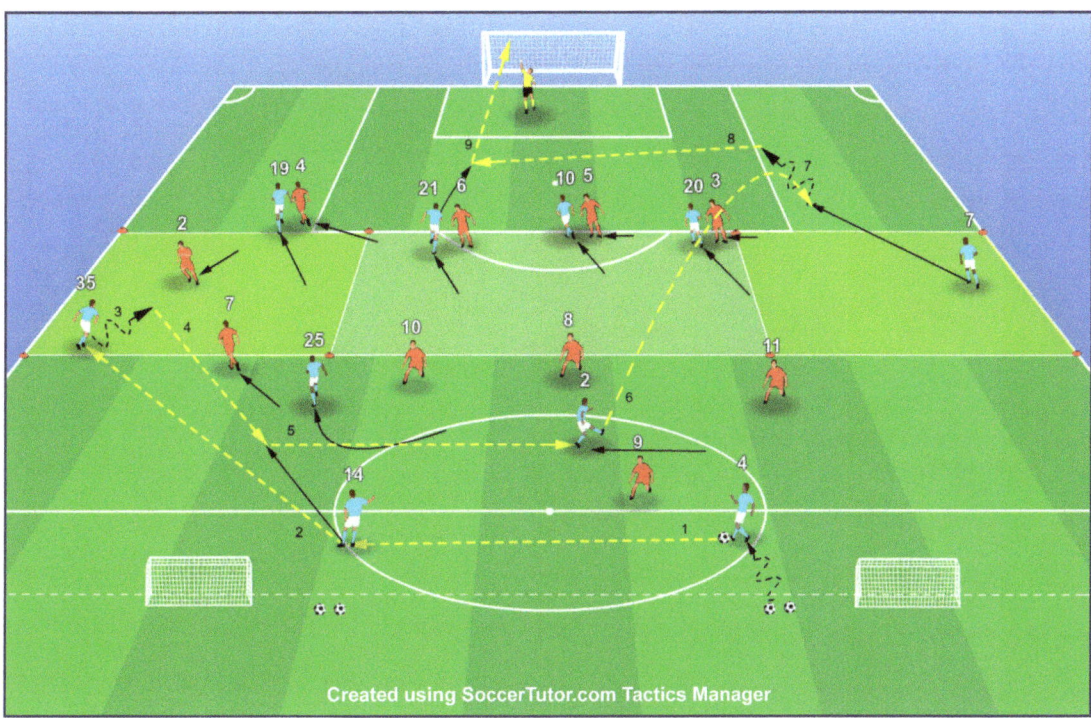

Descrizione

In questa progressione, il difensore laterale (4) della squadra blu inizia il gioco, trasmettendo palla dalla linea di fondo.

1. Inizialmente, la squadra blu attacca quella rossa difendente, sfruttando le situazioni di superiorità numerica in ampiezza, all'interno delle aree gialle.

2. Se la squadra rossa contrasta le situazioni di superiorità numerica (come, per esempio il Num.4, in figura, che segue il movimento dell'esterno alto blu **Num.19**), i giocatori ora in possesso possono cercare di concludere rapidamente, dopo un cambio di gioco.

3. L'opzione offensiva attraverso il centro è sempre possibile, specialmente se i difensori centrali avversari (Num.4 e Num.5) si trovano in posizione più esterna. Le opzioni, per questa situazione, sono presentate nella proposta precedente.

Se i giocatori rossi conquistano palla, devono concludere nelle porticine entro 10"-12" (2 punti). Le aree delimitate blu vengono utilizzate con lo scopo di facilitare la lettura della situazione tattica, ma i coni possono essere rimossi.

Attenzione a:

1. Decidere la giocata in funzione dei movimenti dei difensori avversari.
2. Sfruttare la superiorità numerica in ampiezza.
3. Ricevere e girarsi rapidamente.
4. Muovere palla verso il giocatore smarcato al centro, attraverso combinazioni di gioco.

Sessione per questa situazione tattica: fase offensiva contro l'1-5-4-1

PROGRESSIONE
Es.3: partita 11 c 11 per la fase offensiva contro una difesa a 5 giocatori

Descrizione

2 squadre giocano una partita a tema 11 c 11, in questa proposta finale della sessione di allenamento. Il gioco inizia dal portiere della squadra blu, in possesso, può segnare una rete, concludendo liberamente (1 punto), oppure secondo una delle seguenti opzioni (per conquistare 2 punti):

1. Sfruttando la superiorità numerica 2 c 1 in ampiezza.
2. Cambiando gioco, in caso di contrasto della superiorità.
3. Attaccando attraverso il centro, ricevendo palla, tra le linee, con un controllo orientato verso la porta avversaria, dopo una combinazione di gioco, che porti a ricevere un giocatore smarcato, come mostrato nell'esempio in figura.

Per capire tutte le possibili soluzioni a disposizione della squadra blu, si possono consultare nuovamente tutte le analisi e le proposte presentate in questa sezione.

Attenzione a:

1. Decidere la giocata in relazione ai movimenti dei difensori avversari.
2. Sfruttare la superiorità numerica in ampiezza.
3. Ricevere e girarsi rapidamente.
4. Muovere palla verso il giocatore smarcato al centro, attraverso combinazioni di gioco.

Altri libri grandi disponibili anche de **Allenatore.net**

Altri libri grandi disponibili anche de **Allenatore.net**

PROVA GRATUITA

Specialisti di calcio dal 2001

TACTICS MANAGER
Disponibile in Italiano

www.SoccerTutor.com/TacticsManager
info@soccertutor.com

PC   Mac   soon!   soon!   soon!

www.ingramcontent.com/pod-product-compliance
Lightning Source LLC
Chambersburg PA
CBHW061208230426
43665CB00028B/2953